古代から現代まで城の変遷が劇的にわかる

日本の城年表

監修：西ヶ谷恭弘

朝日新聞出版

高取城（荻原一青画）

後醍醐天皇の南朝軍が密教の山岳寺院を城郭として籠城戦に挑んだことからはじまるのが山城（やまじろ）だ。山城は江戸時代には原則として廃止されたが大和の寺社勢力の防御として高取城は残された。

山城

山の自然地形を防衛に活かす

平山城

丘上と麓からなる城郭

唐津城（荻原一青画）

丘上と麓の平地からなる城郭、平山城（ひらやまじろ）は、戦乱の世が終わり徳川幕府華やかなりし頃に最も多く築城された。唐津城は、豊臣秀吉の家臣である寺沢広高によって慶長7（1602）年から7年の歳月を費やして築城された。別名「舞鶴城」とも呼ばれる。

平城

平地に築かれた城郭

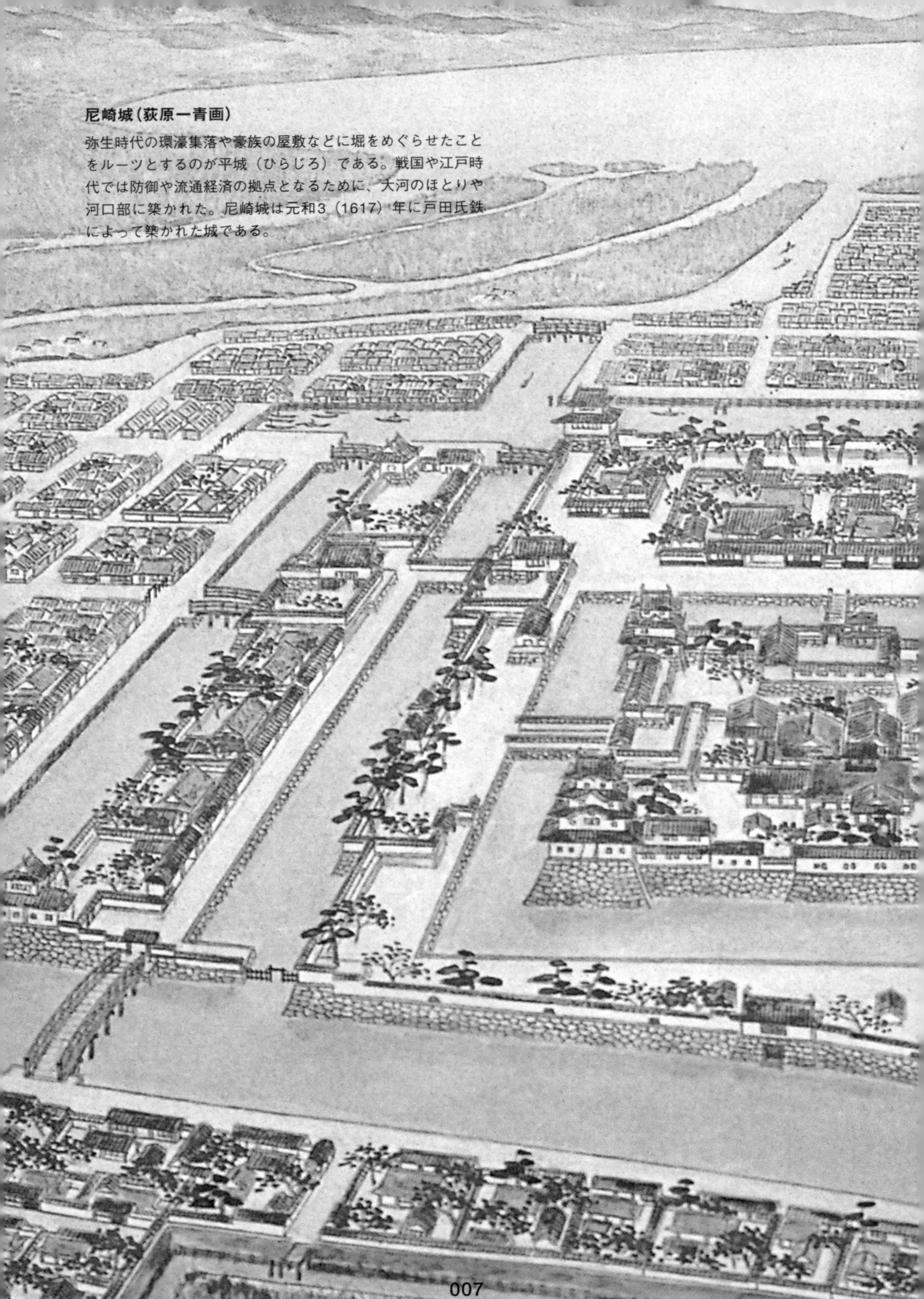

尼崎城（荻原一青画）

弥生時代の環濠集落や豪族の屋敷などに堀をめぐらせたことをルーツとするのが平城（ひらじろ）である。戦国や江戸時代では防御や流通経済の拠点となるために、大河のほとりや河口部に築かれた。尼崎城は元和3（1617）年に戸田氏鉄によって築かれた城である。

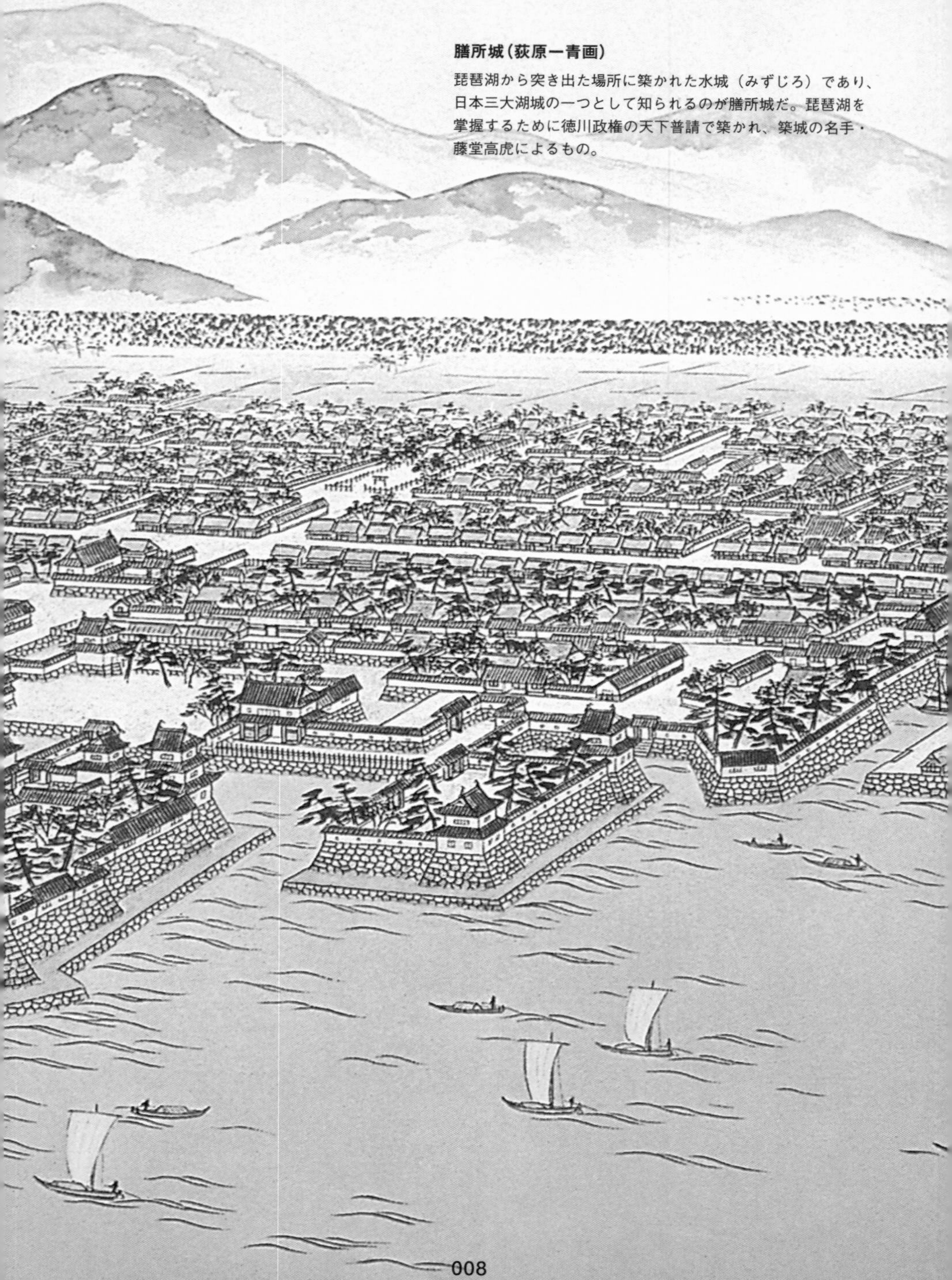

膳所城（荻原一青画）

琵琶湖から突き出た場所に築かれた水城（みずじろ）であり、日本三大湖城の一つとして知られるのが膳所城だ。琵琶湖を掌握するために徳川政権の天下普請で築かれ、築城の名手・藤堂高虎によるもの。

水城・海城

水軍の基地としての城

新説で描かれた安土城天主復元鳥瞰図

安土城

安土城（大竹正芳画）

今もなお謎の多い安土城。織田信長による安土城は天正4（1576）年から着手され、天正9（1581）年に完成したと伝わる。諸説あるが、5層6階地下1階からなり、瓦には金粉が施されるなどの壮麗な城であったとされている。

時代が変わる歴史を知ると、日本の城はより面白い

年表がわかれば城がわかる

あふれかえった情報を整理する

城というと、あなたは何を思い浮かべるだろうか。

多くの人は、日本で初めて世界文化遺産となった姫路城や壮大な姿を見せる大坂城といった大名がつくった天守のある城をイメージすることであろう。

しかし、そういった天守のある城は、城の構成上のほんの一部に過ぎない。

というのも、城という字が「土」と「成」からなっているように、「城」は土を盛った障壁のことを指す。

また、城のことを「城郭」という言葉で表す時の「郭」のは、「亭」と「邑」の二字からできていて、こちらは「家」と「集落」を表す。

つまり、城郭とは、土を掘り上げて、堀と土塁で集落を囲んだ防御施設という意味となる。

戦国の時代――地形を制する者は、天下を制するとも言われていた。智謀と知略に長け乱世を生き抜いた戦国大名たち。地形を巧みに活かしての戦略や戦術をたて、武将を配置し、相手の機微を感じる知恵がなければ、天下を掌中におさめることはできなかったのだ。それは城においても然りである。

本書では、そのような城郭の起源から現在までの、日本の城の変遷が年表でわかる構成となっている。

1章では、ムラの起源から城郭のルーツでもある

流れをつかむ！基本年表

14－17世紀

室町・安土桃山時代

戦国大名の出現

1429年	永享元	**尚巴志**《しょうはし》が**琉球王国**を築き、**首里城**を居城とする。
1457年	長禄元	**太田道灌**《おおたどうかん》が**江戸城**を築く。
1467年	応仁元	**細川勝元**《ほそかわかつもと》と**山名持豊**《やまなもちとよ》の軍勢が京都で交戦し、**応仁の乱**が起こる。
1495年	明応4	**北条早雲**《ほうじょうそううん》が**大森藤頼**《おおもりふじより》を追い**小田原城**に入り、子の**北条氏綱**《ほうじょううじつな》が城主に。
1513年	永正10	蝦夷の軍勢、**蠣崎光広**《かきざきみつひろ》の松前大館を攻める。
1548年	天文17	**長尾景虎（上杉謙信）**、**春日山城**に入る。
1549年	天文18	宣教師・**フランシスコ・ザビエル**が鹿児島に上陸。
1560年	永禄3	**桶狭間の戦い**が起こる。上杉謙信、関東へ出陣、沼田・**廐橋城**《うまやばしじょう》を占拠。
1567年	永禄10	**織田信長**、**斎藤竜興**《さいとうたつおき》の**美濃稲葉山城**を攻略し、**岐阜城**と称す。
1569年	永禄12	信長、**足利義昭**の居所を京二条に営む。
1570年	元亀元	**徳川家康**、**岡崎城**から**浜松城**へ本拠を移す。**姉川の戦い**が起こる。
1571年	元亀2	**武田信玄**と家康が吉田城で交戦。信長、**比叡山を焼き討ち**する。
1573年	天正元	信長が義昭の二条第を攻め、**室町幕府滅亡**。
		朝倉義景《あさくらよしかげ》が自刃し**小谷城**が落城する。信長は越前一乗谷へ進み**朝倉氏を滅ぼす**。
1574年	天正2	**羽柴秀吉**、**長浜城**に入る。**顕如**、大坂石山で信長軍を破る。

POINT
平地からの丘陵に築いた平山城の登場
平地に築いた平城も現れる
政治的には不向きの山城が減少
大坂城や伏見城など日本の城の原型が登場

138

基本年表

城がわかるKEY WORD 1

戦国大名の城

戦国大名は城中・城下に家臣団の屋敷を設けて家臣の家族を人質にしており、出陣の折には即座に軍勢を整えた。城址の周囲、麓にある堀の内、根小屋などの地名は家臣団の屋敷が営まれた所に由来する。戦国大名の城郭は巨大な家臣団とその家族を収納する一種の団地であった。

小田原城
明応4（1459）年、伊勢宗瑞は関東進出を志し、大森氏の守る小田原城を攻略した。その後に宗瑞は城を獲得し、子の氏綱の頃から小田原城の拡張工事が続き、城は天下一の大城郭となった。北条氏の城の中核は小峰山にあった。

岡崎城
大永4（1524）年、松平清康が岡崎城に入って本城とする。この清康の孫として生まれたのが、後の徳川家康である。家康は岡崎城を本拠として東に勢力を伸ばし、のちに浜松城に移るも、その後も岡崎城を重視した。

城がわかるKEY WORD 2

山城と寺内町

戦国時代には、籠城戦にも耐えうる山城・丘城が発達、尾根筋に加え、山腹にも曲輪が数多くつくられ、家臣団を擁する理由から山麓の居館は城下町を含め次第に大規模になっていった。戦乱の世の中では、民衆や商工業者も自衛のための構えを施し、寺院は寺内町を形成した。

一乗谷朝倉氏館
越前朝倉氏8代敏景は応仁の乱のとき、守護斯波氏、その老臣甲斐氏と対抗、東軍に与して越前守護となり、文明3（1471）年居城の黒丸城を廃して一乗谷に移った。一乗谷城は朝倉氏の居館を備えた山城である。

寺内町（富田林）
近畿から中部地方にみられる一向宗（浄土真宗）や法華宗の寺院による寺内町は、寺院により築かれた城郭といえるものであった。大阪の富田林は浄土真宗の一派、富田林興正寺別院を中心に築かれた寺内町で、近世の町割りを残す。

139

縄文・弥生 飛鳥・奈良 平安 鎌倉 室町・安土桃山 江戸 明治・昭和 現代

① 基本年表

各時代の流れがひと目でわかるように主な出来事を列記した年表を右ページに掲載。左ページには年表に対応した重要事項を簡単に解説しています。

テーマ別 深掘り年表

15世紀

人物 事件 文化 政治

太田道灌の築城と城攻め

江戸城を築き、攻城の名手でもあった

1432年 永享4
築城の名人、生まれる

戦国時代末期の名築城家といえば、**藤堂高虎、加藤清正、黒田如水**の3武将が一般的にあげられる。この3人はいずれも豊臣大名と呼ばれ、天守や石垣のある時代の築城プランナーであった。それ以前に実戦的な築城に勝れた武将といえば、**千早赤坂城の楠木正成**と、**江戸城の前身を築いた太田道灌**が挙げられる。

太田道灌
太田道灌（1432～1486）は15世紀の中頃に関東地方で勢力を伸ばした武将であり、江戸城を築いた立役者であった。文化人としての側面もあり、後の時代に"文武両道の鑑"と評された。

太田道灌が活躍した時代は、室町時代中頃の京都とその周辺では有名な**応仁・文明の大乱**の真っただ中であった。市街戦を勝ち抜くために京と奈良の匠たちが動員され、いろいろな攻城具や井楼《せいろう》と呼ばれた組み上げ式の矢倉が、市中いたる所にたち並んだ。また、公家や幕閣大名の屋敷地はいずれも堀や土塁がめぐり、**高櫓や井楼が構えられて城郭化して、築城技術・戦法は発達をみた**。

古来、西国で事変が起ると東国でも大乱が起こる。応仁・文明の乱も同様で、東国では時を同じくして、鎌倉にあるべき関東公方が古河に移り、古河公方足利成氏を名乗る。さらに、これを補佐して実権を行使する関東管領職・山内上杉氏の家宰職（上野守護代）長尾家の跡目をめぐり、長尾景春が反乱を起こし、さらに駿河守護職・今川家でも跡目の内訌が勃発した。この東国の2大兵乱の鎮定を命ぜられたのが、山内上杉氏と同族であり、相模守護であった扇谷上杉氏の家宰（執事職で実際実務権限を有していた）の太田道灌であった。

1457年 長禄元
関東に城を築いて拠点に

道灌は父道真をして山内上杉氏当主・房顕とともに古河公方成氏に対抗するため、岩槻城を築き、入間川（今日の荒川）の蛇行地点に川越城を築いた。さらに道灌は関東の東西をわける利根川河口で、江戸湊を掌握できる地点に江戸城を築き、自らの行動拠点とした。この関東の大事変に対処するため、室町府から渋川義鏡を廐城に配したが、**この廐城を囲む形で、川越、岩槻、江戸の3城が成立した**ともいえる。

太田道灌が攻撃をした小机城址
現在の横浜市港北区小机町にあった城。長尾景春の乱の際に太田道灌が攻撃。約2カ月をかけて落城させたとされている。

川越城
扇谷上杉氏の上杉持朝は、家宰の太田道真と太田道灌の父子に対し、河越城（川越城）の築城を命じた。写真は越前松平家・松平斉典によって再建された本丸御殿。

156

157

縄文・弥生 飛鳥・奈良 平安 鎌倉 室町・安土桃山 江戸 明治・昭和 現代

② テーマ別 深掘り年表

テーマ別年表では、その時代を理解するうえで欠かせない人物・事件・文化・政治などを図や写真を織り交ぜて詳しく紹介しています。

吉野ヶ里遺跡などの約1万年前からの縄文・弥生時代から解説をしていく。２章では古代の城の原形ができる飛鳥・奈良時代に着目。敵の侵入を防ぐための城柵や多賀城などから、蝦夷での坂上田村麻呂の戦いにも触れる。それから武士の活躍がはじまる鎌倉時代の山城や室町・安土桃山、江戸期の多くの城など、時代ごとの変遷や築城技術の進化を体系的にまとめた一冊でもある。

　さらに本書の特徴でいえば、近代から令和の現代にまで、城のさまざまな役割や調査にも触れていることであろう。観光立国として海外からのインバウンド政策にも城は欠かせないものとなっているし、はたまた日本国内でも本来の姿にたち還ろうとする動きにより木造での城が再び脚光を浴びている。

　日本の城とは何か、改めて歴史を紐解くことで、その魅力や城郭へのさらなる興味・探究心への芽生えとなることを期待したい。

（西ヶ谷恭弘）

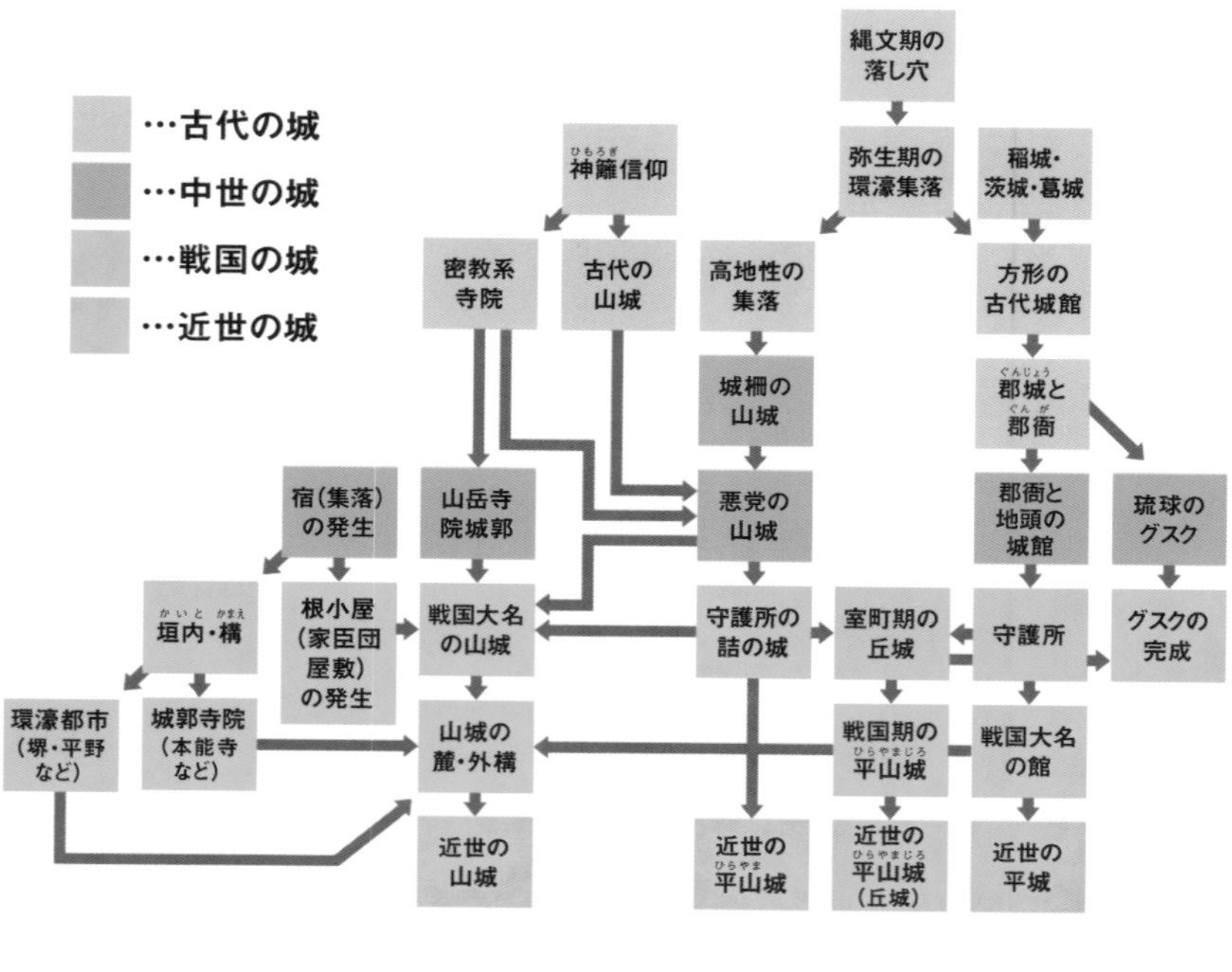

【 ひと目でわかる 日本史の時代区分 】

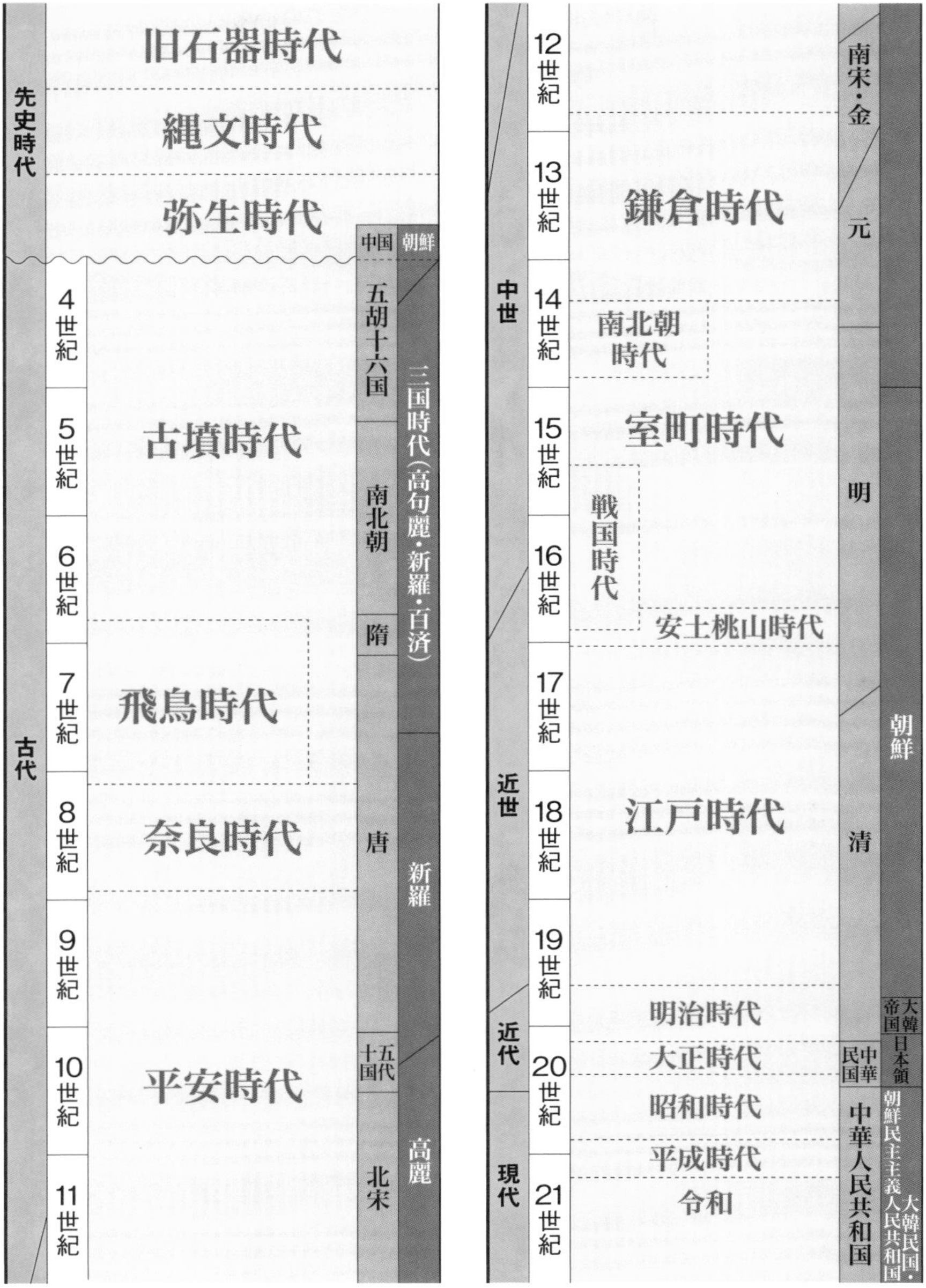

［参考文献］『新しい社会 歴史』（東京書籍）他

CONTENTS

CONTENTS

基本年表 歴史の流れがわかる時代別年表
深掘り年表 テーマ別に記した詳細年表
ランドマーク 人の心をつかんだ日本の文化遺産

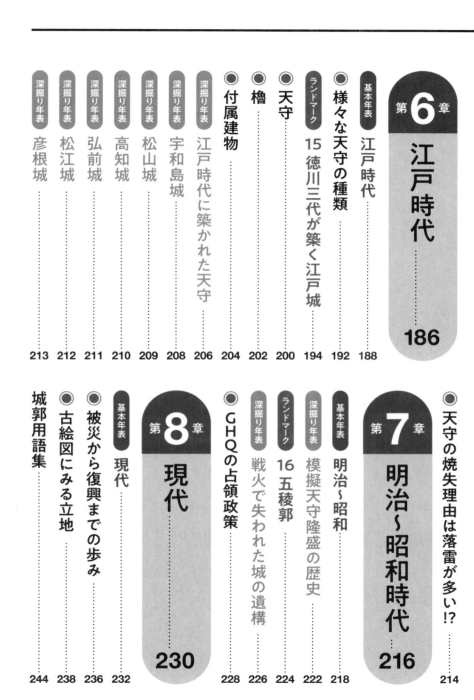

第1章 縄文時代から弥生時代まで

弥生時代、大陸から稲作が伝来する。農耕文化の発達とともに人々の生活は豊かになったが、次第に食糧や居住地を巡って争いが生まれる。人々は自らの生活の基盤を守るため、集落の周りを濠で囲んだ環濠集落を形成した。これが、古代の城の原点といわれる。そして、争いが激しくなると、より安全で防

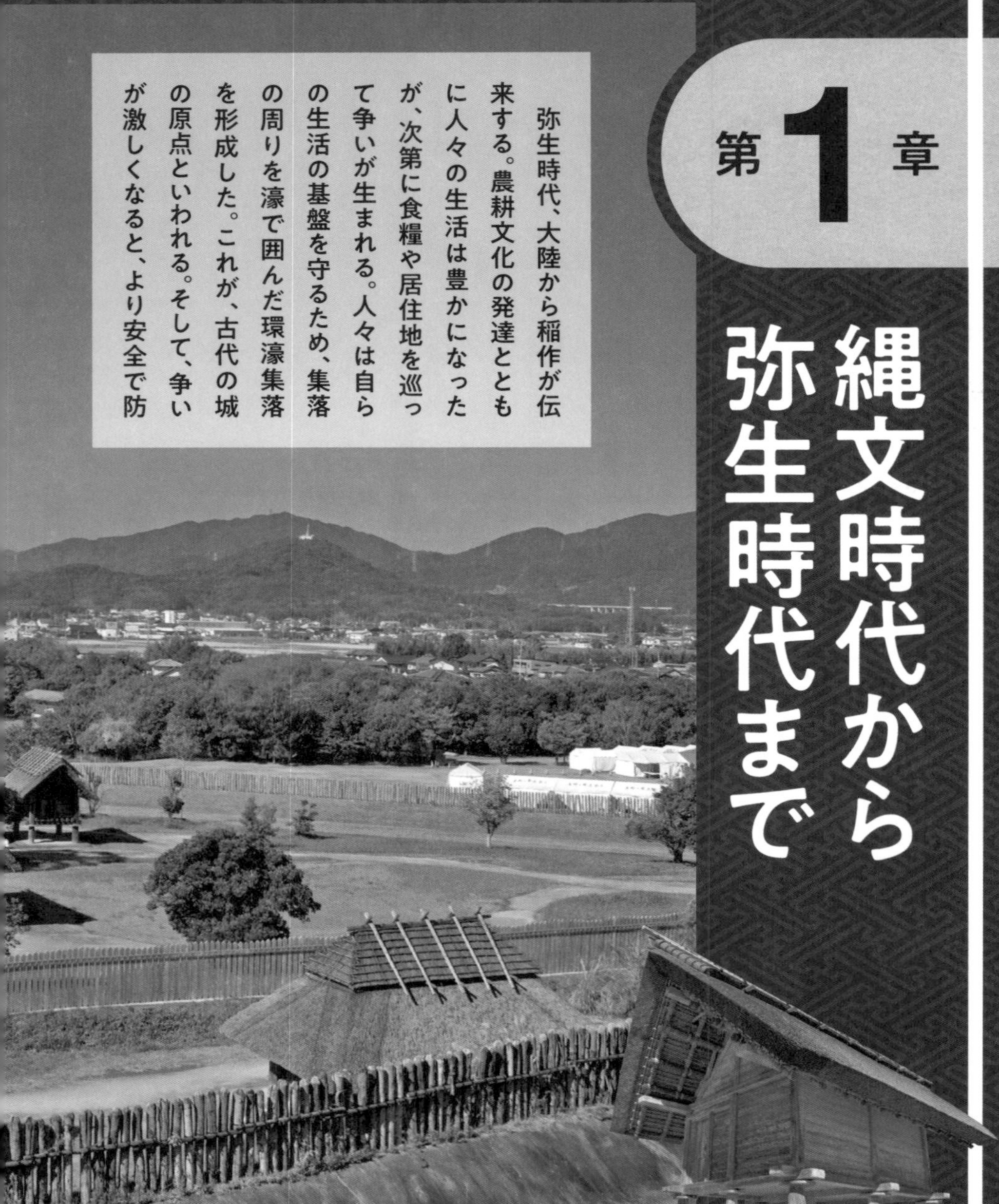

御力の高い土地を目指した高地性集落も生まれた。集落の首長の中から生まれた豪族は、前方後円墳などの壮大な古墳を築くほどの権力を有した。

吉野ケ里遺跡

大型の環濠集落であり、城の原型といえる。弥生時代の人々は豊かになった半面、食糧などを巡って争いが絶えず、防御のための対策を練るようになった。これが城へと発展していった。

この時代のポイント

- ▼稲作が大陸から伝来し採集生活から農耕文化が発達する
- ▼食糧が安定的に供給されることで人々が定住するようになり領地争いが勃発
- ▼敵からの領地略奪などを防ぐために環濠集落が形成され城の原点が発生

流れをつかむ！
基本年表
1万3千年前–3世紀

縄文時代から弥生時代まで

縄文時代

約1万数千年前	人々が狩猟採集生活をしながら定住するようになり**竪穴式住居**《たてあなしきじゅうきょ》がつくられるようになる。土器が生まれ貯蔵や煮炊きなどが行われるようになった。
約7000年前	平野部の多くに海が進入（縄文海進）し海岸地域には貝塚がつくられ、約4200年前まで人が定住するようになる。
約6000年前	竪穴式住居が広場を中心に同心円状となる**環状集落**《かんじょうしゅうらく》が形成される。
約3000年前	縄文時代晩期（約2300年前まで）に気温が低下し現在の気候に近づく。

弥生時代

約3000年前	インドや中国で始まった**稲作**《いなさく》がやがて朝鮮半島を経て九州に伝わり、約2600年前頃までに水田稲作が本州全域までに伝わる。
約2300年前	青銅器・鉄器が使用されるようになる。
約2200年前	日本に100余りの小国があったとされる。
約2100年前	吉野ケ里の集落が国内最大級の**環濠集落**へと発展する。

火焔型土器

装飾的で、優れた造形力をみせる縄文中期のもの（前3000～前2000年・伝新潟県長岡市馬高出土）

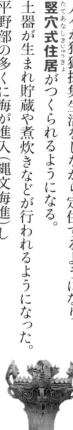

城がわかるKEY WORD

1

むらの誕生

約3万年前の旧石器時代では、大きな獲物を追いかけて、移動をしながら生活していた。約1万3000年ほど前の縄文時代になると、人々は長い間同じところで生活できる「竪穴式住居」と呼ばれる家をむらの中央の広場を囲むように作るようになっていく。

城がわかるKEY WORD

2

環濠集落

日本の城の起源は、3世紀頃の弥生時代と言われる。そのきっかけとなったのは、農耕のはじまりだ。農耕がはじまると、貧富の差の拡大とともに各地で紛争が勃発。自分たちの住む集落のまわりに濠という溝と土塁を築き「環濠集落」を生み出した。

竪穴式住居

地面をほり下げて床をつくり、柱を立てて屋根を支えた半地下式の建物。木や木の皮、水辺に生えている「かや」などで造られている。岩手県北上市 樺山遺跡

池上曽根遺跡（大阪府）

環濠集落として知られ、巨大建物跡の発見により弥生時代の「都市説」の可能性を知らしめた。神殿の説もある巨大建造物を復元。

縄文時代の磨製石斧

この時代を特徴付ける石器で、竪穴式住居の建築部材、丸木舟、各種木製の器等の製作のため、樹木の伐採加工に使用された。

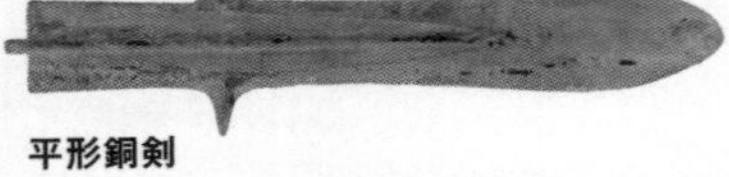

平形銅剣

弥生時代に朝鮮半島から青銅器がもたらされた。当初の銅剣は実用品であったが次第に大型化、祭器化していく。（前1～後1世紀・伝香川県善通寺市出土）

遮光器土偶

極端に大きな目の表現が遮光器に似ていたことから名付けられた。デフォルメされた体の表現とともに、全身を覆うように施された文様が特徴。（前1000～前400年・青森県つがる市木造亀ケ岡出土）

円窓付壺

儀礼のために作られたと考えられている円窓付の壺。（前2～前1世紀・愛知県名古屋市熱田貝塚出土）

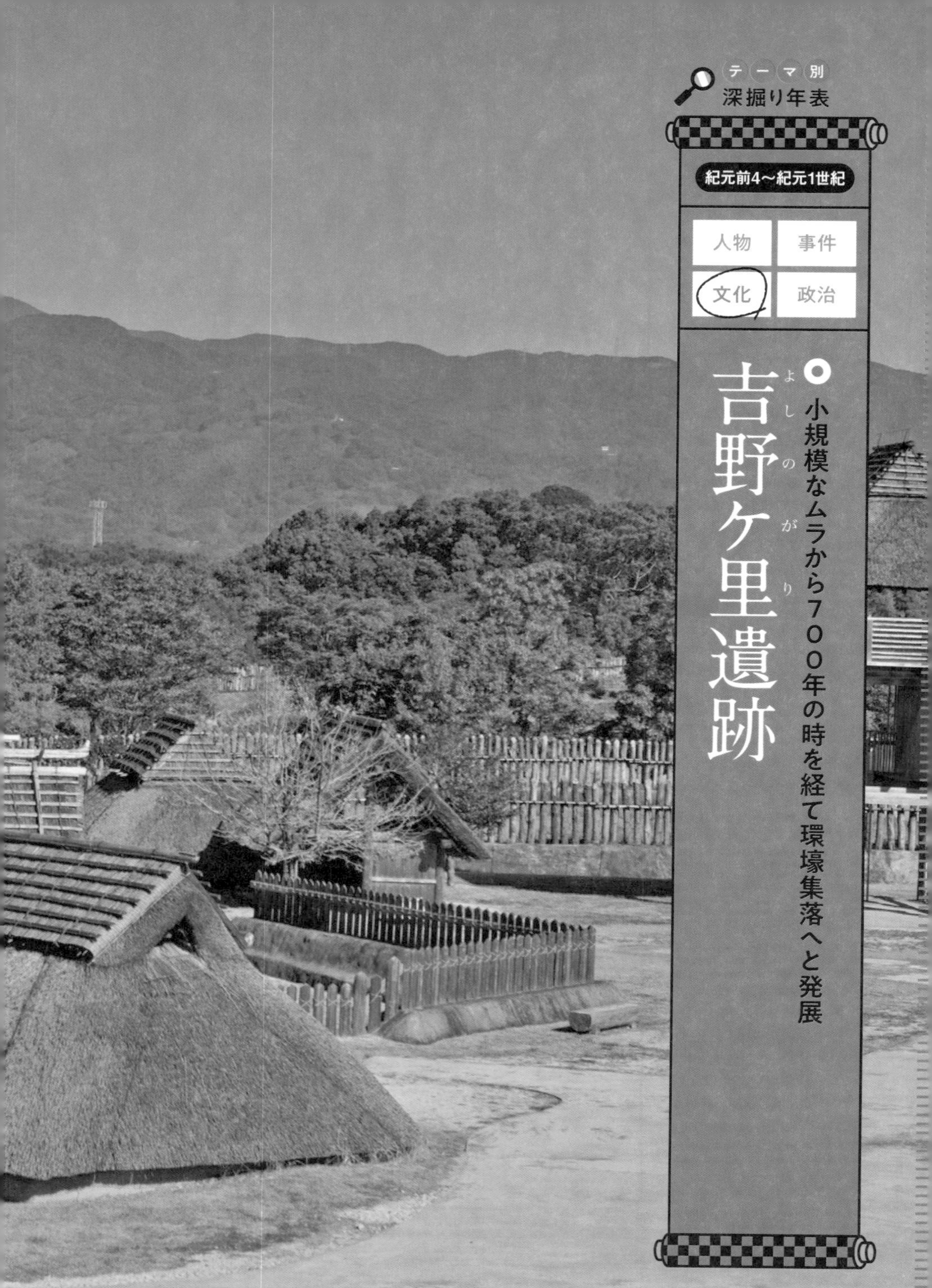

テーマ別 深掘り年表

紀元前4〜紀元1世紀

人物　事件　文化　政治

吉《よし》野《の》ケ《が》里《り》遺跡

小規模なムラから700年の時を経て環壕集落へと発展

復元された吉野ケ里遺跡

吉野ケ里遺跡は工業団地開発に伴う埋蔵文化財の発掘調査で発見された。もともとは小規模なムラだったが、約700年の間で環壕集落へと発展していった。学術的価値の高さから、1991年には国の特別史跡に指定されている。

紀元前4～紀元3世紀

吉野ケ里遺跡

弥生人たちは、集落への異民族の侵入を防ぐために周囲に堀をめぐらせた。家々が立ち並ぶ集落と、収穫を貯蔵する倉庫をもびっしりと取り囲む堀である。このように弥生人が築いた堀をめぐらした集落を**環壕集落**と呼んでいる。

環壕集落の代名詞となっているのが、佐賀県にある**吉野ケ里遺跡**である。吉野ケ里には縄文時代には既に人が暮らしていた痕跡がみられるが、弥生時代初期(紀元前4世紀頃)に**稲作**が行われるようになり、二重の環壕のほか、北側にももう一つの環壕を設けるほどの巨大な集落が形成された。さらに、紀元3世紀頃が最盛期だったと考えられ、推定では、周辺を含め約5000人もの人口を抱えていたとされる。

弥生中期から後期にかけては、内壕は南北150m、東西70m、外壕は南北1k、東西500mまで拡大されたという。小さなコの字状の堀に囲まれた特別区画の内側には、**首長の住居と考えられる4棟分の建物跡**もみつかった。これにより、環壕集落の内部に支配者の存在がはっきりと示されたことになる。

堀を掘ることは、土塁(土居)の構築をともなう。掘りあげた土砂を〝く〟の形に積めば障壁となり、異族社会から攻撃を受けた時にはより強固な防御力を発揮できる。近年の大規模開発に伴う発掘調査によれば、**弥生時代の集落のすべてが環壕集落であった**可能性も出てきた。

復元された高床の建物

南内郭には高床建物が4棟立っている。環壕の張り出した部分に建てられ、城の櫓と同様に、侵入者の見張りのために用いられたとされる。

紀元前1〜紀元2世紀 環壕集落が広がる

環壕集落は吉野ケ里遺跡を筆頭に北九州から始まり、1世紀に入ると近畿地方全般に、2世紀には関東・東北地方にも集落全体を囲む城郭が広まっていった。

そもそも城郭とは、集落が土塁等で囲まれている区画を指す言葉だが、その定義に基づけば弥生時代の環壕集落こそが、日本における城郭の先駆けということができる。

ちなみに、大陸では街を城といい、中国、ヨーロッパ、中東、インドなどにも共通する。むろん、日本でもまたそうであったといえる。なぜなら、城といえば現代の私たちはいわゆる天守建築に代表される荘厳な建築物のみを連想してしまい、本来の城郭または語意とはかけ離れた存在と結びついてしまうためである。

異民族への備えも万全であり、周囲に堀をめぐらせた造り、そして堀の内側では支配者の下で人々が生活を営んでいた。環壕集落は城郭の原型であり、城郭史の第一ページを飾るにふさわしい存在といえる。

吉野ケ里遺跡の倉庫と住居群

吉野ケ里遺跡には高床式の倉庫のほか、住民が暮らす住居が多数建てられていた。弥生時代の人々の暮らしの痕跡がわかる。

吉野ケ里遺跡の周辺

弥生時代の人々は農耕の発達に伴って豊かな暮らしを謳歌できることになったが、半面、戦が生まれ、集落が武装化する契機にもなった。

小迫辻原遺跡

小迫辻原遺跡は日田市北部にある辻原台地にある。高速道路の建設に合わせて行われた発掘調査で、日本最古段階の方形環濠建物が発見されたことで、遺跡の一部の保存が決まった経緯がある。

日本史のランドマーク
大分県日田市
群馬県高崎市
1

4～6世紀、豪族の館が隆盛する

小《お》迫《ざこ》辻《つじ》原《ばる》遺跡・三《み》ツ《つ》寺《でら》遺跡

首長の生活の拠点だった館はいかなる姿だったのか。発掘の成果からひもといてみたい。

小迫辻原遺跡の豪族の館

邪馬台国の時代から1世紀を経ると、日本列島では農耕定住社会が広がり、小国家と呼ぶにふさわしい首長に率いられた地域が全国的に出現する。首長らの存在は古墳に象徴されるようになるが、彼らの住居館については従来あまり知られていなかった。大規模開発にともなう発掘調査が行われるようになってから、吉野ケ里遺跡に代表される想像の域を超えた歴史の事実が明らかになりつつある。この古代豪族の館は、考古学的成果の中で目を見張る存在といえよう。

大分県日田市の**小迫辻原遺跡**からは、4世紀初頭の古代豪族の館が二つ並んで見つかっている。その一つは47m四方、もう一つは37mに38mのいずれも方形の区画で、この二つの方形区画を囲む溝が検出された。この遺跡上には、8世紀になると日田郡司日下部氏の館が営まれ、13世紀から16世紀には中世城郭として利用されている。

古墳を造成する土木技術や堀をめぐらす方法は、古墳の被葬者たる豪

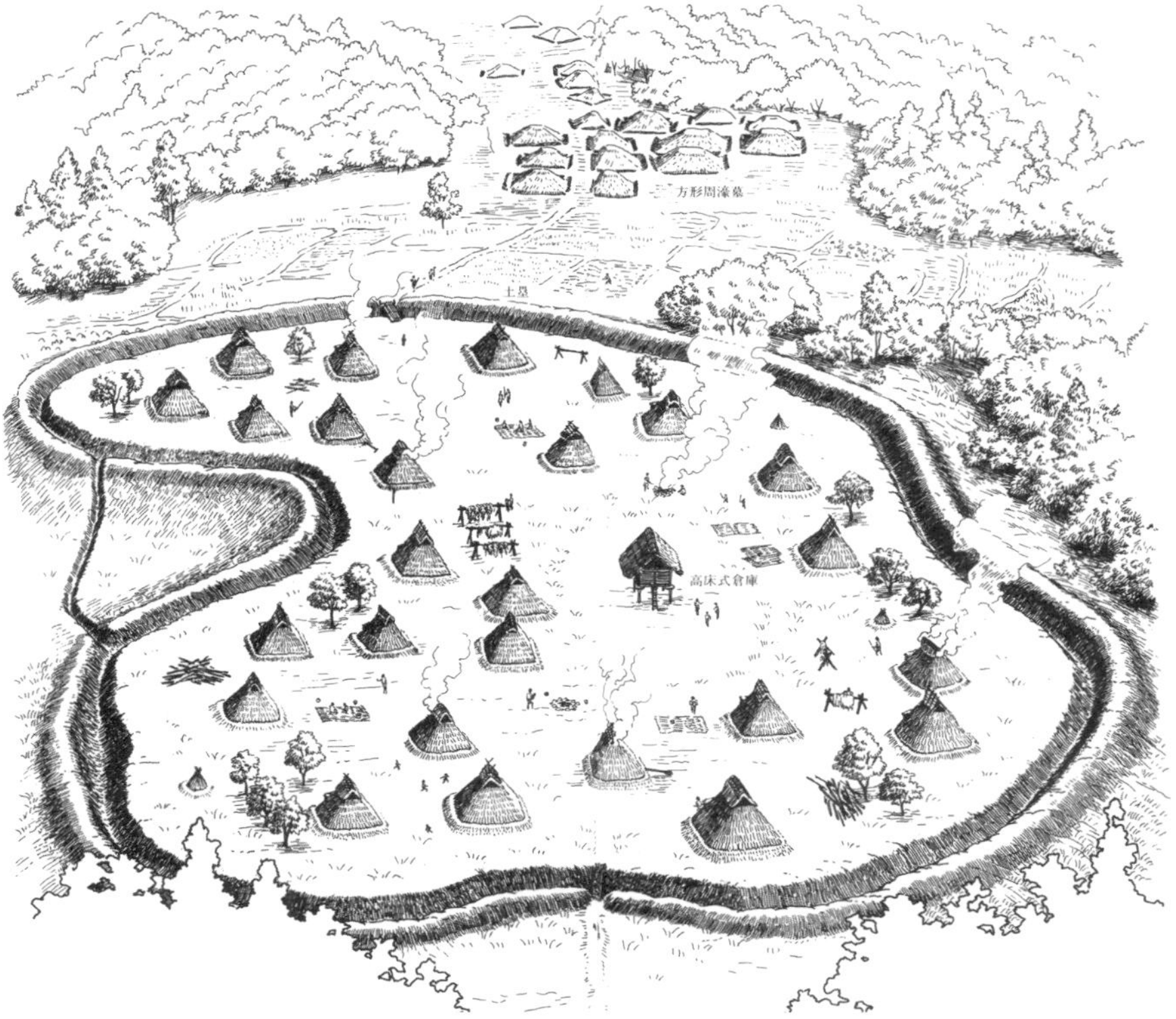

小迫辻原遺跡から発見された方形環濠建物

遺跡の全盛期は弥生時代末から古墳時代初頭のことで、台地北西側に3つの環濠集落、台地南東部に3基の方形環濠建物、台地中央を東西に区画する条溝が造られた。

族が居住する館にも当然応用された。

三ツ寺遺跡にみえる石垣

群馬県高崎市で検出された**三ツ寺遺跡**は前方後円墳の葺《ふき》石技術が用いられている。三ツ寺遺跡は上越新幹線敷設にともなう緊急発掘調査により発見された。幅30～40mの水濠に囲まれ、その内郭は一辺86mの方台状の盛土で構築される。

特筆されるのは、河原石である玉石がびっしりと塁壁面に貼られ、あたかも石垣で固めている構えである。玉石を表面に貼るのは、前方後円墳に代表される5世紀初頭をピークとする古墳葺石の技法である。

さらに注目されるのは、出入口のほかに4カ所に方形の出張りがあり、この出張りは見張り台であろうと考えられる。中世城郭にみられる**横矢掛りと同一手法**である。石積みの内側には二重三重の柵がめぐり、中央部東西方向に郭内を二つに分ける柵がある。南側は豪族の屋敷地であったらしく、大型の建物で、中心的な建築は3間に3間の主屋に四方7間ずつの庇が付属する正殿とみられる建築で、この正殿の北には外から導かれ、濠をまたぐ樋でつながれる水道があり、石敷きの池があった。井戸は正殿西南に検出されている。北半分は居住区画で**竪穴住居9棟、高床住居5棟、長屋状建物が検出**されている。

5世紀末から6世紀初頭にかけてが、この館の中心時期であった。4世紀後半の**堀越遺跡**（栃木県矢板市・50×48m方形）、4～5世紀の**奥谷**《おくのや》**遺跡**（茨城県茨城町・50m方形）、10世紀前後の**神隠丸山**《かみかくしまるやま》**遺跡**（横浜市都筑区・53m方形）とともに、中世の方形館の先駆的な城館形態として注目される。

三ツ寺古代居館跡

群馬県高崎市三ツ寺町。1980年代に上越新幹線開通工事に際し発掘調査が行われ出土した。5世紀後半。左ページは三ツ寺遺跡の復元図。

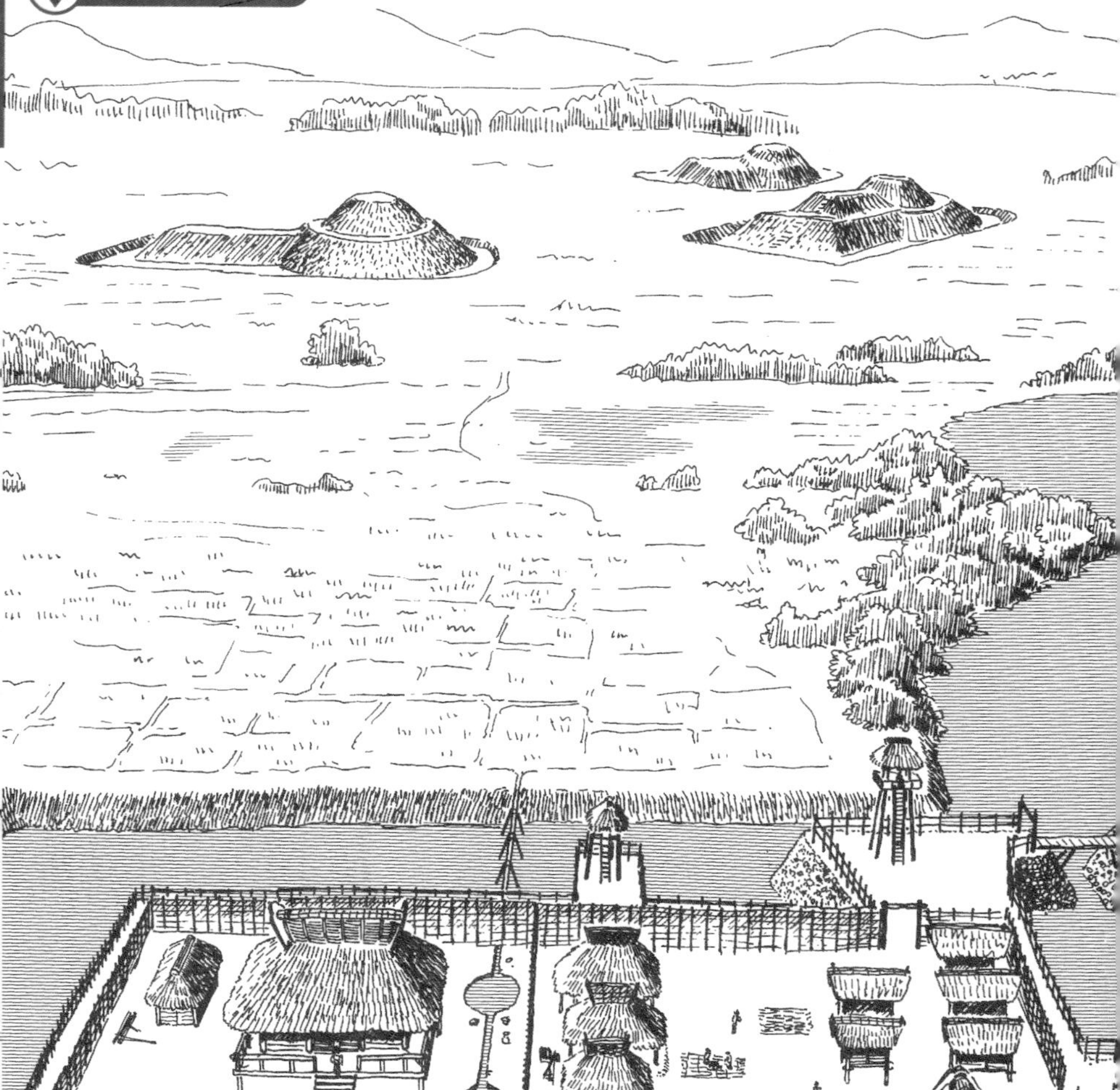

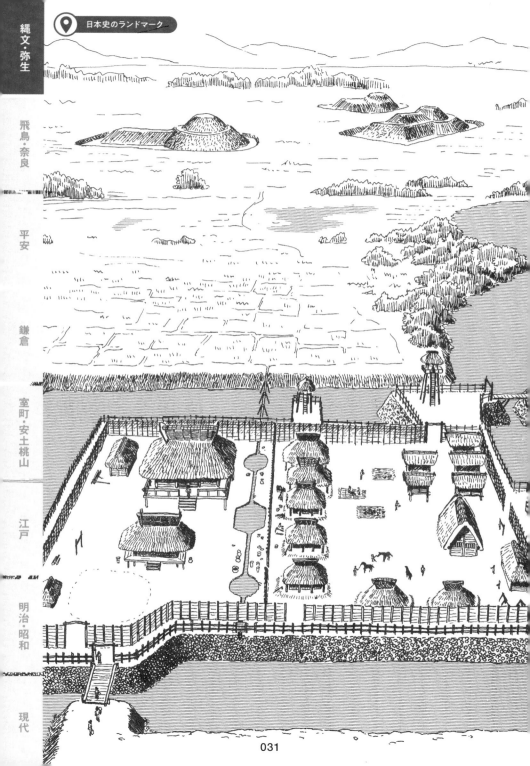

古《こ》曽《そ》部《べ》・芝《しば》谷《たに》遺跡

大阪府の高槻市にある古曽部・芝谷遺跡は、標高約80〜１００ｍの丘陵上に営まれた最大級の高地性環濠集落跡である。いったいなぜ、このような丘陵上に集落が営まれたのだろうか。それは、遺跡から出土した遺物から考察できる。生活用品である土器と合わせて、鉄製の斧、鏃《やじり》などが発見されている。おそらく、集落間の争いが激しくなり、戦いから逃れるために人々は集落ごと高い場所に移住したと考えられる。その光景は中世の山城を彷彿とさせるものがある。

丘陵の中腹には幅約5ｍの環濠があり、その規模は東西約６００ｍ、南北約５００ｍにまで達する。また、環濠の内側からは１００棟以上の住居跡、さらに木棺墓が発見されており、高所で生活が営まれていたことがわかる。

古曽部・芝谷遺跡の発掘調査によって、大規模な古代集落だったことが判明した。

遠方から見ると、まさに高所に築かれた要塞のようである。

遺跡から数々の土器が発掘された。生活が営まれていた痕跡がよくわかる。

飯岡《いのおか》遺跡

京都府田辺町に位置する飯岡遺跡は、飯岡丘陵に営まれた弥生時代後期の高地性集落である。飯岡丘陵は田辺町の東部、木津川に接して存在する周囲約2㎞あまりの独立丘陵で、その全域にわたる遺跡が発掘されており、竪穴住居跡や方形周溝墓が見つかっている。丘陵の最高所は標高約67・6m、南側の水田との比高は約40mとなる。こうした高地性集落は関西地方で多く見つかっているが、それは2世紀後半に起こったとされる倭国大乱と何らかの関係があり得る。倭国大乱は『後漢書』の「東夷伝」、『三国志』(魏志倭人伝)など複数の中国の書物に記載されていることから、何らかの争いがあったことは確実である。高地性集落は有事を意識して築かれていることから、2世紀の日本の実像をひもとく鍵になるかもしれない。

遺跡からは方形周溝墓も発見されている。

高所に広大な遺跡が広がる飯岡遺跡の空撮。古代日本に起こった戦乱の謎をひもとく鍵になるかもしれない。

亀《かめ》井《い》遺跡

1.2.3大阪府八尾市亀井町にある遺構が亀井遺跡。発掘調査で出土した壺や遺構などの写真。 4この遺跡は昭和43（1968）年に実施された平野川改修工事に伴う調査によって発見されたが現在は道路となっている。

関西地方を代表する弥生時代の環濠集落として知られるのが、大阪府八尾市の亀井遺跡。亀井遺跡では、弥生中期後半(1世紀頃)の三重の環濠集落が発見されている。その環濠はU字断面で、幅約5m、深さ約2m平均の壮大なもので、さらに付近からは7～10重にも及ぶ環濠の存在が明らかにされ、その面積は約22haにも及ぶと想定されている。なお、唐古・鍵遺跡は約30ha、吉野ケ里遺跡は約40haであり、同時代の高名な遺跡に準ずるほどの規模であるとわかる。なお、遺跡から出土した弥生時代前期末の石製品11点は、国内最古の天秤用の分銅とみられることがわかった。同時に出土した石杵に祭祀に用いられた赤色顔料が付着していたことから、おそらく朱の配分量を正確に計測するために用いていたと考えられる。

唐《から》古《こ》・鍵《かぎ》遺跡

唐古・鍵遺跡には、発掘された土器の絵をもとに建造物が復元されている。遠くから望むと、その光景は城の櫓そのものである。

唐古・鍵遺跡からは、幅が約5〜10mもある濠（深さは平均約2m）が5条も見つかっていて、何重もの環濠によって厳重に囲まれた**弥生時代の集落跡**である。さらに、巨大な建造物があったと思われる痕跡や、土器などの生活用品が多数出土している。なかでも土器に描かれた楼閣の絵が有名だが、確実にこの唐古・鍵遺跡に建てられていたと思われ、**2〜3世紀の古代城郭の風景を彷彿とさせるもの**がある。これまでに、弥生時代前期から後期まで約700年間もの長期にわたって集落が維持され、最大で約42万㎡にも達していたことが明らかになっている。全国各地から持ち込まれたと思われる品物が出土していることから、この地を拠点に広範囲の文化的、経済的な交流があったことをうかがわせる。

大塚《おおつか》遺跡・歳勝土《さいかちど》遺跡

1972年の大塚遺跡の発見は考古学、古代史研究者、学界に大きな衝撃をもたらした。**弥生時代に城郭ムラが存在していた**ことが判明し、そのうえ九州・畿内ではなく、**東国の丘陵の片隅で見つかったため**である。大塚遺跡は、約2000年前の弥生中期の集落跡で上幅約4m、深さ約1・5〜2mの環濠が、東西約200m、南北約130mの楕円形で丘上先端部の集落をぐるりとめぐっている。濠はどうやら新旧2度の築造があったようで、濠底には2度にわたり集落が全焼に近い状況で火災に襲われたことを物語る新旧2層のカーボン層がみられる。カーボン層からは弥生人の武器とみられる大型蛤刃石斧、柱状片刃石斧、太平片刃石斧に交じって石剣、石鏃や未完成品の石器なども出土していることから、大塚遺跡は何らかの原因で**戦闘に巻き込まれた可能性がある。**

濠は防御を主目的とし、排水機能をも有していたと考えられる。少なく見積もっても100〜200人ほどが濠に囲まれた防御集落で生活を営んでいたと推定される。集落の中には、農耕生産物を貯蔵する2棟以上の高床式建物があった。収穫した穀物や採集した余剰生産物を貯えていたと考えられる。これらの食糧を耕作したのは、南と西に流れる早渕川の谷間である。つまり、**環濠内は住居とムラ社会のコミュニティ空間であり、労働は環濠外**であった。

環濠で囲まれたムラの南東、丘続きに方形周溝墓と呼ばれる墓所が営まれている。歳勝土遺跡と呼ばれる方形周溝墓も弥生中期のもので、25基の方形区画が並び、環濠内で生活する家族単位の墓と考えられる。

横浜市都築区ににある大塚・歳勝土遺跡。当時の住居が復元されている。発掘にともない、環濠に囲まれた区画中から90棟分の住居跡が検出されたが、このうち35～36棟ほどは、環濠が形成されていた時代にできた住居といわれる。

日本史のランドマーク
兵庫県芦屋市
2

弥生時代の高地性集落の典型

会下山遺跡《えげのやま》

弥生時代に高地性集落が波及したのは、農耕文化の発展、そしてそれに伴う集落間の争いと深いつながりがあった。

農耕文化の広がりと問題

北九州に始まった**農耕文化**は、100年後には近畿地方へ、200年から300年後には東国まで伝播するに至った。彼ら弥生人が農耕拠点とした箇所は、縄文人たちが生活の場としていた場所と同じであった。すなわち、水の便が良く、**水田経営**に好適な場を控える台地の縁々に集落を営んだのである。

　集落のほとんどは、環濠と呼ばれる堀を周囲にめぐらせたもので、一説によれば、弥生集落のすべてが環濠をともなうといわれる。

　環濠に囲まれた集落は**城郭ムラ**であることは既に述べたとおりである。農耕技術は鉄器の普及によって生産が向上し、余剰生産物を貯蔵したり、保管倉庫の必要性が生じてくる。子村、孫村の分村と、新たな農耕地の確保と拡張は、集落間、群と群との戦へとつながっていった。そのため、新たな形態の集落が生まれることになる。

山の上に築かれた集落

兵庫県芦屋市にそびえる六甲山系の支峰である会下山には、高地性集落の典型といえる弥生時代の**会下山遺跡**がある。

　この遺跡は切り立った山稜上、海抜約200mの地点にある。発掘調査の結果、この遺跡から検出された住居跡は、わずかに9棟分だけであった。

　しかし、倉庫とみられる高床式建築が数棟分みつかった。こうした倉庫をわざわざ上に置く意味はどこにあったのか、考えてみたい。

会下山遺跡は山頂から裾野まで、山全体が遺跡の範囲内である。これまでの発掘調査でさまざまな生活の跡が発見されている。

原始的な山城の形態

会下山山頂は日常生活には適していない。日常生活の場は麓近くの農耕地に接する所にあり、山頂は、倉庫群があることからも農耕生産物を貯蔵する所とみなされる。わざわざ山頂に**貯蔵機能**があることは、戦闘を意識してのことだ。**古代山城につながる原始山城とも呼ぶべき遺跡**が、この会下山遺跡なのである。

大陸から渡ってきた弥生人は、農耕生活を営むためにも、群である集団を形成して定住した。ムラ社会は初期の段階では血族の結びつきであったが、縄文人との同化と人口増加にともなうムラ社会の膨張に対応するため、子村、孫村を近隣に形成していった。とはいえ、母村が優位にたったことはいうまでもない。

会下山遺跡に代表される原始時代の山城である**高地性集落**は、九州から瀬戸内海およびその沿岸の遺跡に

高床倉庫が1棟復元されている。高床倉庫は集落全体で共同管理されていたと考えられ、数棟の竪穴住居に高床倉庫が1棟あるようすを想像できる。

集落の最も北側で、二重の堀跡が発見された。幅約3～5.5m、深さ約1.2mで、敵や動物の侵入を防ぎ、集落の境界を区切るために造られたと推定される。

多く、大阪平野を見おろす山々にも存在する。東国地方の丘の辺りの城郭ムラが弥生時代中期・後期であるのに対し、西国地方では、もっとも古いとされる高地性集落は、**九州の雲仙岳南の原山・山の寺遺跡**で縄文晩期と比定され、弥生前期には**山口県の大日台遺跡、広島県の梶木貝塚、福山市加屋遺跡**などが現れる。これらの発掘事例から考察すると、西国、とりわけ九州で発生した高地性集落は、瀬戸内海一帯から近畿一円に弥生前期末までに波及していったものと推定できる。

高地性集落は、瀬戸内や近畿・九州に多く分布する。会下山遺跡は高床式倉庫が山上にあるため、倉庫機能が中心であったようだ。これはそのイメージを模式化した図である。

大仙陵古墳

5世紀中ごろの築造とされる大仙陵古墳は、仁徳天皇の陵墓とされる全長約486mに達する日本最大の前方後円墳。墳丘は3段に築成されており、その周囲を三重の濠が巡る。さらに、10基以上の陪塚が存在する。

日本史のランドマーク

大阪府堺市

3

縄文時代の最大の遺跡

大《だい》仙《せん》陵《りょう》古《こ》墳《ふん》

日本最大の古墳であり、世界でも最大級なのが、大山陵古墳だ。百舌鳥古墳群を構成し、世界遺産にも登録されている。

前方後円墳の技術の伝播

大和政権が日本列島を支配下に置いていく様子は、西国で4世紀をピークとする**前方後円墳**の分布をみると一目瞭然である。東国で、円墳にかわって大型の前方後円墳が現れるのは、4世紀末から5世紀初頭で、東北地方の一部には5世紀末に現れはじめる。このように、西から東へと古墳の形式が伝播している様子がよくわかる。

大型の前方後円墳には、棺の位置や副葬品、後円部と前方部の築造法、埴輪などの装飾品に共通する点が見られる。また、大半が葺石と呼ぶ河原石を主体とした石積みで覆われている点。大型の古墳には堀または二重の濠がめぐらされている点。こうした共通性が見いだされる。副葬品について見てみると、高度な技術を必要とするミニチュア化した滑石製品、大和王権から下賜された品とみられる鉄器、碧玉製の紡錘車、銅鏡などがよくみられるのである。

こうした共通点をもつ前方後円墳が出現したのは、**各地の豪族**が大和王権の支配下に組み込まれ、大和王

日本最大の古墳に相応しい風格

大仙陵古墳の前方部を南に向けた墳丘は全長約486m、後円部径約249m、高さ約35.8m、前方部幅約307m、高さ約33.9mの規模で3段に築成されている。

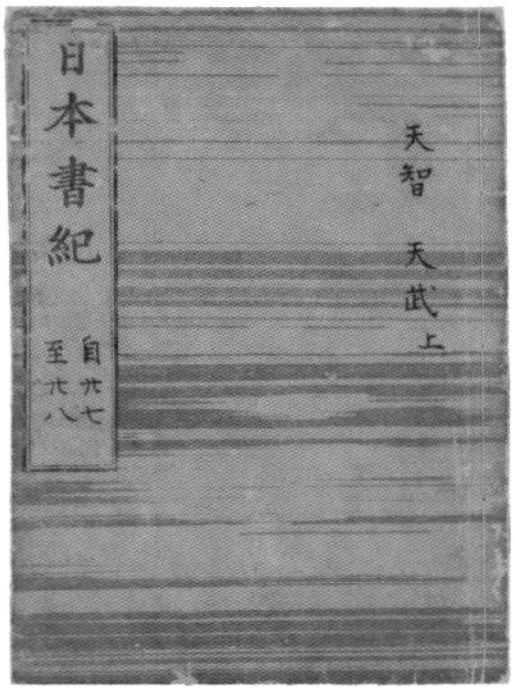

謎を秘めた大仙陵古墳

日本書紀などに伝えられる仁徳・履中の在位順とは逆に、履中天皇陵古墳よりも後で築造されたことがわかっている。そのため、仁徳天皇陵とされているものの、被葬者が誰なのかはベールに包まれている。

権が認めた実質的な**地方支配の首長**たちの墳墓が画一化されたためと考えられる。言い換えると、大和政権が前方後円墳を築くことを地方の首長たちに認可し、積極的にその**祭祀方法や築造技術**を伝えていたことに他ならないだろう。古代日本において、中央の文化や技術が地方まで波及していく過程を、前方後円墳の広がりはよく物語っている。

『日本書紀』に記述がある、稲城とはどんな城なのか

稲城《いなぎ》の誕生と発展

農耕文化がもたらした城

考古学上の原始・古代の城とは別に、文献に記録されている古代の城にはどのようなものがあったのだろうか。記録に残るもっとも古い城は『魏志』倭人伝にみる邪馬台国の女王・卑弥呼の居城である。次いで、日本の記録では『日本書紀』に**葛城、城田、稲城という言葉が散見**される。神武天皇即位前2年2月の条には、高尾張邑で葛網を結んで土蜘蛛と戦い、その邑をその後に「葛城」と称したとある。

そして、『日本書紀』でもっとも多くみられるのが「稲城」と呼ばれた築城法である。垂仁天皇5年10月の条に、狭穂彦の乱で「忽チ稲ヲ積ミ城ヲ作ル、其堅クシテ破ラレズ、比稲城ト謂フ也」と記述がある。城攻めは、稲城の弱点をついて火を放ったとあるから、おそらく**稲束を積みあげて城塁としたの**であろう。古代になると、崇峻天皇即位前紀

もっとも原始的な城、稲城

稲城は農耕文化が発達した日本らしく、稲を束ねたもので囲いを設ける簡潔な造り。防御面では心許ないものの、人を隠すくらいの機能は十分に発揮できる、もっとも原始的な城と言ってもいいだろう。

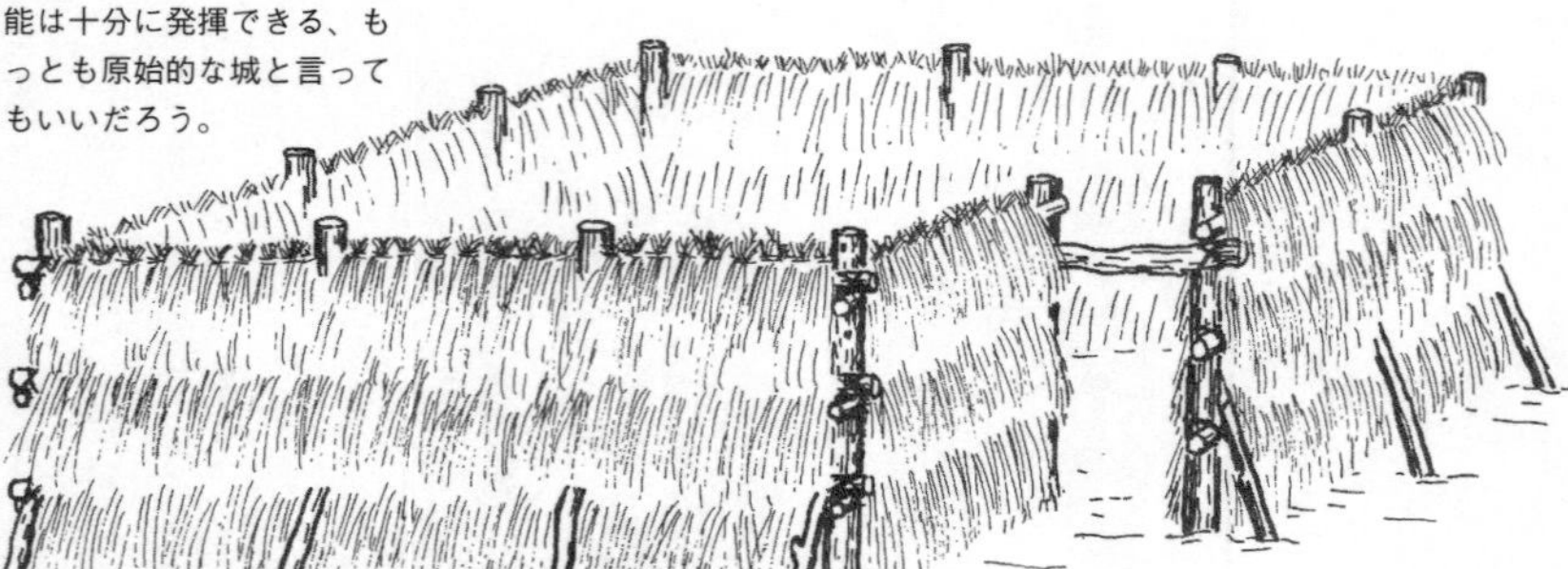

(587年)のおり、蘇我馬子と物部守屋が戦い、渋河の家で物部親子が「稲城ヲ築キ戦フ」とある。

稲城は、**弥生以来の稲作農耕がもたらした、わが国特有の稲束づくりの城**であったようだ。

県名の由来にもなった茨城

なお、稲城、葛城とともに記録に登場する築城形態に「茨城」がある。その名の通り**茨を使って造られた城**のことを指す。**『常陸国風土記』**には、佐伯を名乗る山と野の賊が国中に横行し、これを討つ黒坂命が「茨ヲ以テ城ヲ造リ以テ地名ニ便シク、茨城ト謂フ」とある。

実は、この茨城が古代の城の中でも、広く知られた存在といわれ、現在の「茨城県」の県名は、この茨城に由来しているとされる。

茨で築かれた茨城

棘をもつ茨で周りを囲み、敵への備えとする。原始的な造りの城とはいえ、稲城よりは防御力が高いと考えられ、外敵はもちろん動物の侵入を防ぐことも可能であったと思われる。

第2章 飛鳥・奈良時代

古墳時代までは古墳の規模が豪族の権力の象徴だったが、飛鳥時代に入ると変化が表れる。中でも特に仏教を熱心に信

この時代のポイント

▼ 権力が豪族に集中
古墳の規模が
権力の象徴であった

▼ 飛鳥時代になると
寺院の規模で
権力を誇示するように

▼ 中国に倣った
天皇を中心とした
国づくりを推進

平城宮跡

中国の都市計画に倣って整然と整備された都。政治を行う中心的な建造物、大極殿は当時の建設技術の粋を結集して建てられた見事なものだった。

仰した蘇我氏は、法興寺（飛鳥寺）などの寺院の規模で権力を誇示するようになった。蘇我氏は大化の改新で中大兄皇子と中臣鎌足によって倒され、天皇を中心とした国づくりが推進される。その過程で、中国の都に倣った都市計画が進められるようになり、藤原京、平城京などが計画されるに至った。一方で、朝廷に従わない蝦夷の征伐は課題であった。

流れをつかむ! 基本年表

6世紀－8世紀

飛鳥・奈良時代

POINT

- 濠をめぐらせた環濠集落
- 山地には高地性集落が数多く存在
- 東北地方に軍事や行政拠点の城柵が築かれる
- 九州北部から瀬戸内海沿岸にも点在

古代の城の原形ができる

飛鳥時代		
644年	皇極天皇3	蘇我入鹿、**甘樫丘**《あまかしのおか》に**城柵**《じょうさく》をつくり、兵庫を設ける。
645年	大化元	中大兄皇子、法興寺(飛鳥寺)に入り城を造る。入鹿は**畝傍山**《うねびやま》に池を穿ち城とする。
647年	大化3	大和政権が本州北東部支配のため、**渟足柵**《ぬたりのき》を築く。
648年	大化4	渟足柵と同じ現在の新潟県内に**磐舟柵**《いわふねのき》を築く。
664年	天智天皇3	**大宰府**に水城を築き、大陸からの侵攻に備える。
665年	天智天皇4	**基肄城**《きいじょう》・大野城などの**朝鮮式山城**を築く。
708年	和銅元	蝦夷征伐のために**出羽柵**《いではのき》を築く。
奈良時代		
733年	天平5	出羽柵を北進させ、のち(760年ごろ)秋田城と改める。
737年	天平9	現在の宮城県石巻に**牡鹿柵**《おしかのき》を築く。
768年	神護景雲2	筑前国に**吉備真備**《きびのまきび》らが中国式の山城、**怡土城**《いとじょう》を築く。

大宰府の水城

大宰府は大陸に対する防衛の拠点として、その後も重要視された。

城がわかるKEY WORD

1

豪族たちが築いた仏教寺院

古代の豪族にとって、寺院は権威を象徴する存在であった。飛鳥寺は、596（推古天皇4）年に、蘇我馬子によって建立された日本で初めての本格的な仏教寺院。当初は法興寺と称され、数多の仏堂が並び立つ大寺院だった。近くには蘇我入鹿の首塚が建立されている。

飛鳥寺

本尊は日本最古の仏像とされる銅造釈迦如来坐像（飛鳥大仏）で、創建時のまま現存する。重要文化財。

石舞台古墳

奈良県明日香村にある巨大な古墳。蘇我入鹿の祖父でもある蘇我馬子の墓ではないかといわれる。

城がわかるKEY WORD

2

大陸と国内の防衛の要

水城とは、水を貯める大きな堤のこと。663（天智天皇2）年、白村江で日本軍は唐・新羅の連合軍に敗れて退却し、唐・新羅の侵攻から大宰府を守るために大宰府に水城を築いた。全長約1・2㎞、高さ約10m、基底幅80mの巨大土塁で、北方の博多側にも幅約60mの水堀が存在する。

出羽柵（秋田城）

733（天平5）年に現在の秋田市高清水公園内に築かれた。発掘調査の結果、城は内郭と外郭からなり、内郭のみで東西・南北約500mに及ぶ規模で官舎161、城櫓28などがあった。

多賀城

陸奥鎮所として著名で、724（神亀元）年に鎮守将軍大野東人が築いたとされる。802（延暦21）年に坂上田村麻呂が胆沢城（奥州市）を築いて鎮守府を移してからは国府として栄え、多賀国府と呼ばれた。

7世紀

人物　事件　文化　政治

大和政権は日本の統一を図った

大和政権の誕生と蝦夷征伐

644年 皇極天皇3
蘇我入鹿が城柵をつくる

奈良県明日香村の甘樫丘《あまかしのおか》には、**豪族の蘇我氏**によって7世紀ごろに城柵が構えられていた。２０１０年には、奈良文化財研究所が**塀跡**を発見したと発表。防御用の塀ではないかと推定した。また、丘陵の裾をあえて急傾斜に削った痕跡も発見され、丘陵の上にも何か施設があった可能性が高いと発表した。前出の塀は朝鮮半島から伝わった技術をもとに造営されたものという。

645年 皇極天皇4
大化の改新

皇極天皇４（６４５）年に**乙巳《いっし》の変《へん》**が起こり、中大兄皇子と中臣鎌足が蘇我入鹿を討ち、強大な権力を誇った蘇我氏が滅亡した。このとき、法興寺（飛鳥寺）は中大兄皇子と中臣鎌足の出会いの場となっただけでなく、**蘇我氏討伐のための本陣**にもなった。いわば寺が城のような役割を担っていたといえる。

これを機に元号は〝大化〟と制定され、新たな国づくりが始まった。

648年 大化4
磐舟柵《いわふねのき》を築く

蝦夷は日本列島の東国や北方に住む人々の総称であり、大和政権がそう呼称した。特に陸奥地方は金の産地であるため、蝦夷は経済力を獲得、そして兵力を抱えて戦闘力も高かった。大和政権はこの存在を問題視し、本格的に蝦夷の征伐に乗り出した。**本州北東部支配の足掛かりとして設置されたのが磐舟柵**である。『日本書紀』には、蝦夷に備えるために磐舟柵を造った旨が記されている。前年には渟足柵《ぬたりのき》も築かれている。しかし、磐舟柵の記録は程なく途絶えた。おそらく8世紀初め頃まで存続したといわれるが、北方に出羽柵が完成したことで、その役割を終えたとも推定されている。

708年 和銅1
出羽柵《いではのき》を築く

蝦夷征伐のために大和政権が築いた柵の中でも、重要なものの一つが出羽柵である。『続日本紀』には、709（和銅2）年に蝦夷征討のため、**諸国に出羽柵まで兵器の輸送を命じたと**記述がある。**のちに移設されて秋田城**となった。しかし、蝦夷の反乱は続き、秋田城に置かれていた出羽国府が移されたという。

甘樫丘

明日香村一帯を見渡せる場所に、蘇我入鹿は城を築いた。地域全体を見渡す場所に城を置き、権力を誇示したのだろうか。

飛鳥寺近くにある蘇我入鹿の首塚

大化の改新の舞台となった飛鳥寺から歩いてすぐの場所に小さな石塔が建立されており、蘇我入鹿の首塚といわれる。

出羽柵（秋田城）

大和政権の北方支配の拠点であった。しかし、経済力の大きい蝦夷を前に、大和政権は苦戦を強いられることになる。

中央集権体制の樹立へ

645（大化元）年の乙巳《いっし》の変以降、世にいう大化の改新が行われ、日本列島は大和政権によって統一された。古代豪族のうち首長クラスの有力者は、国郡制《こくぐんせい》の成立のもとで、国造または伴造・評造と呼ばれる郡司的地位を確保する。大和政権は強力な中央集権体制づくりを行うために、律令国家体制へと法制度と地方支配の拠点としての官衙づくりにあたり、在庁官人に積極的に在地有力豪族らを登用した。8世紀初頭に法体系が整う「大宝律令」以降は、都城制の導入もなされ、首都建設が中国に倣って実施されはじめ、地方官衙・駅・軍団関塞《せきそこ》も整備されるようになった。

飛鳥の都

大和政権の中心だったのが現在の奈良県明日香村である。現在にも伝わる古代寺院が多い。本格的な都が造営されるのは、その後の藤原京の完成を待たなければいけない。

現在でもその遺構で当時の戦乱の世を想起させる水城跡

大宰府に築かれた水城《みずき》

水城の全景

水城は古代に築かれた代表的な城の一つで、大陸からの侵攻を意識して築かれた点も特徴。当時の九州が海外と政治的交流や交易を行う玄関口として機能していたことがわかる。

特別史跡　水城跡
土塁断面ひろば

大宰府を防御する水城

天智天皇2(663)年に**白村江《はくすきのえ》の戦い**に敗北した日本にとって、大陸の唐と新羅が侵攻してくる脅威は常に存在していた。そのため、**海岸の防衛体制を整えること**は、緊急の課題であった。当時、大陸との玄関口であった九州には外交や政治を司る大宰府が置かれていた。大宰府を防備するために整備されたものの中で、注目されるのは水城の存在である。『日本書紀』に記述があるように、天智天皇3(664)年に対馬、壱岐、筑紫国などに外敵の侵入などの事態を急報するために狼煙をあげる〝烽〟を置き、水城を築いたという。そして、天智天皇4(665)年、大宰府の後方軍事拠点として大野城を築いた。標高約410mの四王寺山(大城山)を利用して築かれた山城であり、馬蹄形状の尾根から谷まで達する土塁と石塁が造られた。特に、高さ約6mもの大石垣は、古代の優れた築城技術を伝えるものである。**大野城は古代に築かれた山城の中では最大級の規模を誇る**。百間石垣、門跡(4カ所)、倉庫群をはじめ、礎石建物60棟が発掘調査で検出された。

大野城の中にあった倉庫群

大野城には、いわゆる櫓のような建築ではなく、備蓄用の倉庫が建てられていたと推定される。

百済の亡命者が築城に従事

さらに、大宰府の西には基肄城《きいじょう》がそびえ、大宰府から博多まで通じる谷間には壮大な大堤防が築かれた。この堤は御笠川《みかさがわ》に幅約80m、高さ約13m、延長約1・2kmにわたって人工の盛土を行い、外側に貯水池をつくったものである。基肄城からも礎石群をもつ倉庫建築群が検出されている。これらの山城の建設を担当したのは、いずれも亡命した百済人であった。

大野城も基肄城も大宰府を外敵から守るための築城であり、古代の山城として特筆される存在である。最近では佐賀県側にも水城同様の大築堤が堤、関屋、とうれぎの3カ所で発見されている。大規模な築城計画が存在し、ある程度実施されていたことが判明している。

大宰府周辺の防御

大宰府は筑紫国府であり西日本の代表的な都市として大陸、朝鮮半島への玄関口となった。大宰府前後には倉庫群を並べ建てた大野城や、南側に基肄城、博多南側の谷間には水城と呼ぶ築堤を配置して防御を固めた。

大野城平面図

大野城は四王寺山を利用して築かれた山城である。版築土塁と石垣が築かれ、倉庫群などが建てられていた。

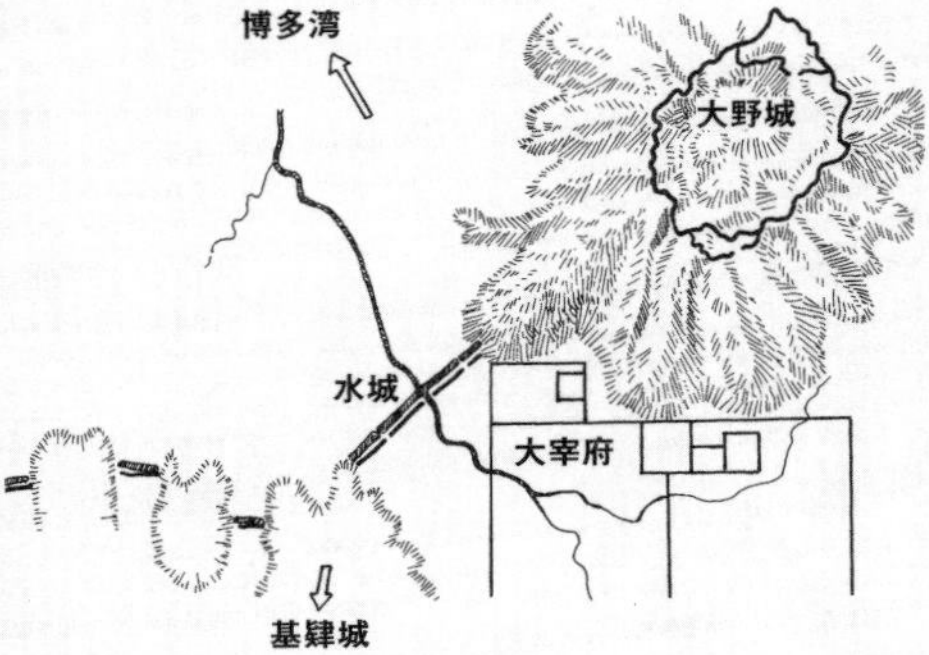

古代山城の復原想定図

小高い山に土塁と石垣によって囲まれた山城の想定図である。堅牢な防備のために最終的な拠点となる詰の城として築かれることで倉庫が点在し、保管されていた。

古代から中世の山城の戦略的変化

朝鮮式山城《ちょうせんしきやまじろ》

地形を生かす朝鮮式山城

古代山城の形式に、朝鮮式山城と呼ばれる遺跡がある。神籠石式山城《こうごいししきやまじろ》が史料に登場しない存在に対し、『六国史』などに記録が残されている築城遺構がこれである。先に紹介した大野城や基肄城も朝鮮式山城に含まれる。朝鮮式山城の築造にあたっては、主に朝鮮半島からの渡来人が協力していたといわれる。

これら古代山城は険峻な山と谷間と巨石群が囲むものが多く、麓には国府の推定地が存在する。大野城の場合が標高約４１０ｍ、高安城は標高約３００〜４００ｍの峰上と、平野部・海域などを一望する山上と谷間からなり、国府・官衙の逃げの城としての機能があった。

各地で発掘調査が実施されているが、古代山城の内部、谷間に臨む削平地には、いずれも倉庫群だけが検出される。倉庫群以外には大野城四王寺のほかは、倉庫の管理棟はあったものの、これといった建物はなかったようだ。『六国史』をみても、高安城などは、「穀積《こくせき》蔵・塩蔵また其舎屋雑儲物を貯う」とあり、城が**巨大な兵粮と穀物等の租や調などを保管する場**であったことがわかる。

怡土《いと》城《じょう》は厳密にいえば朝鮮式山城ではなく、天平勝宝８（７５６）年吉備真備が中国の城郭に倣って築いたので中国式城郭と呼ぶべき存在で、

南北朝争乱期の山城

上.古代山城が「逃げの場」や「貯蔵の場」であったのに対して、中世の山城はゲリラ戦を企図した地形が選定されて築かれることが多かった。 中.古代山城の倉庫群。 下.石塁と城門。

長門城、常城、茨城の場所はいずれも推定で確定位置ではない。また讃岐城山城をこの朝鮮式山城に分類し、『日本書紀』にみる「讃岐之城」にあてる説もある。

北九州から瀬戸内海岸側のみに分布する山城

神籠石式山城《こうごいししきやまじろ》

謎が多い神籠石式山城

6世紀後半から7世紀中頃にかけて、神籠石式山城と呼ばれる山城が北九州から瀬戸内海とその沿岸に登場する。これらには、**古墳石棺の切石技術や、古墳造成の土木技術**が築城に生かされている。

明治31(1898)年に高良山ではじめてみつかった石列は、神籠石という名の通り、神域を囲む神籬、磯城という説が有力で、宗教的な施設という意味合いで考えられていた。ところが、2年後に雷山、女山、鹿毛馬などに同様な神籠石の石列があることが判明したことで、にわかに城郭説が浮上してきた。

その後は神域説と城郭説が対立。両者の折衷説も出て、有名な神籠石論争が続いた。神籠石が城郭として確定するのは、昭和38(1963)年のおつぼ山神籠石の発掘調査が実施され、石列は**版築土塁の基礎石**であることが判明してからのことだった。

分布する地域が限定される

神籠石式山城の特徴を挙げてみよると、まず、文献史上に明記されていない遺跡であること。また、いずれも**6~7世紀**の築城と推定できる遺跡であること。また、形式的な特徴としては、**山稜部と谷間を囲む石列と土塁がめぐる**こと。谷間部入口に水門があること。そして、見晴らしのよい山を取り入れ、麓には**古代稲作が可能な小さな河川を有している**ことなどがあげられる。

注目されることは、朝鮮式山城の形態とほとんどかわらない**半島の城郭形式**で築かれている点や、北九州から瀬戸内海岸側のみにみられる分布であることだ。今後、さらに神籠石式山城の存在が確認されるであろう。しかし、その全容は不明な点があまりに多いのである。

佐賀県武雄市にあるおつぼやま神籠石の復元想定図。削平地の上には多数の倉庫群が発掘調査で確認されている。

日本史のランドマーク
奈良県橿原市

4

藤《ふじ》原《わら》京《きょう》

古代日本の政治の中心となった計画都市

藤原京は天武天皇の遺志に基づいて造営された都であり、日本史上で初めて唐風の条坊制が用いられた。

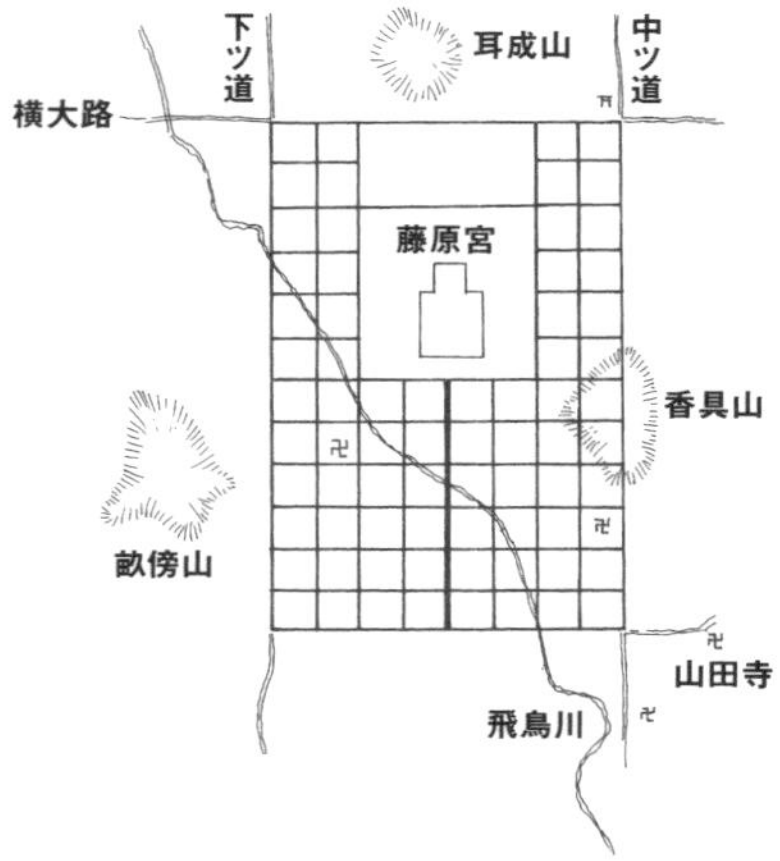

藤原京の平面図

平城京や平安京にも影響を与えた、藤原京の都市計画がわかる平面図。中国の大陸文化に影響を受けた方形区画城壁都市であり、四辺は方位が重視されるなど思想の影響も考えられている。

都市機能を持った藤原京

古代律令制で都城に関わる部分は、**宮城、都市、官衙**である。600年に及んだ律令体制の中で、皇居である宮城は、それ以前(大化以前)においては、応神天皇の軽島豊明宮《かるしまのとよあきらのみや》を筆頭に50カ所ほどが造営されたことがわかっている。そのうち、安閑《あんかん》天皇の勾金橋宮《まがりのかなはしのみや》、推古天皇の豊《と》浦宮《ゆらのみや》と小墾田宮《おはりだのみや》、皇極天皇の板蓋宮《いたぶきのみや》、斉明天皇の川原宮《かわらのみや》など飛鳥地方における皇居造営のなかで、宮城としての祖型が整っていったと想像されている。

明らかな都城制をもった皇居とみられる造営は、天智天皇の**近江大津宮**(大津京)、天武天皇の浄御原宮あたりと考えられている。

そして、その後の平城京や平安京など日本の都市計画のベースになった、明確な都市機能をもった都城造営は、持統・文武天皇による**藤原京**からである。

中国の都市を参考にした

藤原京には羅城《らじょう》と呼ぶ市域を備え、大極殿を奥(内裏)に前面を朝堂区画とし、宮城は12門、羅城は12条・8坊で整然と区画した。整然と建造物が配置された藤原京の都市計画を見ると、その後の平城京、平安京という2大都城に与えた影響の大きさがうかがえる。

いうまでもなく、こうした都城の起源は中国にある。中国の都市すべてが都城であるとおり、大陸で発達した**方形区画《ほうけいくかく》城壁都市**である。四辺は方位が重視されて、陰陽道、道教、儒教の思想によって、大きさ、町割り、宮城などの位置が定まった。そして、仏教の宇宙観による須弥山《しゅみせん》の善見城の思想がこれに加わると、中国の都城のうち宮城である王城域にはさらなる壮麗さが加わっている。

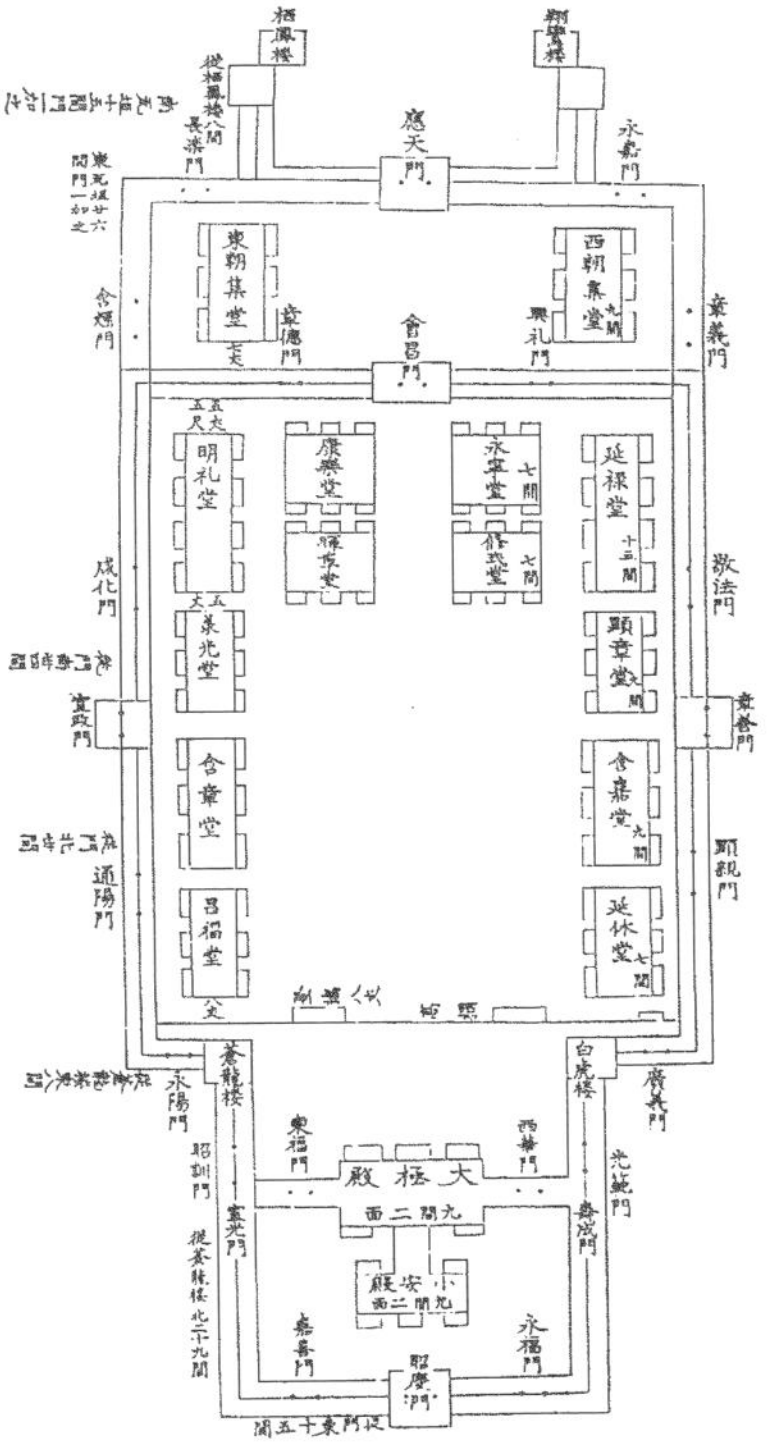

律令制にみる大極殿の平面図

大極殿は朝廷の正殿となった建物である。荘厳な佇まいであり、殿内には天皇の玉座・高御座が据えられていた。即位の大礼などの国家的儀式が行われる政治の中心であった。

大極殿跡の景観

藤原京の大極殿は、これまでの発掘調査などから、その規模から内部の殿堂配置に至るまで詳細が判明している稀有な遺構であるが、建物は復元されていない。

日本史のランドマーク
奈良県奈良市
5

平城京

藤原京から遷都、中国の都に倣って造営された

平城京は、元明天皇より遷都の勅があったことで、和銅3(710)年に唐の都長安城を模倣して遷都された都である。

洛陽城が日本の都市の原型

北京を例とすると、「紫禁城」と呼ばれる朝廷を区画する王宮の都市構造がある。城壁は紫色に彩色されるが、紫とは中華思想でいう世界の中心「北極星の輝き」を具現するという。紫禁城を核とする都市は、次に黄色の街である王族の居住地、そして緑(東)・白(西)・赤(南)・黒(北)といった封地の方向別の諸侯の屋敷街などに区画されていた。

ところで、日本の都城の範となったのは長安といわれていたが、最近では**北魏の都・洛陽《らくよう》**がベースになったであろうといわれている。では洛陽城とはどのような都市だったのだろうか。洛陽城は「九六城」とも呼ばれ、南北9里、東西6里で四辺に各1門をおき、北寄りに宮城をつくり都城の中心とする壮麗な都市であった。

平城京と平安京

和銅3(710)年に藤原京から遷都した**平城京**は、朱雀大路(幅72m、長さ3・8㎞)を中軸に都城が形成され、南に羅城門が開かれ、北側中央に内域である平城宮が構えられてい

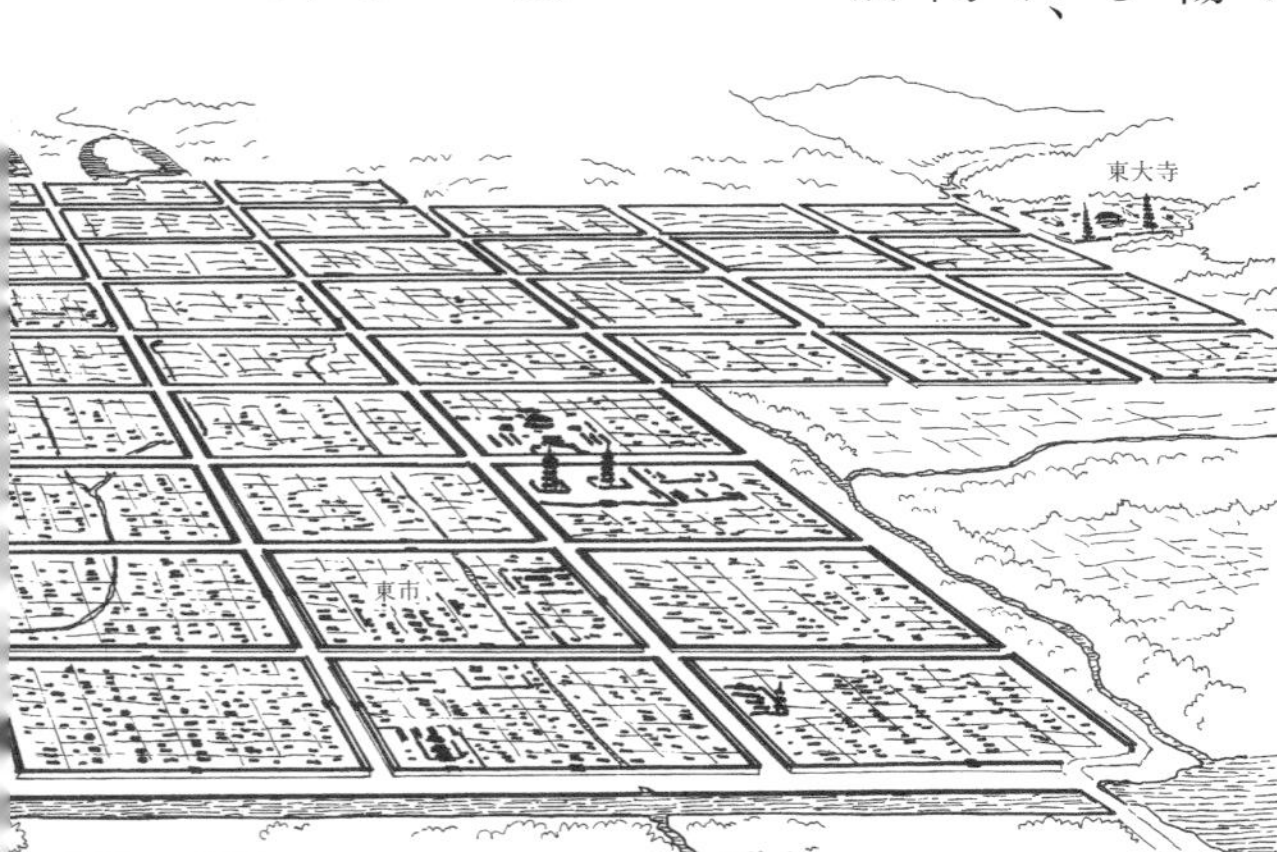

た。羅城とは城壁のことで、平城京の9条8坊の周囲には、土塁である築牆《ついがき》が方形（4・8㎞〜4・3㎞）でめぐっていた。平城京ののち、短期間で都の移転が繰り返され、**恭仁京**《くにきょう》、**難波京、信楽宮、保良宮、由義宮、長岡京**が造営された。

そして、桓武天皇の時代、延暦13（794）年10月に平安京へと遷都される。平安京は南北9条東西12坊（5・3㎞〜4・57㎞）で、『延喜式』によれば、厚さ6尺の垣塁の外側に幅7尺の犬走りと幅1丈の濠が羅城を囲んでいた。この平安京が現在の京都の基礎となり、それ以外の日本の都市計画にも大きな影響を及ぼしているのである。

平安神宮の社殿

平安神宮の社殿は、平安京があった当時の正庁であった朝堂院を模したもので、明治28（1895）年に完成した。豪華絢爛な往時の姿を見せている。

平城京の大極殿

奈良市にある平城京の大極殿。平成22（2010）年に復元されたもので、屋根瓦を約9万7000枚も使用した平城宮最大の宮殿となっている。

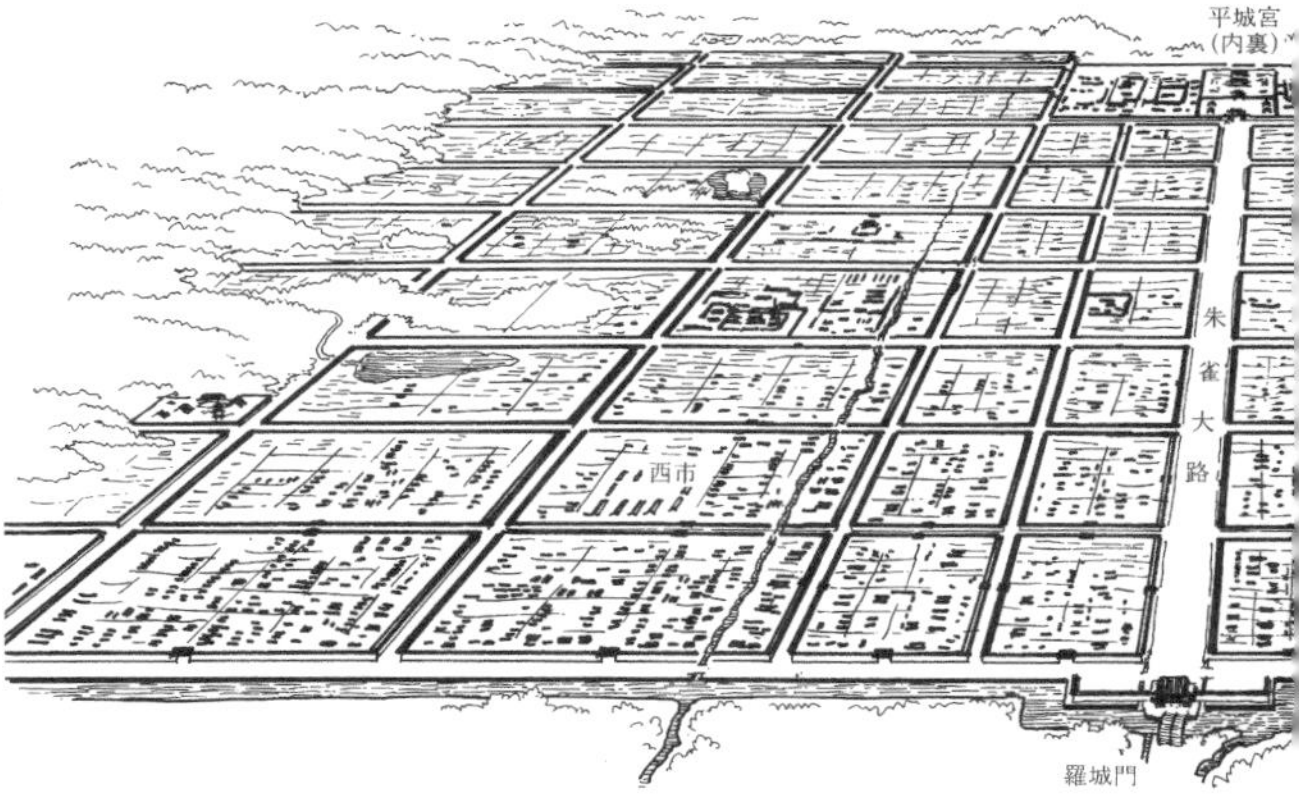

近江大津宮の俯瞰図

天智天皇が飛鳥から遷都したという大津。都域を中心とする壮大な都市だといわれる。

大和政権による築城「官衙《かんが》」とは何か?

全国におかれた官庁の造置

国衙に造られた政庁建築

古代城郭の特色は、大和政権による**国家的事業の築城**が主流であったことだ。なかでも**官衙**と呼ばれる築城は、国郡ごとに全国におかれた官庁の造置であった。官衙のうち国衙は国の首都である国府の市街地をともなう都城制を採用し、郡衙の多くは官衙のみの築城であった。

国衙郡衙のほか、大和政権は兵士駐屯基地である営所、交通の要所に造置した関塞、伝馬制度としての駅家、物品流通基地としての店家、狼煙をあげて情報伝達を行う基地である烽なども中央集権の確立のため整備造置していった。

国衙は国の大小によって国衙と国府の大きさが定められ、定員である官人数も大国、上国、中国、下国の4ランクに定められた。10世紀になると、68国に国衙が成立し、大国、上国13カ国の国衙は、方8町の国府域に方2町の国衙が中央北寄りに置かれ、国庁正門から南に朱雀大路が真っ直ぐに延びていた。国衙は**国庁である政庁建築**が営まれた。これらは、多賀城、大宰府、近江、伯耆、下野国庁が発掘調査されて、その旧状が明らかになっている。

陸奥国衙多賀城の中心である政庁は、南北約118m、東西約105mの(築地《ついじ》)で囲まれ、南の正門は八《はっ》脚門《きゃくもん》で、内郭は創立期から5期にわたる建て替えが行われていた。5期の建物配置は異なるが、正殿を北寄りに南側左右に脇殿とし、後期の段階となると正殿背後に後殿が建つ。また南門が正門で、前方左右に建物があった。これを都城制にあてはめると、大極殿が正殿、朝堂が脇殿、朝集殿が正門左右の建物にあたる。

大宰府の特色ある構成

北方最大の多賀城に対し、西国の中心で筑紫国庁でもあった**大宰府**の場合をみてみよう。国府域は方4町の国衙域の前方に東西それぞれ12坊、南北22条の条坊にわたった。1条1坊は1町四方であるから東西約2・6km、南北約2・4kmで、平城宮の4分の1にあたる。国衙正庁の方4町は西日本の顔として大規模で、都府楼と呼ばれた。北側には後殿域、南門前方にも築地塀がめぐり、正殿からは南門をめぐる築地廻廊があり、宮城のプランと同一であったことがわかっている。

郡衙も国衙同様に上郡、中郡、下郡の区別があった。統一的なプランはなかったようで、主に**執務を行う庁舎を中心とした建物と、租庸調を徴集する倉庫群**から成り立っていたようだ。各所で発掘調査がされていて、そのうち武蔵豊島郡衙では幅約6mの濠が官衙をめぐっていたことが判明している。陸奥関和久遺跡は1町に1町半の方形で土塁と濠がめぐり、出羽秋田郡衙は約700m四方に柵をめぐらす不整形プランであることなどが確認されている。

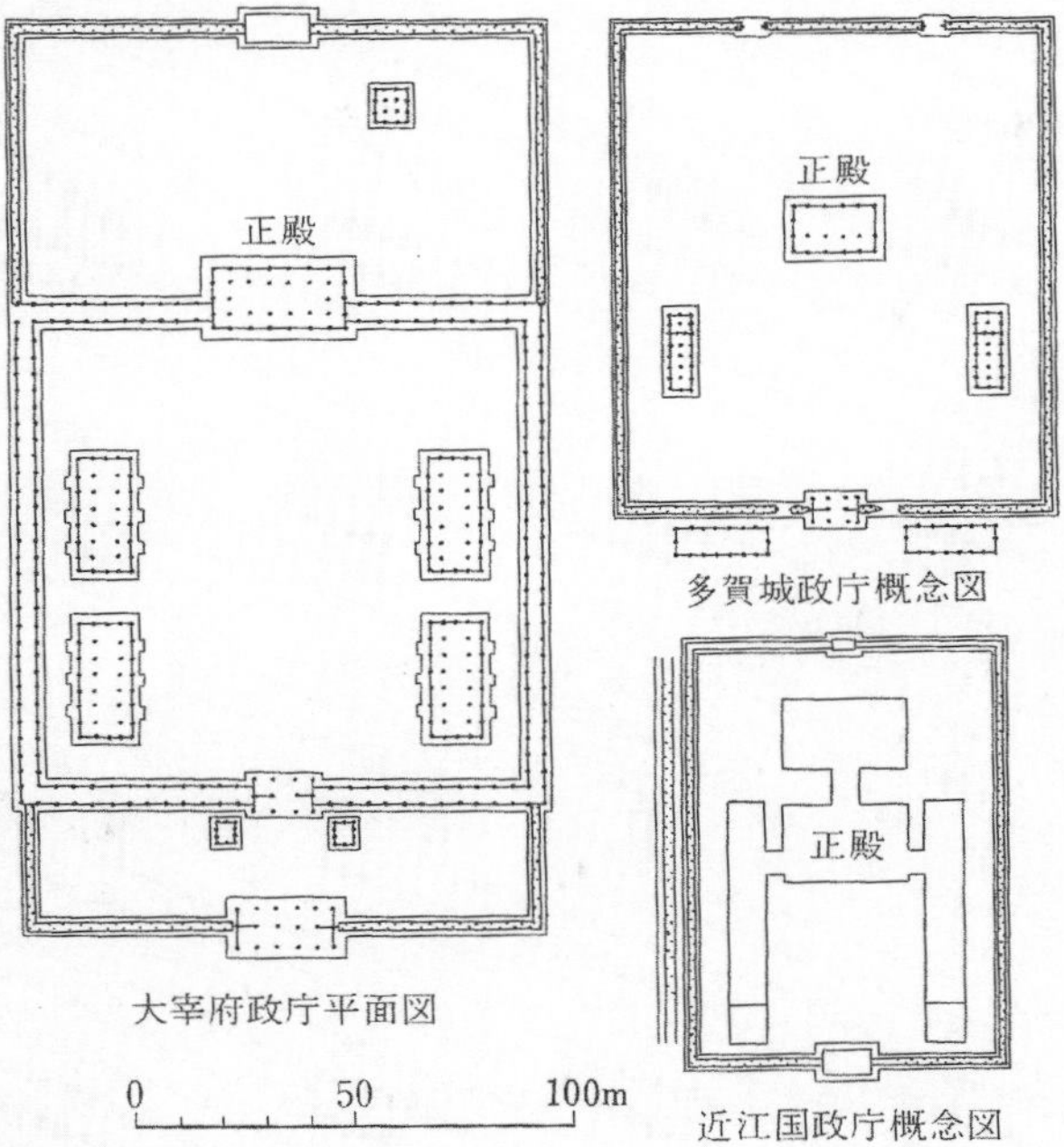

古代官衙の構成
多賀城政庁、大宰府政庁、近江国政庁の平面図および概念図。
中心に正殿を置き、周囲を塀で囲っている。

秋田城

蝦夷征伐と北方支配の拠点として築かれたが、蝦夷の抵抗が非常に激しかったため、国司もこの地から離れたいと願い出たほどの逸話が残る。

秋田城《あきた》

秋田城の前身は**出羽柵**《いではのき》である。大和政権は、征夷地の開拓と東北平定のため、**大化3(647)年**に新潟に**渟足柵**《ぬたりのき》を設置した。以後しだいに北進していき、**和銅元(708)年**には最上川河口に出羽柵をつくり、**天平5(733)年**にそれを現在の秋田市高清水公園内、護国神社あたりに移したという。

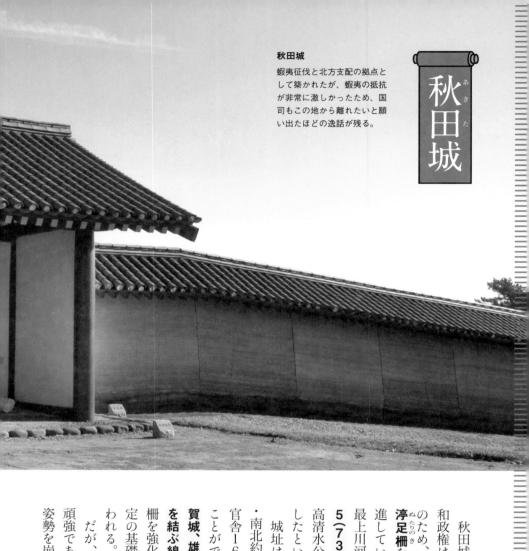

城址は内郭と外郭からなり、東西・南北約550m四方に及ぶ規模で、官舎161、城櫓は28ほどを数えることができる。こうして、横に、**多賀城、雄勝城、秋田城と、陸奥と出羽を結ぶ線**が完成するとともに、由理柵を強化したことによって、出羽鎮定の基礎が固まることになったと思われる。

だが、この地方の蝦夷はきわめて頑強であり、朝廷に対して抵抗する姿勢を崩さなかった。出羽国司が国

府の移転の願いを出したり、鎮守府将軍・安倍家麻呂《あべのやかまろ》らが城を放棄したい旨を伝えている。もちろん朝廷はこれを認めず、むしろ強化方針をとって、出羽介（出羽国司に次ぐ官職）を秋田城に置くことに決め、ここに秋田城介の前身が誕生した。

　その後、**天長7（830）年**の大地震によって城は倒壊、死者15名に達する被害を受ける。さらに**元慶2（878）年**には、**半年に及ぶ蝦夷の大反乱によって城は陥落し、**国守が逃亡するという騒動が起こった。

　このとき、蝦夷側は秋田河（雄物川）以北を与えられれば戈を収めると申し出たが、朝廷では援軍を送ってこれを鎮圧した。前九年の役後、秋田城介は遙任制になって在城しなくなり、城はいつしか消滅した。

多《た》賀《が》城

多賀城は大和政権が築いた城の中でも、室町時代まで存続した稀有な城のひとつ。城跡は発掘の上、整備されている。

多賀城は、**古代大和政権の東北経営支配の拠点**である。陸奥鎮所、陸奥国府、陸奥国衙として、古代中世陸奥国の城柵群の本城として、**室町前期に至るまで朝廷と幕府が城代、守護兵を常駐**させた。一般には、**神亀元(724)年**、鎮守将軍大野東人《おおののあずまびと》が築いたとされる。多賀城の前身、名取鎮所《なとりちんしょ》からこの地に北進、簡単な土塁や柵などをめぐらして「多賀の柵」と呼ばれており、やがて城に改築された。**延暦21(802)年**、坂上田村麻呂が胆沢城(奥州市)を築いて鎮守府を移してからは国府として栄え、**多賀国府**と呼ばれた。前九年、後三年の両役はもちろん、頼朝の奥州征伐でもこの城を拠点としていた。南北朝時代も北畠顕家《きたばたけあきいえ》が義良親王《のりよししんのう》を奉じて在城した。後に足利氏の一族大崎氏が奥州探題となり、居城をほかに定め、廃城となった。

怡《い》土《と》城

高祖山（標高416m）西斜面一帯に築かれた古代山城。8カ所の望楼跡や山裾に2kmに及ぶ土塁が確認できる。

怡土城とほかの古代山城との大きな違いは三つある。第一に**国の歴史書に築城の担当者と期間が明記**されていること。怡土城は『続日本紀』に吉備真備のち佐伯今毛人によって、**天平勝宝8（756）年6月から神護景雲2（768）年2月**までの約12年間で築かれたことが記されている。

第二は**築城年代**。古代山城のほとんどが白村江での敗戦直後の天智天皇の時代に集中しているが、怡土城はその約１００年のち、**奈良時代**に築かれた。第三は**築城法**。多くは主に百済からの渡来人の技術を取り入れた朝鮮式山城だが、怡土城は**山の一角を麓から山頂まで囲い込む中国式山城の技法**で築かれている。これは2度の遣唐使を経験した吉備真備が築城に携わったためと考えられる。

制圧を目的とする官衙的築城

城の前身・柵の特徴

蝦夷地経営の拠点、城柵

官衙同様に大和政権が築城技術を駆使したものに、蝦夷地経営にともなう**城柵**の造営がある。城柵は東北地方における稲作を中心とする農耕地開拓の拠点として開拓民ら移住民の保護と、俘囚と称された現地人らの制圧を目的とする官衙的築城だった。蝦夷地経営にともなう、もっとも古い城柵造営記録は『日本書紀』大化3(647)年の渟足柵の造置である。以下、『六国史』には、磐舟柵、都《つ》岐沙羅柵《きさらのき》、出羽柵、秋田柵、多賀城、玉造柵《たまつくりのき》、色麻柵《しかまのき》、新田柵、牡鹿柵、桃生城《ものうじょう》、雄勝城《おかちじょう》、伊治城、覚鱉城《かくべつじょう》、由利城、胆沢城、志波城、中山柵、徳丹城の計19城柵が史料にみられる。このうち考古学的手段で所在地が確認されているのはわずかに7例にすぎない。

しかし、史料には見えない古代城柵の遺跡が次々と発見されている。代表的なものに払田柵、城輪柵《きのわのき》、一の関遺構(色麻柵擬定地)、宮沢遺跡、八森《はちもり》遺跡、関和久《せきわく》遺跡、亀岡遺跡、郡山台遺跡などがこれに当たる。

全容が解明された払田柵

これらの城柵遺跡のうち、発掘調査が広汎に行われて、ほぼ全容が知れるものに**払田柵**《ほったのき》がある。70次に及ぶ発掘調査により、払田柵は内城と外城が区画され、内城域は比高約15mほどの二つの頂のある丘をめぐる区画で、丘の窪や中央に約70m四方の政庁域がある。内城正面は**石垣をともなう築地塀と門**が開き、背後には柵列がめぐる。外城は西側の丘を含む外柵は東西1370m、南北780mの楕円形に木柵がびっしりと並ぶ外郭線が形成されている。そして、**外城内**には、掘立式建物がかなりの数で存在していたものとみられる。

これらの調査をもとに往時の姿を想像すれば、ちょうど映画などの西部劇にみられる白人による砦の風景に近いものだったのであろう。

東北地方に
築かれた“柵”

柵は蝦夷地開発の拠点であった。また、蝦夷は朝廷にとって脅威となったため、北方の防御を固めるために数々の柵が築かれた。この地図に図示されたものは代表的な遺構だが、近年、他にも柵の跡が発見されており、朝廷の蝦夷地経営の実態が解明されつつある。

第3章 平安時代

平安時代初期の最大の課題は、朝廷に反発する蝦夷《えみし》の征伐だった。その命を桓武天皇から受けたのが坂上田村麻呂であり、たびたび蝦夷征伐を実行、そして、その要となる城柵が次々に築かれ、また改修されていった。多賀城をはじめとする古代城郭は、北方の防御のためには欠かせないものだった。平安時代も後期になると末法思想《まっぽうしそう》の広がりから社会に不安が生じた。その中で源氏と平氏の争いが生まれ、混迷を極めていく。長く続いた源平合戦は源氏が勝利した。

この時代のポイント

▼平安時代初期の最大の課題は蝦夷を征伐することだった

▼蝦夷征伐を実行することで各地で城柵が築かれるようになる

▼末法思想の広がりとともに源平合戦がはじまり源氏が勝利する

平安神宮

平城京から平安京に遷都し、幕を開けた平安時代は「平安」というネーミングとは裏腹に、戦乱の絶えない時代であった。平安神宮は遷都に大きな役割を果たした桓武天皇を祀る。

流れをつかむ！ 基本年表

8世紀－12世紀

平安時代

802年	延暦21	**坂上田村麻呂**《さかのうえのたむらまろ》が蝦夷征伐のため**陸奥国**《むつのくに》に**胆沢城**《いさわじょう》を築き、のち鎮守府を**多賀城**《たがじょう》から移す。
803年	延暦22	坂上田村麻呂が**志波城**《しわじょう》を築く。
814年	弘仁5	**文室綿麻呂**《ふんやのわたまろ》の進言で現在の岩手県(矢巾町)に**徳丹城**《とくたんじょう》が築かれる。
939年	天慶2	**平将門**《たいらのまさかど》が常陸を横領。**藤原純友**《ふじわらのすみとも》が反乱を起こす。
1051年	永承6	陸奥国の豪族・安倍氏が朝廷に反乱し、**前九年合戦**が始まる。
1083年	永保3	**清原家衡**《きよはらのいえひら》が沼柵に籠る。清原氏の内紛で**後三年の合戦**が始まる。
1087年	寛治元	**源義家**《みなもとのよしいえ》、**出羽金沢柵**で清原勢を討つ。
1156年	保元元	皇位継承問題に端を発し、**保元の乱**が起こる。
1159年	平治元	保元の乱の勝者が分裂し、**平治の乱**が起こる。
源平の争乱がおこる		
1180年	治承4	**以仁王**《もちひとおう》の令旨により諸国の源氏が蜂起し、**治承・寿永の乱**《じしょうじゅえい》が始まる。源氏と縁の深い**近江三井寺**《おうみのみいでら》が城郭構えとなる。
1183年	寿永2	**平維盛**《たいらのこれもり》、**越前燧ケ城**《ひうちがじょう》を破る。平氏、屋島に**行宮**《あんぐう》を築く。
1184年	寿永3	**源範頼**《みなもとののりより》と**義経**が、**一ノ谷の合戦**で平氏の**摂津一ノ谷城**を破る。
1185年	文治元	**源義経**《みなもとのよしつね》、平氏を**讃岐屋島城**で破る。**壇ノ浦**で平氏が滅亡。

POINT

- 『平家物語』などに城郭の存在が記される
- 近世城郭のさきがけがつくられる
- 堀や逆茂木など敵の進撃を防ぐ構造
- 多数の堀切を入れる傾向がある

城がわかるKEY WORD

1

後三年の合戦

陸奥守源義家（八幡太郎）が、出羽の豪族清原氏一族内の争いに乗じてこれを滅ぼした戦い。前九年の役に続いて永保3（1083）年から起こり、寛治元（1087）年に義家が清原家衡らの拠点、金沢柵を陥落させて奥州を平定した。後三年合戦の時期は日本史上、古代と中世の分かれ目にあたる。

金沢柵

後三年の役最後の決戦地で、出羽第一の豪族・清原氏の居館があった。源義家が雁行の乱れを見て伏兵の存在を認知したりと、武士の強さ、勇ましさなどを実感できる逸話が多く伝わる。

中尊寺

中尊寺は藤原氏が理想郷として築いた平泉の中心寺院。金色堂は、清衡がこの地方に平和をもたらすべく建立したもので、当時流行していた浄土信仰を物語る仏堂。

城がわかるKEY WORD

2

源平の合戦（治承・寿永の乱）

治承4（1180）年から文治元（1185）年にかけて平氏と、平氏に対抗する源氏を中心とした勢力が激突した戦い。坂東平氏などから構成される武士集団や源頼朝らが戦いをリードし、壇ノ浦の戦いで平氏が滅亡した結果、日本初の武家政権である鎌倉幕府が成立することになった。

一ノ谷

摂津国（現在の兵庫県）の福原と須磨にある天然の要害・一ノ谷では、1184（寿永3）年に源氏が平氏の軍勢を破った一ノ谷の合戦が起こり、源義経が大活躍した。その後、平氏は急速に追い詰められていき、壇ノ浦の戦いで敗北。

近江三井寺

正式名称は園城寺といい、天台寺門宗の総本山。円珍（智証大師）によって再興された。源平の争乱では源氏側の拠点となり、平氏から信仰を集めた延暦寺と対立した。

テーマ別
深掘り年表

8–9世紀

人物　事件　文化　政治

北方の防衛のために柵、城が築かれる

蝦夷征伐と坂上田村麻呂

794年 延暦13年
坂上田村麻呂が蝦夷を征伐する

『日本紀略《にほんきりゃく》』によると、副将軍の坂上田村麻呂がこの年に蝦夷を征伐したとある。この戦いがどのようなものであったのか、具体的な経過はわからないが、坂上田村麻呂による蝦夷征伐の先駆けといえる。

797年 延暦16年
征夷大将軍になる

田村麻呂は桓武天皇から征夷大将軍に任ぜられる。征夷大将軍とは、東北地方の行政を全般的に指揮、統括する官職にあたる。桓武天皇の命を受けて、第三次蝦夷征討が実行されたのは、その4年後の801年のことである。

798年 延暦17年
清水寺を建立する

田村麻呂は、清水の舞台で名高い京都府の**清水寺**を建立した人物の一人。征夷大将軍となって蝦夷平定を命じられた際には、清水で平定参拝を行ったと言われる。清水寺のご加護があったのか、田村麻呂は蝦夷征伐で勝利を重ね、京都に帰還できた。田村麻呂は信心深く、清水寺の本堂の大改築を行い、さらに本尊である観音菩薩像の脇侍にあたる**毘沙門天像と地蔵菩薩像**を建立し、寄進したといわれる。

800年 延暦19年
諸国に移配する夷俘を検校

前年に近衛権中将になった田村麻呂は、諸国に配した夷俘《いふ》(蝦夷)を検校するため、800年11月に派遣された。この頃の肩書は「征夷大将軍近衛権中将陸奥出羽按察使従四位上

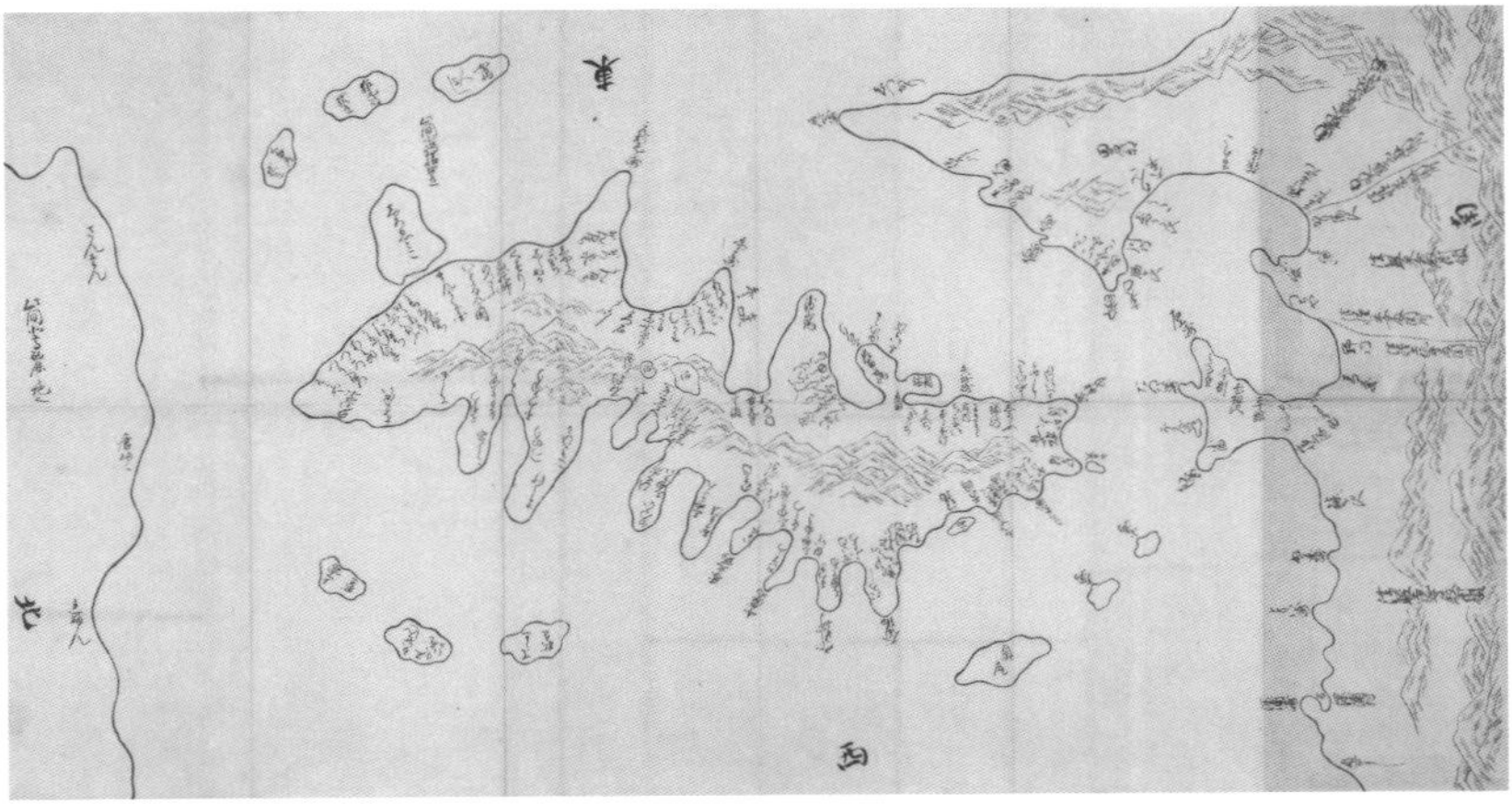

蝦夷地図

北海道島を中心に、南は下北半島・津軽半島など青森県域から、北は「さんたん」「唐ふと」「れぶん」と記した大陸までを描いた絵図。初期蝦夷図に分類される（江戸時代 18世紀）

蕨手刀

北海道や東北地方において、７～８世紀の古墳や古墓からしばしば出土する。北海道や東北地方に居住していた蝦夷の人々の騎馬用武器として使われたもの。

兼行陸奥守鎮守将軍」という、非常に長いものになっている。

802年 延暦21年

阿弖利爲と盤具母禮らが降伏

８０２年、田村麻呂は**胆沢城使**となったが、この年は蝦夷征伐において重要な出来事があったとされている。蝦夷の族長の阿弖利爲《あてるい》と盤具公《いわぐのきみ》母禮《もれ》らが降伏したのである。

田村麻呂は平安京にすぐさま連絡し、阿弖利爲と盤具母公禮とともに都に向かった。田村麻呂はその命だけは助けるべきだと考えたとされるが、２人は処刑されてしまった。

テーマ別
深掘り年表

8–11世紀

人物　事件　文化　政治

東北地方には各地に城柵が造られた

蝦夷討伐のための城柵

8〜11世紀　多賀城の増改築が行われる

奈良時代の日本は平城京が都として、南北に防御のための重要な拠点が置かれた。南に置かれたのが大宰府であり、北に置かれたのが**鎮守府と陸奥国府**を兼ねた多賀城である。特に、蝦夷征伐と北方の守りの拠点であった多賀城は、もっとも重要と考えられた城柵であった。それは奈良～平安時代の間に、4回にわたって造営が繰り返されたことからもわかる。11世紀ごろまで存在していたとされる。

802年 延暦21　胆沢城《いさわじょう》ができる

征夷大将軍として蝦夷征伐を進めていた坂上田村麻呂が、802年に造営したのが胆沢城。**北東北の政治と防衛の拠点**となった。

803年 延暦22　志波城ができる

古代の陸奥国における最北にして最大級の古代城柵が志波城。こちらも、坂上田村麻呂が桓武天皇の命を受けて築いたもの。立て続けに城柵が造営されたことからも、いかに大和政権にとって北方の防衛が重視されていたのかがわかる。

9世紀ごろ　払田柵《ほったのき》ができる

現在の秋田県内に造られた柵の一つで、その規模は非常に大きかったといわれるが、文献資料に記録がなく、〝幻の柵〟としてベールに包まれている。他の柵と同様に、この地方の政治の中心であり、軍事的な拠点であったと考えられる。

多賀城

724年に按察使の大野東人が築城したとされ、大和政権の東北支配の拠点であった。整然と建物が並ぶ一大政庁であり、周囲には都市が形成されていたと考えられる。

9世紀ごろ

城輪柵《きのわのき》ができる

現在の庄内地方、酒田にあった城柵。出羽国国府がここにあったと考えられているが、詳細はまだ明らかになっていない。

払田柵

国指定史跡。外柵と呼ばれる、角材が整然と並ぶ材木塀は総延長約3.6km、遺跡の総面積は約87.8haに達する広大な遺跡であり、この地方の政治の中心だったことがうかがえる。

志波城《しわじょう》

志波城は敷地内に大路を備えた巨大な城柵である。復元建物を見てわかるように、あくまでも簡素で質実剛健な造りだったと推定される。

桓武天皇の命を受けた坂上田村麻呂によって造られた、古代陸奥国では最北であり、最大級の規模を誇る古代城柵。現在、その跡地は志波城古代公園となっており、高さ11mに達する外郭南門、全長252mの外郭の築地塀、櫓、政庁、官衙建物などが復元整備されている。外郭南門をくぐった先には南大路があり、その先には政庁が置かれ、政治的な機能を担っていた。

志波城跡の特徴に挙げられるのが、城内に**1200〜2000棟にも及ぶ竪穴建物群**が建てられていたということである。これは兵舎として使われていた建物の跡地であると考えられている。

復元された建物の屋根は茅葺きとなっており、内外ともに簡素な造りで、派遣された兵士たちが滞在していた。

縄文・弥生
飛鳥・奈良
平安
鎌倉
室町・安土桃山
江戸
明治・昭和
現代

胆沢城《いさわじょう》

1922年には国の史跡に指定され、戦後に岩手大学を中心に発掘調査が進められ、その全容が明らかになった。

延暦21(802)年に坂上田村麻呂が築いた胆沢城は、**大同3(808)年**までに陸奥国府の多賀城から軍政を司る鎮守府が移されたことで重要視されるようになり、平安時代の**10世紀後半頃**までは、鎮守府胆沢城として存在していたと考えられている。

胆沢城の規模は小さく、敷地は一辺約６７０ｍの方形であり、その周りには築地を巡らせていた。その築地は土を固めて作った簡素なものだったと推定される。

政庁では様々な儀式が行われ、官衙では食料などが供給されていた。城跡からは数多くの木簡が出土し、また、文字が記された土器、暦なども見つかっている。他にも、兵士に関する漆紙文書が見つかり、古代の政庁の役割を知ることができる点で重要な史跡である。

払田柵《ほったのき》

城門など、遺跡にあった建造物の復元がなされている。他の城柵と同様に簡潔な造りで、派手な装飾などはない。

1931年に、秋田県内の史跡では初めて国指定史跡となった払田柵跡。創建された年代ははっきりしていないが、発掘された角材を調べたところ、801年頃に伐採されたものとわかり、胆沢城や志波城とほぼ同時期、平安時代の初めころには全体が整えられたと推定される。

北東北にある他の城柵と同様に、この地方を治める政治や軍事の拠点であり、政庁は様々な儀式の場となっていたのであろう。

ただ、歴史書や古文書には払田柵に関する記述が見当たらないことから、現在の城跡も、河辺府説や雄勝城説など様々な説が提唱されている。歴史上の名称が解明されていない状況にあり、まだまだ謎を秘めた遺跡といえる。

城輪柵《きのわのき》

日本海側の庄内地方も蝦夷征伐の要とされていたため、規模の大きな城柵が設けられることになった。門や築地塀が復元されている。

城輪柵跡の遺跡の性格としては、平安時代の出羽国の国府跡とする説が有力となっている。発見にいたったのは１９３１年のことで、城柵の一辺が約７２０ｍ、52ｈａにも達する広大なものであった。翌年には国の史跡に指定されている。

調査の結果、遺跡の中央部分にあたる台地の上に、政庁の遺構群が均整のとれた配置がなされていたことがわかり、数々の建物が整然と並んでいた古代の情景を思い起こすことができる。政庁の外側にも掘立柱の建物が見つかったほか、井戸跡、溝、土坑などが発掘されている。

現在復元がなされているのは、政庁南門と東門、城柵を囲んでいた築地塀の一部であり、跡地は歴史公園として整備されている。

日本史のランドマーク 6
宮城県多賀城市

多賀城《たがじょう》

古代東北の政治の根幹となった城柵

律令国家のもとでも東北地方は重視され、数々の城柵が築かれていくが、その中でも特に重要なものの一つが多賀城だ。

北方防御の要の城

724年に大野東人《おおののあずまびと》によって創建された多賀城は、**陸奥国府と鎮守府が置かれた、古代の東北の政治の拠点**であった。その敷地は四方が約900mという広大なもので、その中心部分には政庁が置かれ、様々な儀式や政策が行われていた。平城京が整備されて以降、日本各地にその地の政庁としての城柵が整備されていく。多賀城もその一環として本格的に整備されたものだ。

その敷地は、仙台平野を望む松島丘陵の先端に位置する。当時の陸奥国を治める国府であり、陸奥・出羽両国を統轄するべく按察使《あぜち》を常駐させていた。

そして、もっとも重視されたのが**蝦夷征伐の拠点**としてであり、**北方の防御の要**と考えられていた。多賀城が整備されると、各地から移住する人も増え、この地の人と物が交わる拠点となった。

平安時代に廃絶するまでの間、**東北地方の政治・文化の中心であり続けた重要な城跡**である。現在は城跡が国の特別史跡に指定されている。

多賀城と東北城柵の構築は、農耕民族の大和政権が非農耕民族（縄文系の民）の地、陸奥・出羽へ進出・入植を行う拠点であった。

多賀城の建て替えは大きく4期に分かれて行われている。の復元は第1期のもので、7世紀中頃は、第2期で、第2期は762〜780年頃のものと考えられている。

誕生から中世までの城の変遷

城の基礎知識

城という漢字は、土と成の2字が並ぶように、**土でできている構築物という意味**である。この土盛りが一定区画を囲むと、城郭となる。郭とは亭、すなわち家と、阝（おおざと）である家々が集まる集落のことを指す。だから、中国大陸の万里の長城は城郭ではなく「長い壁」、すなわち長い壁の城で「THE GREAT WALL」という。

万里の長城はもとより**中国の都市を形づくる城郭、ローマ帝国時代から古代中東に分布する城郭などは、いずれの城も壁が方形に囲む。**ところが日本の城は、壁をつくる土砂を得るため、**前面（外側）に堀をつくり、掘りあげた土砂を突き固め土塁で壁をつくった。**土塁または石塁（垣根状の城内平地から出張った斜面上の石づくりの塁壁のことで、石垣は斜面に積む）の外側に、外国の城は堀を備えない。堀は掘ったままの凹地で、土砂や石垣が底部までみえるのが空堀《からぼり》で壕《ほり》とも記し、堀の低部に人為的に水を入れたものを水堀といい、自然の河川や沼地などの水を入れた形を濠《ほり》と記す。また山続き、丘続きの峰を切断する堀を「堀《ほり》切《きり》」と称し、斜面に穿つ空堀を「竪堀《たてぼり》」という。

日本で獣や異集落の人々から生活を守るために、城が登場するのは、地域によって多少異なるが、**縄文時代末から弥生時代が始まった紀元前4～紀元前2世紀の頃**と考えられている。今日の考古学の成果によると、弥生時代、日本中の集落遺跡には、すべて堀と土塁がめぐる「環濠集落」、すなわち**城郭ムラ**であったことが明らかにされている。

古墳時代の日本には、前方後円墳に代表される独自に考案された構築物が出現する。古墳の表面に石をびっしりと貼りつめる葺石《ふきいし》古墳が出現。古墳内部の棺を納める室には、巨石を積んで組み壁で仕切った石室がつくられた。この**古墳の葺石と石室石積み技術が、7世紀中頃以降に盛んに築かれた、大和政権による西日本の古代山城の石垣に発展**したのである。しかし、中世日本の武家政権を担った武士団の多くが、関東武士といわれる石材の少ない関東平野出身だったため、古代山城の石垣技術は応用されなくなった。武士たちは住居である舘《たて》(館《やかた》のこと)を、下地《したじ》支配(農耕地経営のこと)に便利な谷間や中小河川に接する平地に構えた。鎌倉御家人の館は、方形に堀を掘り土塁を構えた方形館《ほうけいやかた》か、谷間に臨む丘の先端部に築かれた。

後醍醐天皇は元弘元(1331)年、京の南方、山岳寺院の鷲峰山金胎《じゅうぶさんこんたい》寺(標高685m)に籠《こも》り挙兵。それまで戦の主流だった野戦から、天険要害な山にたて籠る戦法に出た。さらに後醍醐天皇は笠置山《かさぎやま》(標高290m)に籠り、翌年には護良《もりなが》親王、楠木正成らとともに山岳霊場吉野山を城郭化して鎌倉幕府軍と激しい戦を繰り返した。この

一連の**山岳寺院のたて籠りが山城発生の契機**となり、南北朝争乱の千早赤《ちはやあか》坂《さか》城、大山船上山《だいせんせんじょう》、霊山《りょうぜん》、菊池城など全国に山城籠城戦が展開した。山城は戦時には有利だが、生活には不自由。なので、村落に館を構える山城が一般的になる。また**山城と麓の館の両機能を兼ねた平山城《ひらやまじろ》、丘城《おかじろ》が室町期から戦国期に築かれることになる。**

中国の北京にある紫禁城の太和殿。日本の城の天守建築に相当。

中国司馬台長城。石積みが峰々に連なる。

韓国水原華城の華西門と稜線上の石塁。

ドイツのヴァルトブルク城、石を積みあげて城とする。堀はない。

城郭《じょうかく》の構成

築城する目的と地形により異なる種類

城郭の形と構造は、築城する目的と地形によって異なる。兵法《ひょうほう》でいう城の理想的な形は「円形の徳」といって、**堀と土塁で丸く円形に区画**する、とある。これは限られた土地に城を築く時、最大の容量(面積)が得られて、しかも防御ラインである土塁、堀に配置する兵士を円形にすると兵士の数が少なくても効率良く守れるからだ。

城郭史研究の門戸を開いた鳥羽正雄博士は、地形の制約による曲輪《くるわ》の配置を分類。本丸を核に同心円形に二の丸を並べ、その周囲を三の丸に相当する曲輪が囲む**輪**《りん》**郭式**《かくしき》。本丸と二の丸が並びその周囲を三の丸が囲む**並郭式**《へいかくしき》。本丸、二の丸、三の丸が連なる**連郭式**《れんかくしき》。梯子《はしご》状に本丸、二の丸、三の丸を高さ順に配する**梯郭式**《ていかくしき》などに分類した。なお梯郭式は、兵法では一二三《ひふみ》段《だん》といい、城が威風堂々と映え、守りやすく、居住的にも優れるとされ、今日では**階郭式**《かいかくしき》と呼ばれる。左の図は姫路城の鳥瞰図だが、右側の姫山が階郭式で、全体は、姫山と西側の西の丸が相対して並ぶ並郭式、さらに手前に三の丸が広がる城郭構成であることが分かる。

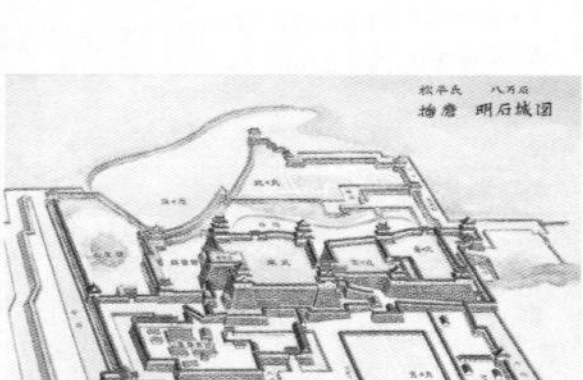

並郭式構成の明石城、本丸と二の丸・東の丸。周囲を輪郭式の三の丸・北の丸が囲む。

姫路城内城域鳥瞰図（作図・山添輝一）。右中央が姫山で階郭式プラン、左が鷺山の西の丸、姫山と鷺山とが一体化（並郭式）し、内城域をつくる。

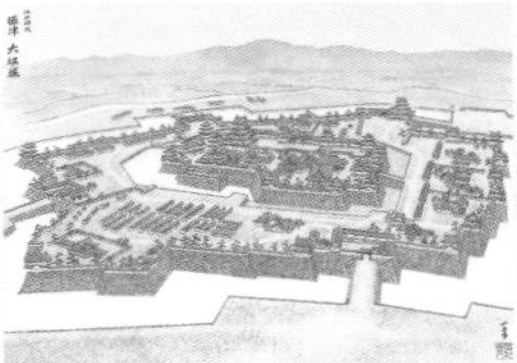

輪郭式構成の大坂城鳥瞰絵図（荻原一青画）。

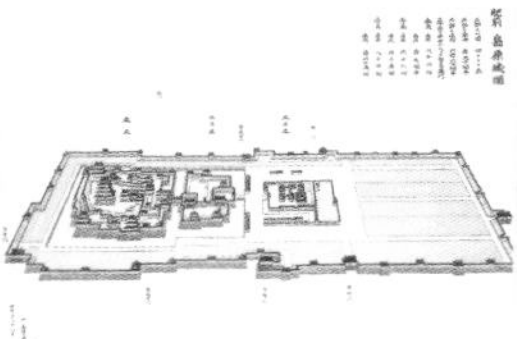

連郭式構成の島原城、連郭の周囲に輪郭の惣構が囲む（荻原一青画）。

階郭式構成の徳島城復元鳥瞰図（荻原一青画）。

時代の変遷によっての変化を知る

城郭の種別

城を築いたのは、武家政権時代を担った武士たちだけではない。例えば**京都東山の清水寺、清閑寺、知恩院などは、険しい山を寺域に取り込んでいるのを見ると、あたかも山城のように感じる。**事実、山城の型は、密教の山岳寺院が南北朝の争乱期に利用されたことによって、山城の発生に繋がった。また、一向宗（浄土真宗）寺院は、越前吉崎御坊、山科本願寺、大坂城の前身である石山本願寺のように、土塁と堀がめぐる構造で、**寺院城郭**の典型だった。

左に図示した堺は、対外貿易の拠点である。商業都市で、商人たちは納屋《なや》貸十人衆を中心に会合衆《えごうしゅう》という自治組織をつくり、守備した**「環濠《かんごう》都市」**であった。河内平野郷《ひらのごう》や近江《おうみ》堅田《かただ》も商人たちが、自治防衛する**「環濠集落」**であった。

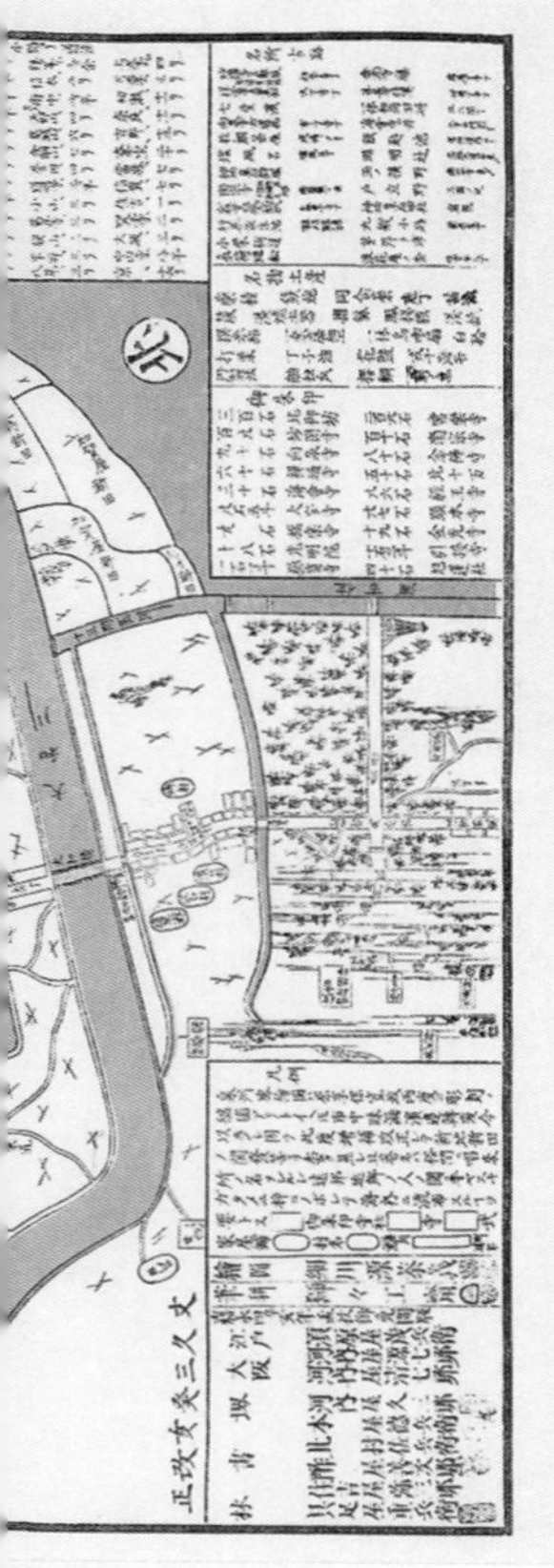

商人たちだけでなく、有力農民たちが農村集落全体を土塁と濠で囲んだ環濠集落も、大和や河内を中心に畿内に多く存在した。今日も大和平野では「垣内《かいと》」と呼ばれる自衛集落が点在する。

江戸時代になると、徳川幕府は大名家格制をつくり、元和元（1615）年閏6月には**「一国一城令」**を発布。一国である一藩支配地内の大名の居城以外はすべて廃城とした。そして、城持大名と呼ばれた1万石から1万2千石以上の大名にのみ、居城を構えることが許されたのである。大名以下の旗本や小名《しょうみょう》たちは、堀をめぐらすことが禁止され、陣屋《じんや》、構《かまえ》、居所と称する**「所」**を在所とした。また、幕府直轄の天領《てんりょう》にも、在地支配の拠点として天領陣屋や代官所が構えられた。

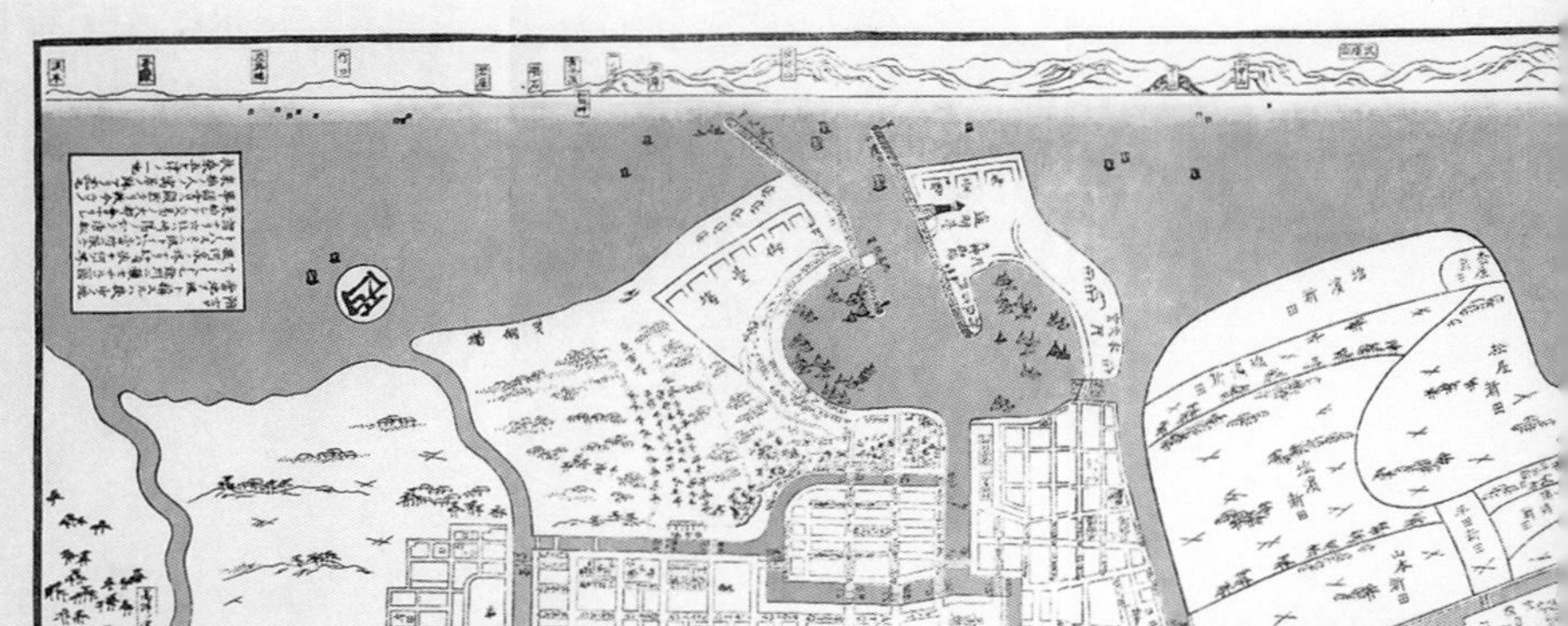

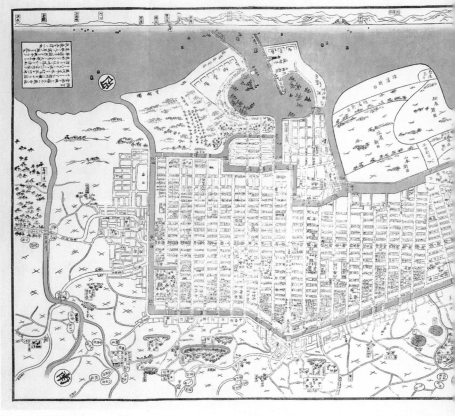

堺古絵図　商業港湾都市城郭の典型（西ヶ谷文庫蔵）。

長崎は鎖国下の日本で、唯一の海外との貿易港である。この長崎港を外国船から守るため、大砲を備えた砲台場の築城が承応2（1653）年からなされた。**神崎《こうざき》台場と大多越台場**がこれで、つづいて魚見岳台場が築かれた。これら初期の台場は階郭式の構成で、石垣を築いた**平山城**だった。

台場築城は文化7（1810）年2月から江戸湾でも実施され、平根山、十石崎や観音崎などは方形プランで、海側に砲座を並べる形状が多かった。さらに幕府は五稜郭や品川台場を築き、近代日本になると、東京湾海堡《かいほ》、西宮砲台などが港湾防備の拠点として築城された。

天守《てんしゅ》

城といえば、一般の人々は、天守建築もしくは櫓建築のことだと思っている。天守建築は天守閣と呼び習わされている。「閣」とは、金閣・銀閣と呼ばれるように方形プランで、二階か三階造り、上階が望楼造りで、多くは廻縁が取り付けられ、風雅を楽しむための楼閣建築をいう。仏殿や茶亭の建築名にも付されている。

これに対し、城郭の代表的景観の中心である天守建築は、天守閣とは、本来はいわない。**天守建築は、築城者の武威を具現し、最上階から周囲を監視し、籠城戦の折には城主の居所となり、司令本部が置かれる**のだ。天守は主殿建築の屋根の棟にあげた見張り台がはじまりで「殿主、殿守、天主」などとも記した。従って天守建築は「あげる」といい、建てるとはいわない。

天守は一城の中心であり、景観・城郭機能の戦時での中心でもあるのだ。一般に天守建築は三層か五層づくりで、天守台と呼ぶ本丸より一段高い台座の上にある。天守台は一般に石垣の方形台であるが、浜田城のように天守台を伴わない天守建築も存在した。

江戸時代初頭に、徳川幕府より**「武家諸法度《ぶけしょはっと》」「一国一城令《いっこくいちじょうれい》」**が発布されると、諸大名の城には、徳川政権への配慮から三層の天守建築を**「御三階」「三階櫓」**と称する城が多く現れた。米沢城や弘前城の御三階(五層天守が焼失したのちの現存の御三階櫓)、水戸城御三階、亀山城御三階がその代表である。

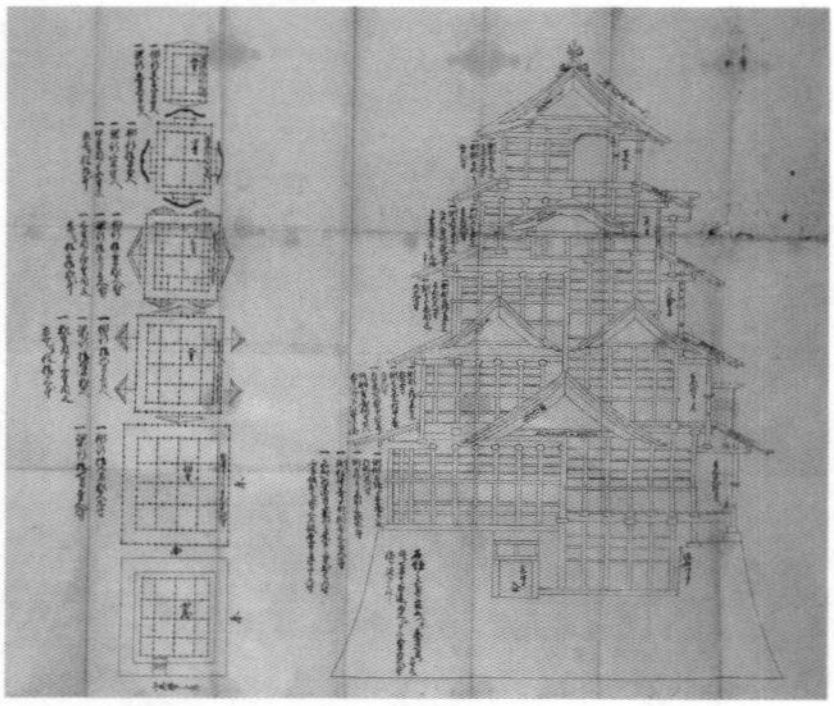
徳川家光の寛永度の天守古図

水戸城御三階櫓。昭和20年に消失した（昭和12年に撮影）。

江戸城復元天守模型・妻側（復元監修・西ヶ谷恭弘　兵庫県立歴史博物館）。

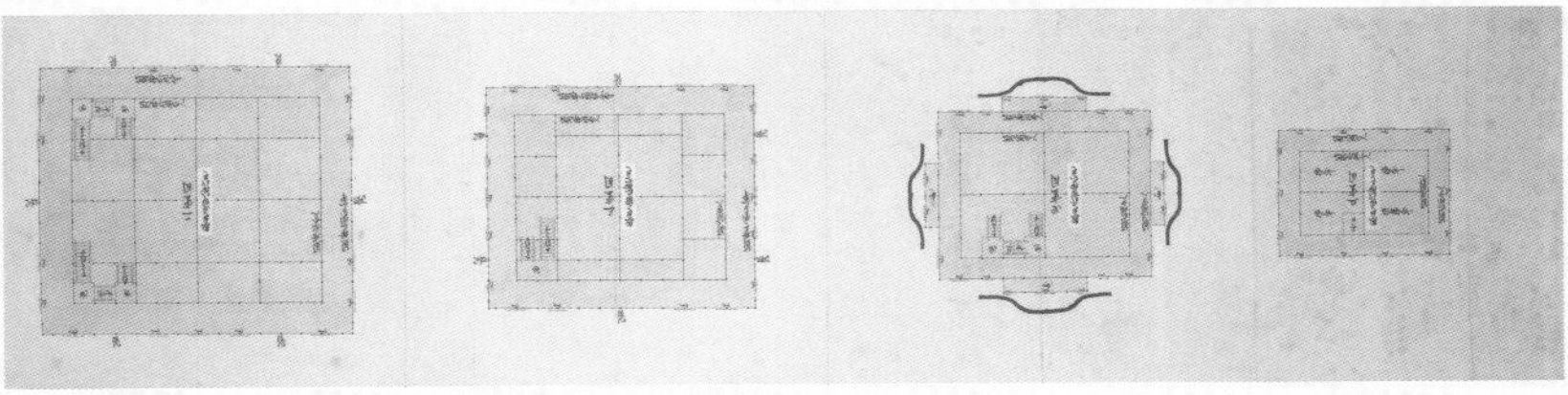

江戸城天守建地割図、二・三・四・五層の平面。

櫓《やぐら》

櫓は「矢倉、矢蔵」とも記す。敵勢の動きを常時見張り、迎撃できるよう、**門上や塁壁上もしくはコーナー上に見張り台をつくった。**その見張り台に弓矢の矢と兵士を常備したので、「矢倉」と記された。次第に櫓は、入母屋か切妻の屋根が掛けられ、見張りの兵が迎撃用の弓矢を携えて常駐できる長屋状の造りや、方形重層の見張り台を備えた造りも出現し、「矢倉」を「櫓」と記すようになった。

櫓は主に城郭および館の塁壁要所、塁壁角《かど》につくられた。城への出入りを見張る建物である兵士が常駐する門上の櫓門、入城者を監視する着到櫓、車輪が矢倉の下につき移動できる出矢倉（山車《だし》矢倉、車井楼《せいろう》）、櫓の上階に展望のため廻縁・勾欄《こうらん》を設けた重層の勾欄櫓（主に小天守など）、人質を入れておく人質櫓、井戸や湧水を確保するための水の手櫓、遠方を監視するための井楼高櫓《たかやぐら》、籠城戦に備えての兵糧を常駐しておく兵粮料櫓、合図の太鼓を打ったり、陣鐘を鳴らしたりする陣鐘櫓・太鼓櫓などがつくられた。

松山城本丸二重隅櫓。

名古屋城御深井丸三重櫓（清洲櫓）。

松山城天守曲輪虎口脇平櫓。

姫路城化粧櫓内部。

石垣《いしがき》

石垣は塁壁が崩れないように、石を積み上げた壁もしくは斜面、垣根である。一般に土砂を突き固めた斜面の外側に石積みをする形状である。土砂と積石の間に、水捌けを考慮して裏込石(栗石)を詰める。積石の加工状態から野面積《のづらづみ》、打ち込みハギ、切り込みハギに大別され、加工された積石の状況から、いろいろな積石名称(布積、亀甲積、笑い積など)が付されている。また、建築学では大きく**空積《からづみ》と練積《ねりづみ》**に大別されている。

空積とは、上石と下石との合端(接合部分)に何も入れないか、その隙間に砂利・目潰しを入れて固定する。

一方、練積は、接合材で合端を固め、積石を崩れなくする積み方である。石材の素材・形状から野面積、玉石積、牛蒡積、布積などといい、積み方の形状から乱積《みだれづみ》、算木積、整層積などといった。

上.名古屋城本丸虎口の巨石。　中.高知城獅子の段の自然石を積む「野面積」石垣。　下.伊予松山城の「打ち込みハギ」石垣。

丸亀城本丸の扇の勾配角（かど）石垣。

門《もん》

出入口や区画(曲輪)の間を往来する通路を仕切り、監視する建物が門である。通路の左右に二本の柱をたて、その頭部に柱を固定する横材を渡して固定する門。通路上に建物をつくり、出入りを厳しく監視するかたちなどがある。前者を**冠木門**《かぶきもん》、後者を**櫓(矢倉)門**と呼ぶ。門である建物が二本柱で扉がつく仕切門。二本柱の頭部に横材を渡し固定、扉を付けた冠木門。通路上に屋根付きの建物をつくり、建物全体を門とする櫓門。石垣・土塁の中間を開け、その上部に長屋状の建物を架け渡して見張り建物とし、下部に門扉を設ける渡櫓門(矢倉門)などがある。

一般に正面である表門で、敵勢を追い込む門を「**大手(追手)門**」、裏手にあり敵勢を搦め取るように逃げ場のない所につくる裏門を「**搦手門**」という。また城内などに用途別区画への出入口を示す「**仕切門**」、井戸や貯水池を守る「**水の手門**」、見張りを置いた「**二階門**」、建物と建物をつなぐ中間に建てられた「**渡櫓門**」、石垣を刳り抜き、戦時には門扉の内側を埋め立て扉が開かなくする「**埋門**《うずみもん》」などがあった。

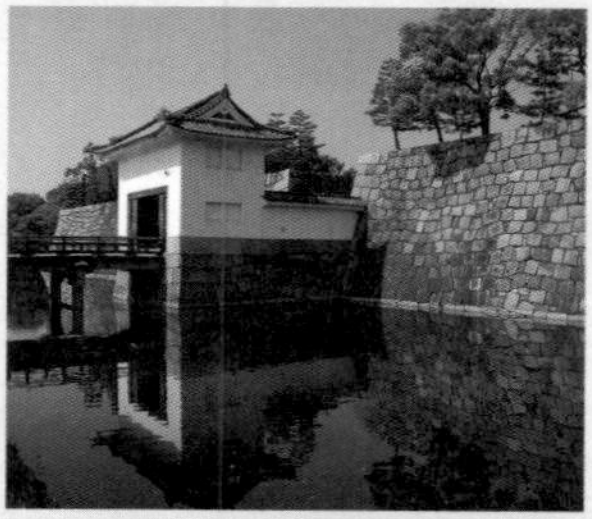

上.高知城大手渡櫓門。 中.二条城本丸廊下橋門。下.二条城東大手門潜り戸。

二条城二の丸唐門。

土塁《どるい》

城は「土から成る」と記すように、**土壁で防御する設備**（もしくは垣、壁などで囲む施設）を必要とした。土塁である壁が集落・陣営を、または家屋を包囲したものを、**「城郭」**といった。郭とは亭と邑からなり、家々（亭）が集まる集落（邑）をいい、集落を土塁が囲むと郭となるのである。だから城郭とは、家々を囲む防御のための土壁がめぐる集落、あるいは陣営をいった。

土塁は、中国大陸や西欧の陣営・集落では、壁として築かれる。古代の日本では、専ら集落の周囲は堀をめぐらすのみで、土塁は、陣営構築の攻撃台と防御壁として築かれていた。

そして、**武士が歴史に登場すると、屋敷の周囲や陣地に土塁をつくり防御・攻撃台に用いるようになる。**同時に館や城に堀をつくって、その時に生じた土砂、または削平する時に生じる土砂等を塁壁に盛り固め、防御と攻撃台の土塁を構築。中世末期・戦国期では、種々異なる土砂を突き固める**版築《はんちく》土塁**が築かれる。

信州上田城の上田藩主居館跡土塁と水濠。

上.山形城本丸土塁と本丸一文字門の塀。
中.忍城の本丸土塁。 下.高田城の土塁。

橋《はし》

城の空堀・水堀に掛けられた橋は、大きく「**土橋**《どばし》」と「**木橋**《きばし》」に大別される。幅広い堀が城の正面もしくは搦手にある場合は、戦闘が可能な距離幅で土橋・掛け橋（一般に木橋）の長さがそれぞれ調節された。土橋で敵をひきつけ、城側の掛け橋を曳き上げ戦闘距離とするのである。この曳き上げる橋を**跳橋**《はねばし》・**桔橋**《はねばし》といい、手前（城内）に曳くのを**引橋**ともいう。

架橋のある堀の幅は、橋桁の長さに応じて狭くなりやすく、虎口前方に架橋されているため、攻撃対象になる。深く幅広の堀に架橋する場合は堀の斜面中段に橋桁を架け渡し、その橋桁に橋脚をたて、上に往来できる橋を架け渡した。二重橋がこれである。城に土橋を用いる場合は、濠の水高を調節するため、ダムとして築き、土橋の左右の水高を違えた。

江戸城本丸の北桔橋（きたはねばし）門。門と右の土橋石垣の門前の橋が、跳橋（はねばし）であった。

上.高松城の本丸と二の丸を結ぶ鞘橋（さやばし）と呼ばれる廊下橋。 中.江戸城本丸西桔橋。 下.江戸城西の丸下郭の和田倉門の木橋。

蔵《くら》・厩《うまや》・番所《ばんしょ》

城内には、戦闘と生活に備えて、兵器・食糧を備蓄していた。兵器の格納庫としては、鉄砲・大砲の弾薬を備蓄する弾薬庫、弓の矢を常時備蓄することから名付けられた隅櫓（隅矢倉）などがある。さらに保存加工された兵糧を備蓄する兵糧櫓、武具を入れておく武具櫓、馬を飼育する厩、出入口である虎口に見張り番が置かれた着到櫓・番所なども存在した。

根城（青森県）の厩。彦根城には番所を伴う厩がある。

上.二条城二の丸の兵糧蔵。 右下.江戸城下乗門枡形内の番所。 左下.二条城東大手門内の大番所。

選《せん》地《ち》

城は様々な目的が適《かな》う地に築かれる。例えば築城地形が地域支配の核になるか、戦闘拠点としてふさわしいか、通信や交通の便はどうかなど、様々な要件を満たす地でなければならない。それは支城や枝城、敵と向かいあう陣城も同じである。

　これらの築城目的に適う自然地形を選ぶのが選地である。一般には**山城、丘城**（丘の上部の削平地のみ城地とする）、**平山城**（丘と麓双方を城地とする）、**平城**に分類され、それに**海城、水城**を加えることもある。ところが、これらの分類に入らない城も多い。湖や海の辺、中州に築かれた城の多くは、独立する低台地を城地とする。**三原城、名島城、瀬戸内などの海賊城は独立する島の台地が城地**となっている。

　山城でも、分類が非常に難しい城がある。縄張（曲輪配置などの型）から分類する場合も多い。選地から城を分類する際は、立地からではなく、その城の地形と曲輪配置と機能等を加味しなければならない。

上.江戸城御浜御殿・徳川水軍の拠点だった。中.彦根城、中央の丘が本丸、麓に二の丸がめぐる。下.京都市街地の二条城、右が大手門。

右.姫路城は姫山の丘頂に天守、中腹に山里曲輪・二の丸、麓に三の丸を配置する。左.松山城三の丸堀際よりみた本丸。

塀《へい》・柵《さく》

城郭の塁壁上に建てられた塀、櫓などの外壁面は防御上の工夫が施されている。壁の底面に開けられた小窓、石垣と塀や櫓壁面が接する所の小窓は、**「銃眼」「鉄砲狭間」**と呼ばれ、**火縄銃の銃口を出す穴**になっている。長方形で外側に広がる小窓は狭間で、弓矢・鑓・飛礫で来襲する敵を攻撃する。また壁面から床材を出張らせ、床窓から来襲する敵を防ぐ石落しがある。塀には平面の裏側に、外壁に対し直角に短い控塀を並べる。籠城戦の折、控塀と控塀の上に歩板を渡し、歩板上から攻撃できるようにした。柵は城内の区画や道や虎口等に設けた。

姫路城腹切丸の控塀がある塀を内側よりみる。内側の銃眼（鉄砲狭間）は左右と下に銃身を自由に動かせるため大きく広い。

上.高知城本丸の銃眼が切られる塀。中.松山城二の丸の下見板張の塀。下.姫路城西の丸東側の土塀。

第4章 鎌倉時代

源頼朝によって樹立された史上初の武家政権である鎌倉幕府は都を鎌倉に置いたが、都そのものを城塞として計画した

点でも類例がないものだった。御家人は常に戦闘に備えた館に住み、有事の際にはすぐ働けるように、日頃から鍛錬を怠らなかった。しかし、2度にわたる蒙古襲来は御家人に多大な負担を与えるとともに、大陸からの侵攻に備えた防塁を築いたことで、幕府の財政にも大きなダメージを与えた。蒙古の撃退には成功したが、幕府の衰退を早める要因になった。

鶴岡八幡宮

鎌倉幕府が都を置いた鎌倉の中心的な神社であり、源氏はもちろん、北条氏からも篤く崇拝された。鎌倉の都は海から若宮大路が鶴岡八幡宮に向かって伸びる計画都市であった。

この時代のポイント

▼ 源頼朝によって史上初の武家政権が樹立される

▼ 鎌倉幕府は都そのものが城塞として計画された

▼ 2度にわたる蒙古襲来は幕府の衰退を早めた

鎌倉時代

元寇と後醍醐天皇の挙兵

1189年	文治5	**藤原泰衡**《ふじわらのやすひら》、源義経を**高館**《たかだち》に滅ぼし、**陸奥阿津賀志山**《むつあつかしやま》に防塁を築いて源頼朝軍と戦う。
1221年	承久3	**承久**《じょうきゅう》**の乱**が起こる。鎌倉幕府、京都**六波羅**《ろくはら》に探題を置く。
1274年	文永11	元・高麗の軍勢が肥前・筑前に侵攻し、**文永**《ぶんえい》**の役**が起こる。幕府は**鎮西**《ちんぜい》(九州)御家人に海岸防備を命じる。
1276年	建治2	幕府、鎮西御家人に、筑前博多湾に**石築地**《いしついじ》(防塁)の築造を命じる。
1280年	弘安3	伊賀黒田荘住人、悪党行為に及び城郭を構える。
1281年	弘安4	元・高麗軍が博多に来寇、石築地によって上陸を阻止(**弘安**《こうあん》**の役**)。
1315年	正和4	播磨国矢野荘前公文の寺田悪党、城郭を構えて**刈田狼藉**《かりたろうぜき》を起こす。
1331年	元弘元	**後醍醐**《ごだいご》**天皇**が倒幕のために挙兵し、**元弘**《げんこう》**の乱**が起こる。
1332年	元弘2	**護良**《もりよし》**親王**、吉野で挙兵。**楠木正成**《くすのきまさしげ》が**千早城**にたてこもる。
1333年	元弘3	**赤松則村**《あかまつのりむら》、**播磨**《はりま》**苔縄**《こけなわ》**城**に挙兵。名和長年、船上山城に後醍醐天皇を迎える。**鎌倉幕府滅亡**。

千早城

千早城は第一防備を古市に置き、さらに東方平石砦、弘川砦、西に竜泉寺城、下赤坂城、最尾線として川辺城、上赤坂城を配するもので、この築城方法が後世の戦国期を迎えてから大いに活用された。

POINT

- 山城が多く点在するようになる
- 甲斐武田氏の躑躅ヶ崎館が特徴的な館城
- 山城の麓には領主の館がつくられる
- 原始的な城下町が発生する

城がわかるKEY WORD

1

元寇（蒙古襲来）

文永11（1274）年、弘安4（1281）年の2度にわたり、モンゴル帝国が中心となって日本に侵攻した。最初の**文永の役**で勝利したのち、幕府は九州の沿岸の防御の重要さを実感し、博多湾沿岸一帯に**石築地という防塁**が築かれた。2度目の**弘安の役**に勝利したのちも、修復は継続して行われた。

石築地

石積みの高さと幅は平均約2mで、福岡市西区今津から福岡市東区香椎まで総延長約20kmに達する壮大な防塁であった。

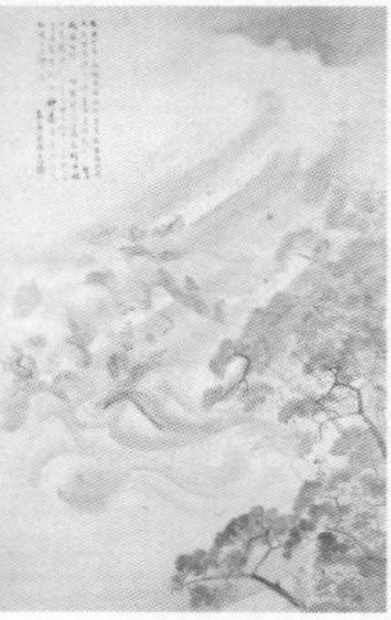

『蒙古襲来』

弘安の役に取材し、風雨と荒波に大破する元の艦船と、沈みゆく船を見守る日本の武士たちを描く。制作当時（1847年）の西欧列強からの外圧に抗する意識を感じさせる作品。

城がわかるKEY WORD

2

元弘の乱

元弘元（1331）年、後醍醐天皇を中心とする建武中興をめざす**楠木正成**ら義勇軍は、まず笠置山にて旗揚げするが、大挙押し寄せる鎌倉幕府の軍勢に攻められた。翌年、突如、正成は**金剛山より古市の谷**に至るまで点々と城砦を構えた。この一連の城砦の総指揮を兼ねた詰の城が**千早城**である。

赤坂城

楠木正成は当初は笠置山に籠ったが、鎌倉幕府軍の総攻撃を受けて落とされる。その最中に正成は密かに笠置山を抜け、にわかに赤坂城を取り立て幕府軍に対抗した。赤坂城は下赤坂城と上赤坂城の2つの城から構成される。

13世紀後半

人物　事件　文化　政治

元寇に伴う、危機管理としての城の防御

大陸からの侵攻に備えるために防塁を築く

文永5年（1268）　元から国書が届く

元は日本宛ての国書である「大蒙古国皇帝奉書」を作成し、日本に使節を送る。元は日本国王を臣下とすることを望み、その要求が受け入れられない場合は武力を用いて攻撃するという内容を含んだものだった。鎌倉幕府への接触は文永10（1273）年まで行われたが、幕府は返書を拒絶する。

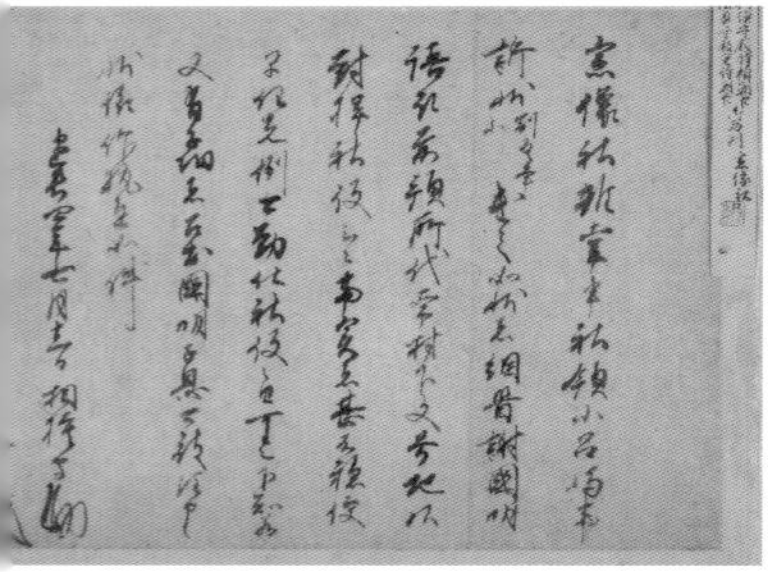

大蒙古国皇帝奉書

元が日本宛てに送ってきた国書。その内容は、鎌倉幕府側には到底承服できないものだった。

文永9年（1272）　異国警固番役を設置

元の襲来を予感した北条時宗は、**異国警固番役**を設置。鎮西(九州)の御家人に対しては海岸の警護を要請した。また、前年から鎮西に所領を持つ東国御家人に対し、鎮西に赴く

蒙古襲来絵詞、竹崎季長の奮闘

元寇の様子を描いた絵巻物で、御家人の竹崎季長が蒙古軍を相手に奮戦する場面を描く。左側の蒙古軍は、てつはうという武器で季長を攻撃。右に描かれた季長は馬に乗って果敢に戦う。

ように命じている。守護の指揮のもと蒙古襲来に備えさせたほか、さらに鎮西の悪党の鎮圧を命じた。

文永11年（1274） 文永の役が起こる

蒙古軍は、10月3日に出発し、肥前・筑前に侵攻。蒙古軍は高麗から900艘の軍船と2万8千人の兵勢を対馬に向かわせ、10月20日博多湾の今津浜から百道原浜に上陸、日本軍と激戦となった。ところが、夕刻から大風雨となって蒙古軍は全滅し、撤退を余儀なくされた。

建治2年（1276） 元の再襲来に備える

幕府はこの蒙古軍の上陸地点を重視して、大宰府の少弐経資を通じて九州の御家人らに**防塁構築**を命じた。3月から工事が始まり、8月に一応の形をみるに至ったという。

弘安4年（1281） 弘安の役が起こる

6月に蒙古軍が再来するが、防塁によって蒙古軍の上陸は阻止された。7月30日には台風が発生し、元軍の軍船の多くが沈没し、損壊するなど、大損害を被って撤退した。こうして2度の侵攻を食い止めたものの、幕府は蒙古軍の再々来を想定し、防塁の改築と修理を繰り返した。史料上では康永元（1342）年の5月まで修築が行われたとある。

しかし、2度にわたる蒙古襲来は御家人に過酷な労役を課したため、幕府への不満が増大。結果的に幕府の衰退に拍車をかける出来事になる。

中央に描かれた防塁に注目

文永の役で蒙古軍が撤退した後の場面。石積みの防塁が築かれているのがわかる。

弘安の役に参戦する場面

出陣する竹崎季長。防塁の後ろには多くの武士がいて、守りを固めている。

蒙古軍の船

蒙古軍は弘安の役で2度目の敗北を喫した。船や乗員が色彩豊かに描かれているのが特徴。

日本史のランドマーク
福岡県福岡市
7

元寇の防塁

幕府が造らせた日本最大級の長城

鎌倉時代の最大の脅威は蒙古襲来である。日本が外国から攻め込まれるという事態に、鎌倉幕府は防塁で対抗した。

我が国最大の長城

そもそも城とは土を掘り盛った人工的な障壁構築施設をいい、郭とは亭と邑、すなわち住居を囲む区画をいう。したがって城郭とは、土塁が住居か集落をぐるり取り囲む防御構築施設を指す言葉である。

しかし、築城の形態の中には、**長城**、**長塁**と呼ばれる囲郭でない線のみの構築がある。城壁の線が結ばれない区境ラインを形成するもので、中国大陸の万里の長城がその典型であり、前に述べた水城の形式もこれ

縄文・弥生
飛鳥・奈良
平安
鎌倉
室町・安土桃山
江戸
明治・昭和
現代

である。

　記録および現状遺構として残る、我が国における最大にして著名な長城は**「元寇の防塁」**であろう。博多湾に構築された防塁は、東は香椎宮から西は糸島郡柑子岳に至る約20㎞の延長にわたった壮大な防塁であった。当時は「異国要害石築地」と称され、異国、すなわち中国元軍の来襲に備えて鎌倉幕府が構築したものである。

築造方法から読み解く

　今日、今津浜には発掘調査された防塁が保存されている。石塁の高さは約2・5m、平均上幅は2mで、三方ともに野面積みで、石材は玄武岩が用いられている。また、生之松原地区での調査では花崗岩と砂岩を積みあげ、内陸側は砂丘を利用し、百道原の防塁は礫石、砂岩、玄武岩が積みあげられている。

　このように地区ごとに異なる石質を用いたり、構築法が異なるのは、鎮西御家人である九州諸御家人が地区ごとの分担工事を請け負ったからであるといわれる。これらの防塁は現在、国指定史跡として11カ所で保存されている。

博多湾における元寇の防塁位置図
日本最大規模の防塁である。北九州は大陸への玄関口であるとともに、常に大陸からの侵略を意識する必要があった、まさに国の存続がかかった重要な場所であった。

日本史の
ランドマーク
福島県伊達郡
8

長塁の進化

自然の地形を巧みに利用した要塞

鎌倉時代は、室町時代へと繋がる築城技術が大きな進展を見た時代であった。長塁はそんな技術の進化を物語る。

日本に多く存在した長城

古代から中世にかけて、長城、長塁は水城や阿津賀志山長塁、元寇の防塁などのほか、多くの構築がなされたはずである。しかし、記録に残った長城、長塁は少ないようである。近年、関東地方や東北地方で相次いで発見されている長塁の遺構はいずれも戦国期の構築であるが、日本の築城形態の中で長城はきわめてまれな存在というイメージは薄れつつある。なお、**奥州《おうしゅう》阿《あ》津《つ》賀《か》志山防塁《しやまぼうるい》**は、古代と中世を結ぶ長城築城の典型といえる。

阿津賀志山、博多湾元寇防塁の考え方は、幕府の所在地鎌倉の三方を囲む山の稜線にもみられる。南北朝争乱期や室町期の兵乱にも史料上にはみえないが、各地に応用した防塁（長塁）が構築されたと考えられる。江戸の背後である山の手台地のあたりに、赤羽台－志村城－中台の城－四ツ葉遺跡、赤塚城－白子の城と結

阿津賀志山の長塁の想像図

長城・長塁という城壁のみの築城が、日本にも数多く存在した。その代表的な存在が阿武隈川の流れに沿い厚樫山（阿津賀志山）に3.2kmにわたって構築された。

ぶ城砦群があるが、これは点でつながれた長塁ともみられよう。

防塁のその後の発展

戦国期になると、後北条氏と結城・小山領の境目に約1km以上続く**小堤《こづつみ》長塁《ちょうるい》**(茨城県古河市)、小田氏と後北条氏の境目とみられる割目遺跡(茨城県阿見町)を中心とする約4kmにわたる長塁、慶長5(1600)年の上杉氏領国の入口の**鶴《つる》が渕《ぶち》**(栃木県日光市)に構えられた二段構えの長塁、会津長沼氏と芦名氏領国境に築かれた小出塁(福島県下郷町)などがある。これらは監修者が調査したものである。おそらく河川や山の稜線を利用した長塁は、中世の戦闘の中でかなり存在していたとみる方が自然であろう。

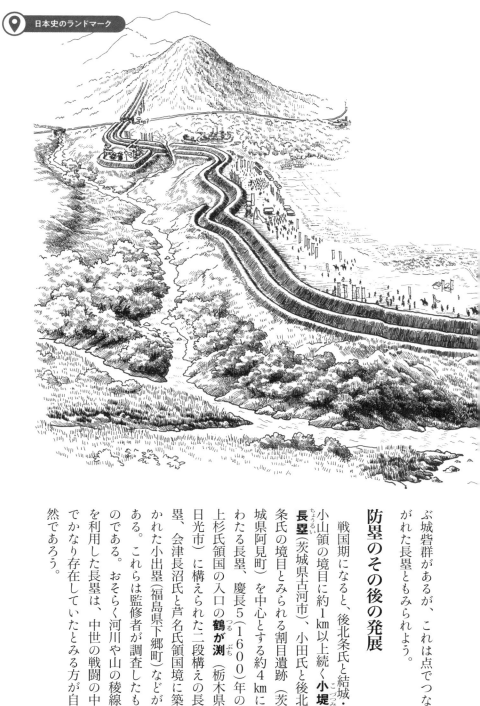

武士たちはどのような屋敷に住んでいたのか

描かれた中世の館

中世の武士が住んだ屋敷

数万余の城と館の跡は日本のいたる所に残るが、このうちわずか1～2%が近世大名や幕府関係の城である。98%に近い中世の城と館にはどのような建物が存在し、城や館の内での生活が営まれていたのだろうか。

城や館の跡に佇んでも、中世の館のイメージや風景は容易に浮かんでこない。

最近では、科学的な発掘調査が各地の城館址で部分的にせよ実施され、出土遺構の復原的な試みがなされるようになった。しかし、具体的な景観の完全な復原は、一乗谷朝倉氏館、鎌倉の武家屋敷、堀之内大台城のように、ある程度の規模の発掘調査が行われた遺跡でしか不可能だ。ほとんどの城館址の景観的な科学的裏付けのある復原は、ないに等しい。

実際の館はどうだったのか

中世武士の屋敷や館の景観を知る手掛かりは、当時描かれた絵や古文書、もしくは日記から想像するしかない。「遊行上人絵伝」に描かれた**信《しん》州《しゅう》伴《とも》野《の》氏館《しやかた》**を見てみよう。**中門廊《ちゅうもんろう》**では、郎従が空穂と矢を製作し、同絵伝のあじさか入道の館の中門廊では火をおこして武器をつくっていることから、中門廊が工房的な空間を兼ねていたことがわかる。また、主室

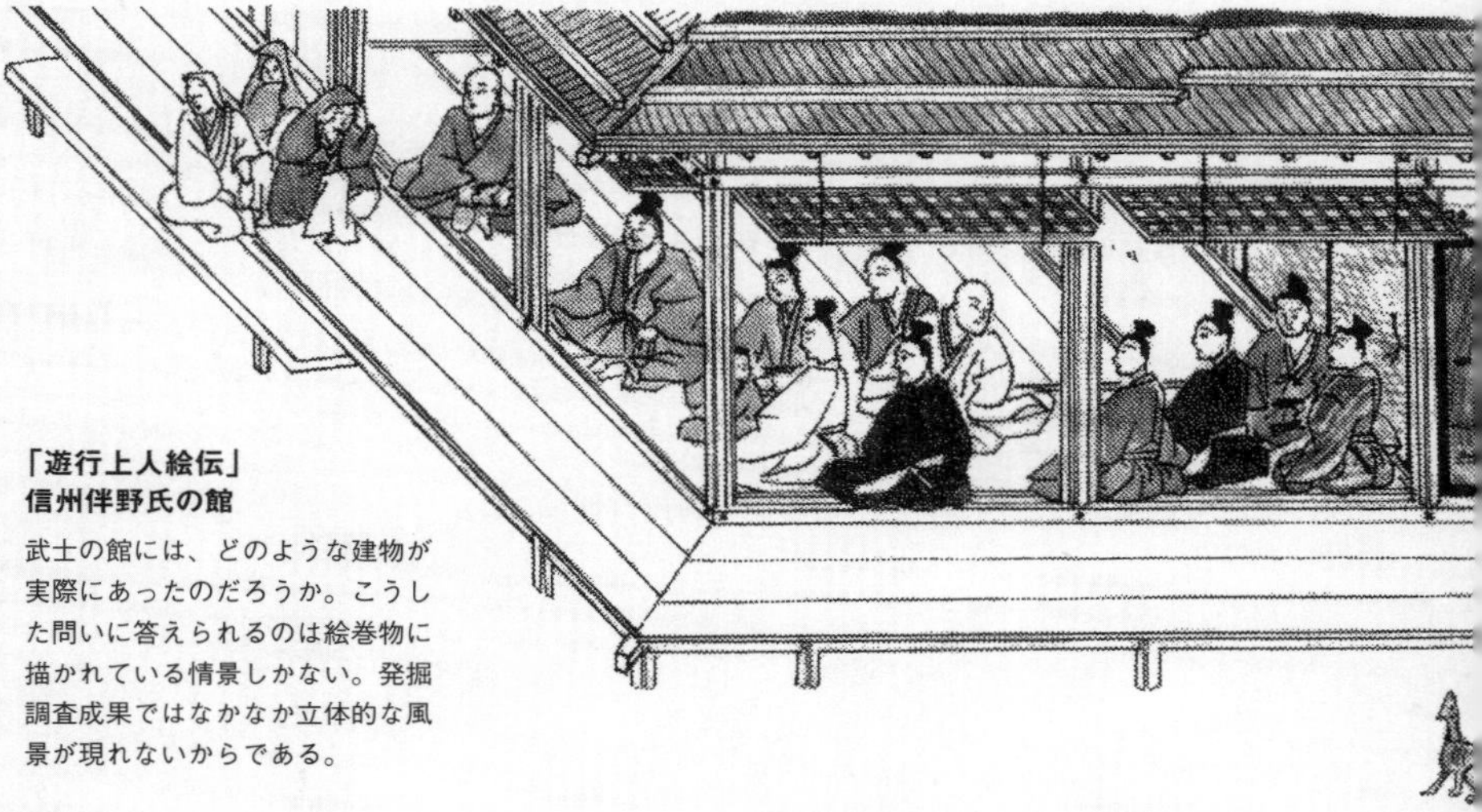

**「遊行上人絵伝」
信州伴野氏の館**

武士の館には、どのような建物が実際にあったのだろうか。こうした問いに答えられるのは絵巻物に描かれている情景しかない。発掘調査成果ではなかなか立体的な風景が現れないからである。

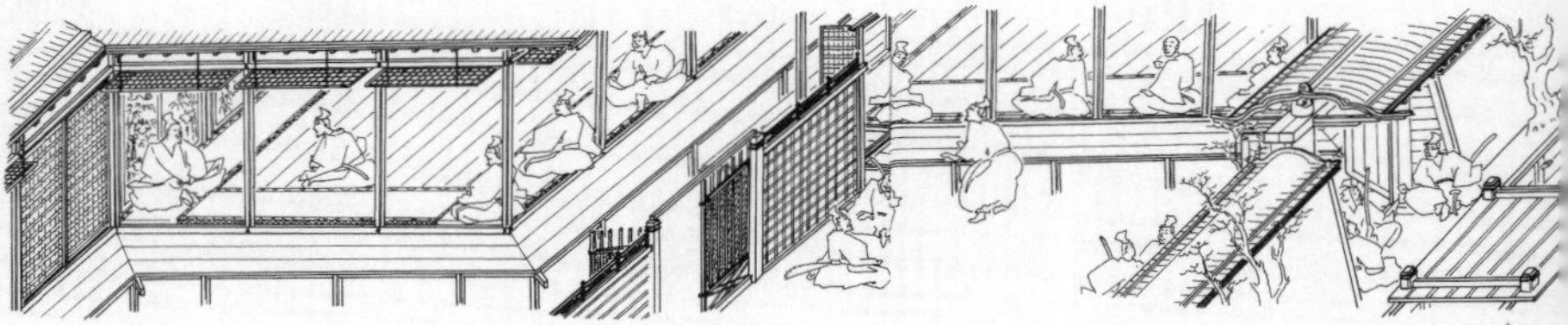

「蒙古襲来絵詞」にみる秋田城之介泰盛の館

武士の館には、いずれも主殿と庭（広場）・付属屋・門には番兵があったことを物語る。俯瞰的なアングルで描かれ、生活様式がよくわかる。

と中門廊の間に遣戸《やりど》があって、杉戸に馬の絵が描かれている。

邸内の中心は**主殿**と呼ばれる寝殿にあたる建物である。主殿とは寝殿造りが簡略化され、中門廊が片方のみとなり、より実用的な住宅になった形式を言う。伴野氏館では、主殿は四面庇づくりで草葺きと板葺きで、部屋の建具は明障子と蔀戸である。一方で、「蒙古襲来絵詞」にみられる秋田城之介館では、部屋の周囲は蔀《しとみ》戸《ど》で、男衾館では蔀戸の内側に御簾がある。

主殿の室内は、接客・寝所に利用され、畳は周囲にコまたはロの字に敷かれていた。伴野氏館ではムシロが接客に用いられている。一般的には屋内は板敷で、接客の時のみ畳が用いられ、畳は夜具(敷具)に利用されていたと考えられる。

日常生活を営む武家の最も一般的な構え

武士の屋敷 方形館

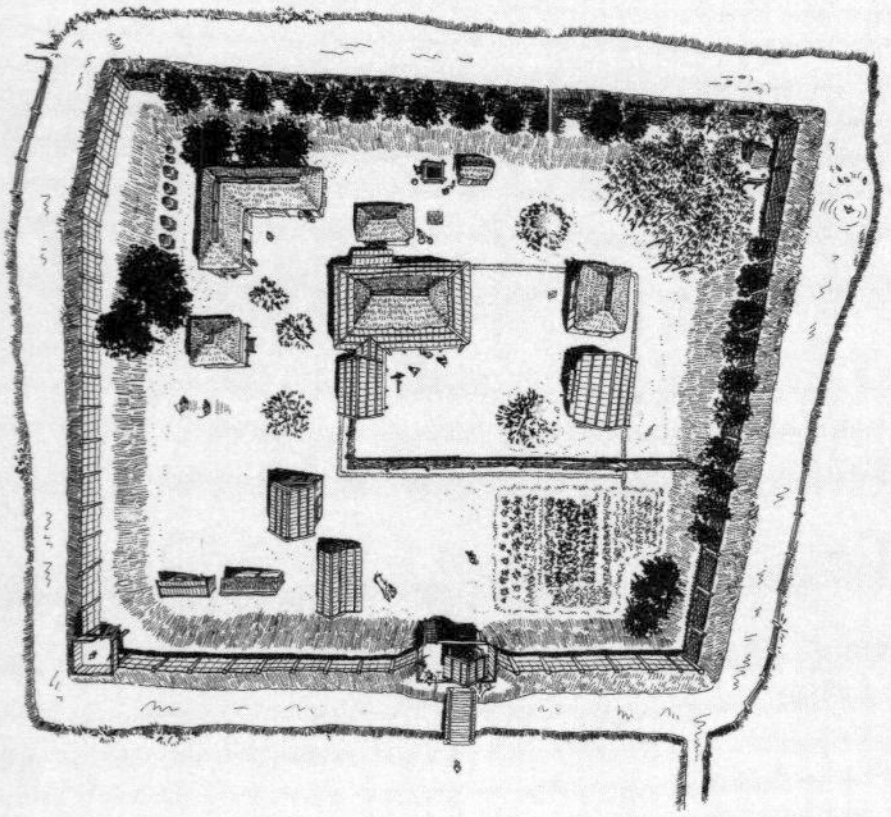

方形館の全景

方形館は、武家の屋敷の最も一般的な構えであった。各種絵巻でみた通り、建物の中心は主殿で、正面に矢倉門、周囲には灌漑用水を兼ねた濠がめぐる。館内には蔬菜畑・竹藪・松の樹林・供養塔（板碑五輪塔）・的場（弓矢の練習場）などが付属屋とともにあった。

武士の屋敷の用途

武家の**棟梁**《とうりょう》とは家の頭であり、「もと」である家を代表する血統の正統の代表である**「惣領」**《そうりょう》を意味する。**「御屋形」**《おやかた》と呼ばれる御館とは、館である居所を意味し、家である屋敷の代表者は「親方様」ともいわれた。この惣領家・御屋形とは、名実ともに地域に分布する武士団の長でなければならない。源義家以来、東国の武士が棟梁と仰ぐ源氏惣領家は、東国を代表する御屋形であり、武士たる本来の「武術を専らとする兵」の長でなければならない。

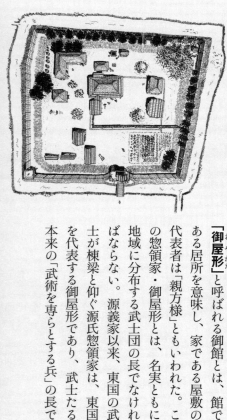

当時、**国衙・郡衙（郡家）**は「タチ」と呼ばれ、館に「さぶらふ者」または朝廷禁裏の警固のため北面にさぶろう兵は**侍**といったのである。したがって、御屋形様という尊称は、守護大名・戦国大名クラスの武士たち侍の長に与えられたものなのである。

武士の屋敷である**館**は日常生活を営む生活の場であり、支配する農耕地のセンター、そして国衙・荘園領主の出先機関、館主が地頭ならば強力な武士権力が集中する所であった。館は在地支配のための拠点であって、農耕水利の掌握・管理、門田・佃と呼ばれる手作地（免租地）の管理を目的とした。したがって、戦闘面は第二次的なものであり、多くの場合、館をめぐる濠は農耕水利のためのプール、すなわち貯水池として水田に供給する水を温めたり、安定した水の配分を行う施設だった。

四辺形に濠が囲む館

農耕水利をもっとも効果的に掌握する立地にある館址を実際にみてみよう。場所は、福島県田島町から下郷町にかけての阿賀野川の上流である大川(阿賀川)に面した河岸段丘上の地形である。この段丘には12カ所以上の、いわゆる方形館と呼ばれる四辺形に濠が囲む館が連なる。

注目されるのは、いずれの館址も大川の流れが抉《えぐ》る段丘の縁辺りに立地することだ。段丘上の平地は幅1km弱平均で、左右には山並みの崖線がせまっている。山々から流れ出る沢水は急流をもって段丘平地に至り、大川に注ぐ。この沢水は段丘上に水田をもたらすが、プール機能をつくるには縁々がもっとも水量的に優位であり、雪どけ水である冷水を温めるにちょうどよい。満杯になった水は堰で大川へ直接落とすことができる。館は、鎌倉時代に遡るものは50m四方平均の方形で、田圃が三方をめぐる。**古町館**、**折橋館**、**楢原古館**、**田部原館**などがこれで、戦国に及んで使用された館は多くが方形を中心に複数の曲輪が付属する。

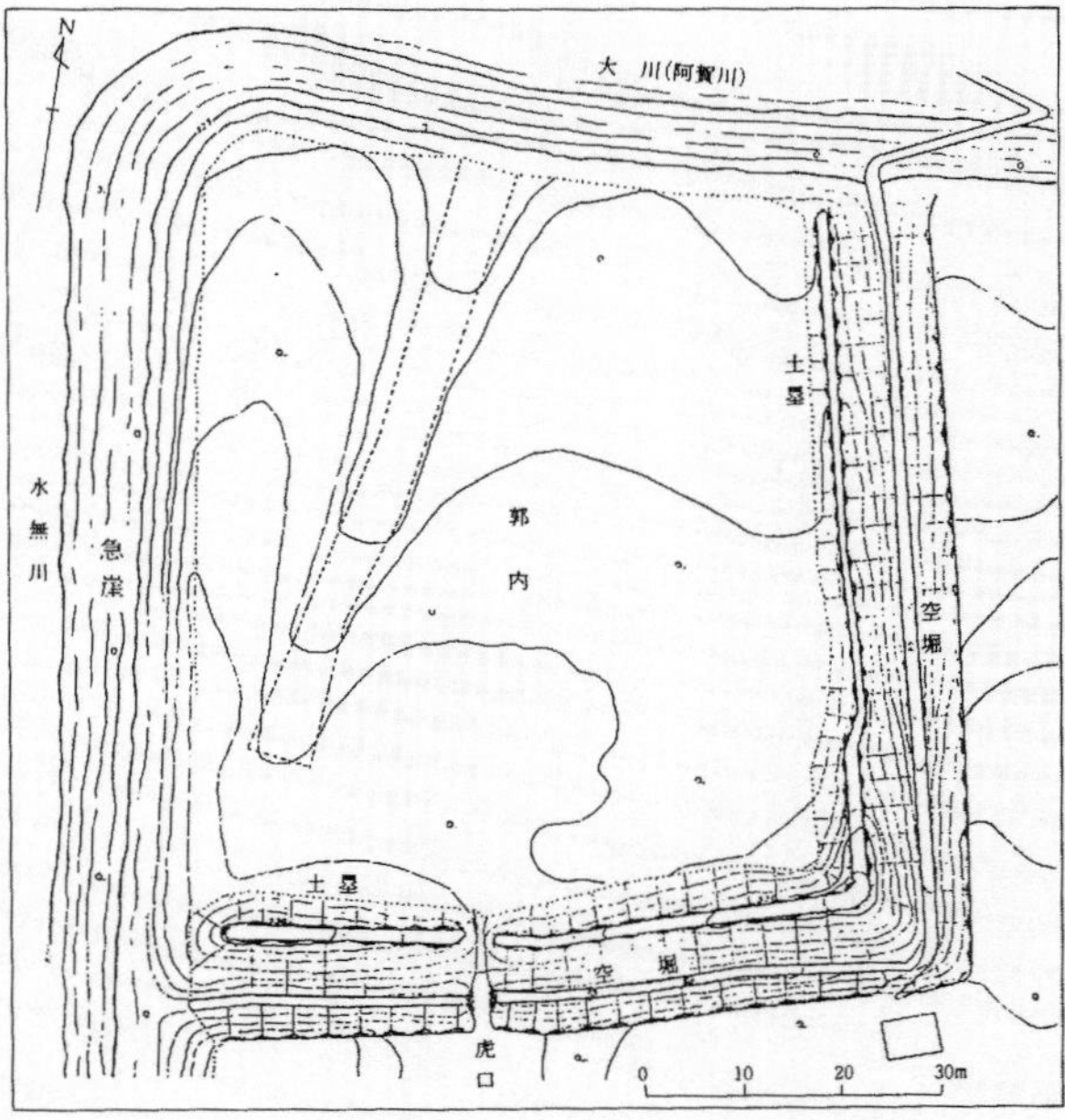

田島にある田部原館址実測図

館のまわりを土塁、虎口、空堀などで囲み、戦に備えた要塞であった。また、背後には山があり、険しい崖がある。自然の地形と人工物を巧みに組み合わせて利用した、当時の武士の城館の姿をよく伝える。

水利を掌握する型の館

段丘がもっとも発達している田島では、段丘の縁に宮本館、渡辺折橋館、古町館が隣接してあり、その間隔は150～300mと至近距離になっている。宮本館以外いずれも方形単郭で、鴫山四天王の居館であると伝える。南会津最大の勢力を誇った長沼氏の居城の前面に並ぶこの館址は、鴫山城の前衛を守護する形で配置されてはいるが、方形単郭のプランは、室町・戦国期の山城である鴫山城より年代的に古いといえる。むしろ、大川流域最大の段丘平野の農耕地開拓の拠点として、長沼氏一族が段丘縁々の水利掌握のため、並んで館を構え、貯水池をつくり縁々の館前方から、水田経営を可能にしていたとみるべきであろう。

山や丘からの滲み水は谷間で沢となる。広大な平野が広がる関東、濃尾、大坂などでは平地へ沢水が流出する前の谷間で水をプールして、この谷間または谷間を見渡せる丘上に館を占地する方法がとられた。

谷間の**田圃**《でんぼ》は谷田・谷戸田と呼ばれ、谷田は古代・中世の稲作地の生産の中心であった。

鎌倉武士の館が集中する三浦半島から相模・武蔵に分布する谷、谷戸、殿谷、館沢（立沢）、館内（竹内）などの地名は、谷田包括式館の跡である。三浦一族の長柄館、芦名館や相模武士の土肥氏館、土屋氏館がその典型である。谷田では**「摘田**《つみた》**」**と呼ばれる水を充分に吸ったモミを田面にまき、モミを摘む直播田が行われた。また、谷地は兵馬・農耕馬の牧場を形成するにも都合がよく、武士の館にふさわしい自然条件を備えていた。

大きな平野部では、常時、大雨や暴風雨による河川の洪水の危険がつきまとった。しかし、河川は上流からの堆積土砂を運んでしまいに川底を押しあげ、固い地盤をつくり、川の流れは隣に移る。このような固い微高地**「自然堤防」**が発達すると平野部でも館がつくられ、農耕地が周囲にできる。田畑は条里制の尺度で区分されるから、館は1町四方（1町は109m）の大きさが基本となる。灌漑用水を内濠もしくは外濠に組み入れると典型的な方形館となるのである。河越氏館、源義賢のいた**大蔵館**、**別府氏館**などが典型である。

その後も活用された方形館

方形館は条里の1町四方と関係深いことは述べた。実際には**立川館**（東

葛山城址にある葛山氏の墓所

静岡県裾野市の葛山城址にある仙年寺には葛山氏の墓がある。元々は中世の武士の代表的な城郭があったとされ、現在では葛山城へ登れる遊歩道が整備されている。

京）や**長井戸城**（茨城）のように一辺が108〜110mの方形であるものがあるが、多くが半町である50m強の方形とか、75m四方、80m四方が多い。この館には濠がめぐるから、濠まで含めると、仮に10m幅の濠とすると各20mずつ大きい数値となる。

方形館は鎌倉期以降も郷村の在地支配の拠点として利用され続けた。守護所と呼ばれる守護大名の政治的中心地は**「府中」**と呼ばれるが、その役所を兼ねた守護館は、方形プランが基調であったことが判明している。

その後、方形館は〝**平城**〟と呼ばれる宮殿とも呼べるような城郭へと発展する。甲斐武田氏の**躑躅《つつじ》ヶ《が》崎館《さきやかた》**、周防山口の**大内氏館**、駿府の**今川氏館**、**肥後阿蘇氏館**などがこれである。

鎌倉幕府が手を焼いた悪党という集団

悪党が築いた城の特徴

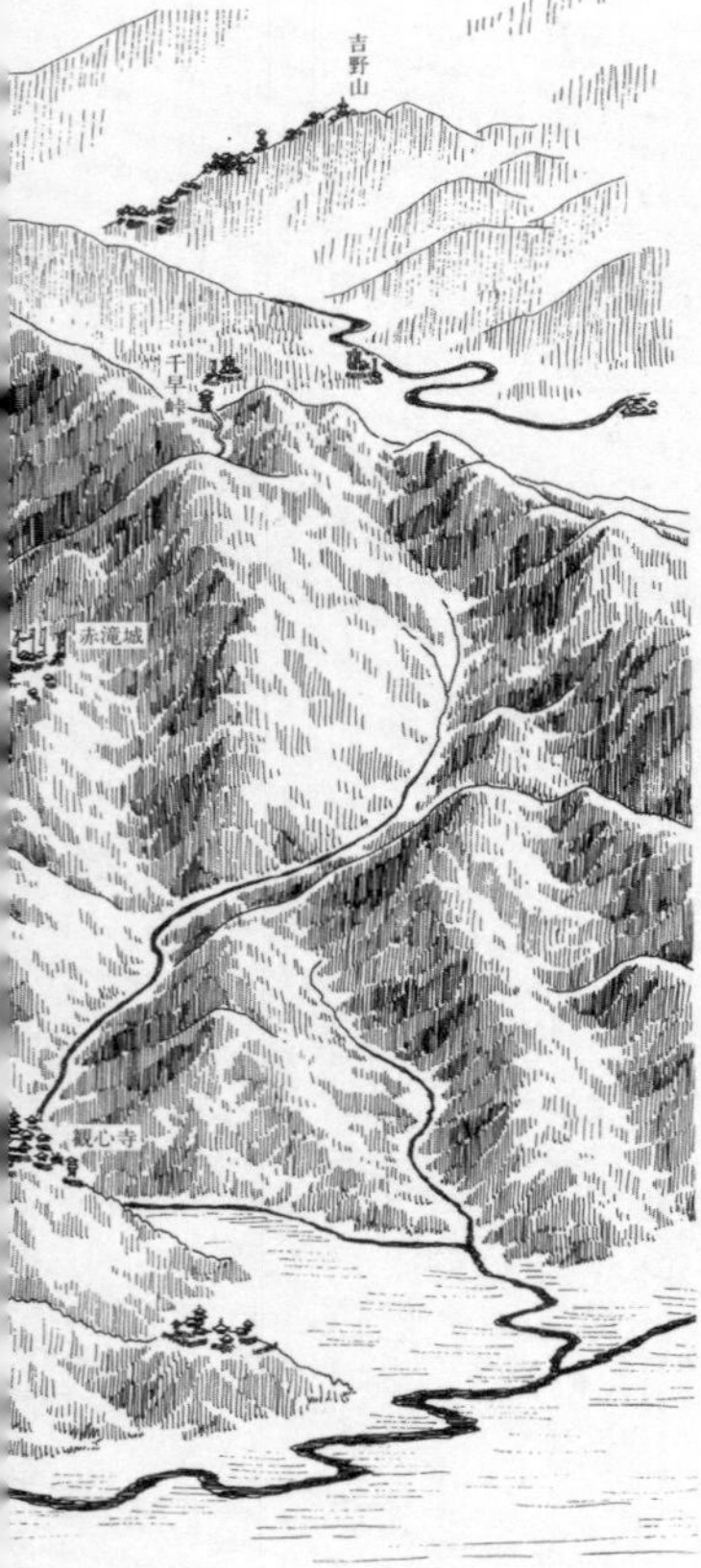

悪党とはどのような存在か

鎌倉時代末期から西国を中心に全国に吹き荒れた、悪党という集団があった。『**峯相記**《みねあいき》』は、悪党の実態を次のように記す。

「異類異形ナルサマ人倫ニ異ナリ、柿帷ニ六方笠ヲ着テ、烏帽子袴ヲ着シ忍タル体ニテ数不具ナル高シコヲ負ヒツ、柄鞘ハゲタル太刀ヲハキ、竹ナガエサイ棒杖バカリニテ……兵具更ニナシ……」という見苦しい服装で、武具や武器も満足なものを持っていない。忍びか小盗を業として、**10～20人ほどで城に籠り、農村で狼藉を働いた**とある。

悪党らは山城にたて籠って、物資を城に隠匿した。元応元（1319）年、六波羅探題は山陽・南海12カ国に悪党の城郭調査と打ち払いを命じた。ことに悪党行為の激しい播磨国は、渋谷、飯尾、糟谷氏ら有力御家人と守護代周東氏を遵行使に立てた。そして、悪党の在所二十余カ所を焼き払い、51人を注進したという。悪党召捕は御教書をもって御家人らに命ぜられたが、その実はなかったといわれている。

巨大な富を貯える悪党

さらに4～5年後の正中・嘉暦年間になると、悪党たちは天下の耳目

河内の金剛山系の城砦群の図。金剛山を中心に千早城、上・下赤坂城などの山城群が構築された。集団城砦群とも呼ばれ、南北朝争乱期にゲリラ戦を行うための楠木正成が築いたもの。国見山が背後にあり、峠を越え、山稜を進むと吉野に至る。

を驚かせるほどの強大な組織力と富を貯えた。悪党が武家の庶流で末子である三男、四男といった嫡流の惣領家の郎従にもなれなかった者たちの集団であったことが容易に想像される。**南北朝争乱期**には、主人を持たず、所領を持たず、傭兵を専らとする足軽、足弱、足白と呼ばれた集団が京洛などに現れる。

悪党が地方を基盤とした集団なら、足軽は都市の集団であった。結局のところ、悪党も足軽も同じ侍（サブライとは主人に侍う者という意味）ではない武装集団だったのである。

悪党は、山城を築いて六波羅からの遵行使に対抗した。その山城もまた、武士の血統をもつ彼らでなければ築けない構えであった。『峯相記』は、「故実屏ヲ塗リ出シ矢倉ヲカキ、ハシリヲツカヒ、飛礫ヲナゲ、勢楼、モチ楯、屏風楯、箱楯、竹ヲヒシギ、皮ヲノベ、種々ノ支度ヲ廻ラシ、無尽方便ヲ構」という本格的な山城であったと記す。故実の通りの城構えであれば、武家の秘伝である築城方法に基づく城であったことになる。

その記述と大変に似た築城があることに注目したい。それは、楠木正成の築いた千早城、赤坂城の構えであり、赤松則村《あかまつのりむら》の築いた白旗城《しろはたじょう》、摩《ま》耶山《やさん》城などである。『**太平記**』では、千早赤坂城に二重塀、木戸、矢倉が存在していたことを伝えている。

統率者楠木正成

楠木正成は悪党とよばれた集団の統率者であった。正成は稀代の築城家戦略家と謳われるが、その戦法は**ゲリラ戦**であり、山城というゲリラ戦に即応するにもっともふさわしい選地をとったわけだ。

この南北朝争乱期の**山城の特徴は、痩せ尾根を利用し、尾根上部を城内とすること**。堀切をもって、**尾根を何カ所か切断、尾根つづきを出入口とすること**。**巨石、岩盤が露呈する尾根山頂部を山城域に取り入れていること**、である。痩せ尾根を利用する山城の選地は、出入口の尾根続きに対し、三方をみると左右の斜面と先端部の斜面が急崖である。これは、**敵の来襲を出入口方向のみに限定**できるためであった。

霊山城の復元図。南北朝争乱期は、山城時代とも言われる。天台密教系の山岳寺院は、南朝軍との結びつきが強かった。この霊山は北畠顕家が陸奥国府とした海抜805mの山城である。

楠木正成

山城を巧みに使った籠城戦と独自の戦術

楠木正成像

皇居外苑にある楠木正成公（楠公）の銅像。銅像の高さは約4mで、台座を含めると約8mとなり雄大な姿を見せている。

籠城戦を意識した山城

蒙古来襲を契機として、地方御家人の幕府権力に対する不信感は増大した。そんな武士たちの中から、「悪党」と呼ばれる集団が現れる。悪党は武装して収穫前の田に入っては刈田・狼藉を行い、人家への押し入り強盗などといった悪行を働いた。こうした悪党たちの拠点となったのが、城郭であった。

この悪党の築いた城郭は、いわゆる在地農耕地支配のための館ではなく、〝**山城**〟と呼ばれる最初から**戦闘を意識した造り**だった。その後、悪党行為は鎌倉幕府の法で禁止される。そして、悪党行為の征伐は、彼らの拠点である城郭の破却ということになったのである。

元弘元（1331）年、後醍醐天皇による鎌倉幕府討伐綸旨が発覚すると、世にいう**元弘の乱**が起こった。元弘の乱で後醍醐天皇側に立ち、幕府軍を悩ませたのが悪党たちであった。悪党たちは、略奪した物資を蓄えていた山城を戦闘の拠点として、たてこもった。山城の籠城戦は従来の合戦とまったく異なるゲリラ戦であり、幕府軍を大いに慌てさせたといわれる。

悪党を束ねた楠木正成

そんな悪党の中心的な存在だったのが、楠木正成であった。正成は河内・和泉国内の悪党らを組織する立場にあり、元弘元年に赤坂城で挙兵、その後は**金剛山**を中心として数多くの城砦を構築して、籠城した。

この中には、正成自身が立てこもった**千早城**、前線基地としての上赤坂城、下赤坂城などの城が含まれている。その後、幕府軍は大挙して河内に攻め入り、まずは上赤坂城を攻撃した。

楠木正成の上赤坂城は楠木氏館の後方の山上に、堀を一重、塀一重をめぐらした簡単な臨時の城郭だった。ゲリラ戦を得意とする悪党集団らしく、**釣塀**《つりべい》と呼ばれる縄で吊った塀を築き、これに取りついた幕府軍は塀ごと転落。幕府軍は攻めあぐんだという。

上赤坂城跡

河内国上赤坂城にたて籠る楠木正季（楠木正成の弟）に対して、鎌倉幕府の軍勢が攻撃を仕掛けた跡として知られる（現在の大阪府南河内郡）。

千早城の籠城戦

ところが、数と装備で圧倒的に勝る幕府軍は上赤坂城を制圧。正成らは、詰の城である千早城に籠城する。千早城はなかなかの堅牢な城郭で、正成によるゲリラ戦法と相まって、幕府軍は苦戦し、ついに持久戦となる。その間、諸国で討幕軍が決起し、六波羅探題・**北条仲時**《ほうじょうなかとき》は討死。籠城は4カ月に及び、ついに幕府軍は退却する。

千早城は金剛山につづく支峰尾根上にあり、千早川の渓谷が左右を絶壁とする要害、痩せ尾根上に削平地群をつくり、削平地の間に堀切を穿つ構造であった。城の左右斜面からは攻撃は困難で、尾根つづきが防御の要であった。中心にある一曲輪は、長さ約100m、幅約20m、大きく4区画を連郭式に配した。

正成は充分に幕府軍を引き寄せ、頃合いを見計らい、大石や大木を次々と落とした。また、藁人形を立て、籠城兵が多いように見せかけて翻弄したという。

山城を使った戦法が普及

正成独得の戦術の前に、幕府軍は翻弄されるばかりであったという。特に、千早城を中心とした元弘2(1332)年の合戦は、千早城という城郭を中心として、上・下赤坂城をはじめとする城砦群の存在が幕府軍の自由な動きを封じ込めたといわれる。

正成の集団城砦群の配備はこうだ。河内平野から紀伊にぬける谷間の北方、金剛山麓の谷間の古市あたりに第一線の防備線を置き、東方に平石城、持尾城、西方に川野辺城、下赤坂城、竜泉寺城、金胎寺城、烏帽子形城などを配した。さらに、後方には上赤坂城、高城山砦、観心寺砦、石仏城

を置き、詰の城として千早城が存在した。

そのうえ千早城の側面を守るため、赤滝城、笹尾山城、北山城、保土城、国見山城があり、大和方面へは佐味城、真木野城、櫛羅城があったという。

これら支城網と呼ぶべき、すべての城砦群が実在したかどうかは定かでない。しかし、少なくとも千早城を中心として、上・下赤坂城、竜泉寺城、国見山城などの戦闘が記録や文書にみえる。このことからも、**集団的な城郭群は、ゲリラ戦法の方法**として用いられていたようである。臨時・臨戦的な山城の利用は、この千早赤坂城合戦を契機として普及したことには間違いないであろう。正成の巧みな山城の使い方は、その後の築城法や戦術に大きな影響を与えたと言っていい。

千早城

鎌倉幕府に反乱を起こした楠木正成が築いた山城の一つである千早城跡（大阪府南河内郡）。

日本史のランドマーク
神奈川県鎌倉市
9

武家政権の府都・鎌倉

史上初の武家政権は鎌倉から始まった

鎌倉幕府が樹立され、都は関東の鎌倉と定められた。その特徴は都そのものの要塞化を図った点にあった。

周囲を山に囲まれた城塞都市である鎌倉

鎌倉は武家の都らしく、街そのものが天然の要害となる場所に造られていた。南側が海に面し、港が設けられたのも特徴で、交易の利便性という点でも長けていた計画都市であった。

源頼朝が首都に選んだ鎌倉

鎌倉は、治承4（1180）年に源頼朝が入ってから、**約350年間にわたって東日本の首都**であった。要害の地であった鎌倉は、古代より軍事・交通の要地としても注目されていた。三方を山、南に海が開かれる鎌倉は、背後に峻立する山と深い谷が折り重なる複雑な地形の三浦半島が控える。そして、鎌倉の内部は中央部が谷から流れ込む河川がつくる**氾濫平野**《はんらんへいや》で、周囲に**谷七郷**《やしちごう》と呼ばれる奥深い谷が入り込んでいる。そんな鎌倉を、頼朝は東国の府都にふさわしい地として選び、都市計画を推し進めた。

頼朝は武家政権の府都建設にあたり、まず大倉郷に邸宅を構え、御家人たちは宿と館を構えて道路を整備した。由比ヶ浜にあった八幡宮を鶴岡に移し、これを基点として海岸まで直線的な**若宮大路**《わかみやおおじ》をつくり、都市鎌倉の基軸とした。周囲の山稜上には外側を大きく切り立たせる切岸という塁壁を築き、要所には堀切が造られ、七切通も造られた。切通は山に囲まれた鎌倉の出入口であり、V

字に山をくり抜き、内外道の左右に削平地群《さくへいちぐん》を構築した城砦であった。

都市全体が城塞の鎌倉

西側には、海から北側に極楽寺坂、大仏、化粧坂《けわい》、亀ヶ谷坂、巨福呂坂の各切通《きりどおし》、東側には朝夷奈《あさいな》、名越《なごえ》の切通があった。今日では朝夷奈、名越、亀ヶ谷の切通に鎌倉時代の面影を見ることができる。また、山稜上には枡形遺跡、葛原岡大堀切、瑞泉寺背後などの堀切があるほか、名越の切通から小坪の海岸崖までには住吉城が、杉本寺背後には杉本城、甘縄神社背後の城砦跡などの存在が明らかになっている。

そして、谷に突出する丘や市中を一望する丘の上に立地する寺社も、有事の際には城郭として利用されることを想定していた。『玉葉《ぎょくよう》』に代表される鎌倉時代の記録には、鎌倉府のことを〝**鎌倉城**〟と表記している。鎌倉は府都全体が城構えであり、要塞都市だったのであろう。

若宮大路

現在も残る若宮大路は鶴岡八幡宮の参道も兼ねた、鎌倉を象徴する道路であった。

鶴岡八幡宮

鎌倉武士の守護神として信仰された神社。主要な社殿は江戸時代などの再建。

杉本寺

二階堂にある天台宗寺院で、鎌倉でも最古級の寺院。背後には杉本城があった。

日本史の
ランドマーク
神奈川県鎌倉市
10

源頼朝が築いた城塞都市

城塞ながら、港を設けて交易を活発にした

鎌倉は頼朝の意向が随所に生かされている都市計画であり、多くの人が住まう豊かな都であった。

和賀江島

相模湾東部にある人工的な島。鎌倉時代、1232（貞永元）年に築かれ、交易の拠点として繁栄した。干潮になったときは巨石の石積みが現れる。日本に残る築港の遺跡としては最古のものと考えられている。

城塞都市・鎌倉の人口

城塞都市である鎌倉に、港が築かれたことは特筆されるべき出来事といえよう。逗子市小坪と材木座海岸の中間に、今も干潮のときにみられる**和賀江島**《わかえじま》が突堤の名残である。中国を対象とした貿易の拠点や、日本各地との海路の接点が、この和賀江島の港にあった。港という交易の場は、千葉地遺跡に代表される商業地を、府都鎌倉に形成したのであった。

　では、鎌倉にはどのくらいの人口と屋敷があったのであろうか。建長4（1252）年、**執権・北条時頼の命で鎌倉では酒の販売が禁じられた。**その際、民家の酒壺を調べたところ、3万7274個にのぼったという。この数から戸数をみると、少なくとも5万人、1万戸の庶民が生活を営んでいたと推定される。

　一方で、武士の方は、まったくその数はつかめない。有力御家人は鎌倉の内に本邸、別邸、山荘と三屋敷を持っていた。また、遠江信濃以東15カ国の御家人らは、鎌倉番役、**廂**《ひさし》**番**《ばん》などで幕府を警固する義務があった。その出仕のための屋敷が必要で、谷のいたる所に御家人や武士の屋敷があったのである。このほかに、僧侶だけでも1万5千人以上はいたというから、8万人ほどの人々が市中と谷に暮らしていたと推定される。

鎌倉の市街地の全貌

鎌倉時代の鎌倉は、谷の奥まった所や、谷の入口、小さな谷には御家人たちの屋敷があった。そして、段々状に造成された丘陵地には、寺院や家々が建てこんで並んでいた風景であったようだ。

谷の中のさらに支谷に営まれた御家人の館は、**谷包括式館**と呼ばれる。いわゆる豪族屋敷とよく似たプランを呈していたらしく、溝や堀と築地塀で囲まれ、庭をともなった3間×4間の主屋と、付属建物をもった屋敷地（10m×20m）が最小の敷地だったことが、光明寺裏遺跡の発掘で判明した。有力御家人屋敷では安達氏の館址が発掘され、主殿、塀などの存在が明らかになっている。

鎌倉は、南北朝争乱期、さらに室町期も東国の府都であった。三方濠に囲まれた**鶴岡八幡宮**を中心とした都市機能はそのまま継続され、鎌倉御所は大倉の浄妙寺東側に置かれ、関東管領である上杉氏の館は、山ノ内、扇ヶ谷、犬懸ヶ谷、宅間ヶ谷などの谷間に、**要所を押さえる形で構えられていた**ことが判明している。

光明寺裏遺跡

遺跡からは御家人の住宅跡が発見され、往時の住まいの規模が明らかになった。光明寺は鎌倉を代表する寺院のひとつで本堂は重要文化財。開基は鎌倉幕府の第4代執権・北条経時による。

亀ヶ谷坂切通

鎌倉駅から北鎌倉駅間の線路沿いの山際一帯にある扇ヶ谷は、関東管領の上杉氏が館を構えていた地域の一つ。坂道が続き、谷間があり、その環境自体が城塞のような役目を果たしていた。

山岳信仰と寺院城郭が戦国時代に与えた影響

山城が発生したもうひとつの要因

山岳信仰の普及と僧兵

山に霊力(神)が宿るという考え方は、わが国の原始信仰からの考えである。特に、岩が厳然と露呈した山頂や、峰が連なる険しい山岳は、山本体が信仰の対象となった。石や岩の硬さは人の力より勝れた存在であり、太陽を神として崇める人々にとって、太陽熱をもっとも吸収し、日没後も熱を逃がさない石や岩の存在は「神が宿る」ところと考えたのだ。

また、岩山の厳しい自然要害の景観は、容易に人々を近づけない聖域と考え、山岳信仰および、岩石を神籬と想定したのであった。

この日本固有の信仰と、6世紀半ばに伝来した仏教の宇宙観が結びついたのが、**山岳密教**であった。中世の寺社勢力の中でも絶大なる権力を誇った山岳密教は、山岳宗教の修験者の荒行や霊力が人々に不思議な世界を映し出し、岩山に建立される寺社は神と仏の在所と考えられた。

山岳寺社は、膨大な寄進荘園を背景に、修験者である僧兵と呼ばれる武装集団をつくっていた。源頼朝の伊豆挙兵の折に力を貸した**伊豆山**、源平合戦の折の**屋島寺**の存在がこれである。屋島寺は平氏の最期の拠点となったことでも知られる。

寺社を利用した後醍醐天皇

この巨大な山岳寺社を巧みに利用したのが、鎌倉幕府討伐の兵をあげた**後醍醐天皇および南朝軍**であった。山岳寺社を討幕の拠点に据えた理由には、神聖な宗教上の空間は、鎌倉武士でも攻撃に躊躇するであろうと考えたのだろう。

また、山岳寺社には戦闘時においても様々なメリットがあった。**伽藍**

塔頭配置がそのまま山城として利用できること。修験で鍛えた僧兵の集団が、天皇の綸旨のもとで兵士として用いられること。寺社は全国的かつ広地域的なネットワークが可能であり、情報の伝達が可能なこと。兵糧確保と生活必需品などの蓄積がなされていること。信仰という面から、民衆の心を捉えることができること。こうした要因に後醍醐天皇は大いに注目していたと考えられる。

　後醍醐天皇は元弘の変にあたり、比叡山、興福寺、東大寺、高野山、那智山、石清水八幡宮、播磨太山寺、伯耆大山、越前平泉寺などと手を結んだ。元弘元(1331)年、討幕綸旨が発覚した後醍醐天皇は、都を出て山城国宇治山田の奥に聳える鷲峰山の金胎寺に立て籠った。海抜約685mの鷲峰山は、南山城を一望する要害地で修験の霊場であり、寺院境内は僧兵や野伏により固められ、はじめての寺院城郭となった。

　その後、数多く生まれた山岳寺社の構造が、戦国時代の山城に与えた影響は実に大きなものであったことはいうまでもない。

屋島寺

香川県高松市にあり、お遍路の第84番札所として知られる。屋島山の山頂付近に位置し天平勝宝6（754）年に建立と伝わる。

浄瑠璃寺

京都府木津川市にある浄瑠璃寺。寺院には浄土式庭園（特別名勝）が造営されており、京都の最南部に位置する南山城の面影を今に残している。

第5章

室町・安土桃山時代

この時代のポイント

▼ 群雄割拠の時代となり急速に城が発達していった

▼ 戦闘を意識した山城が各地に築かれて戦乱の世となる

▼ 安土城の天主の造形は後の戦国大名の城のモデルになった

室町時代は急速に城が発達した時代であった。戦闘を意識した山城が各地に築かれた。そして、戦国大名が次々に誕生し、社会は下剋上の世の中になっていく。その中で頭角を現したのが織田信長だ。信長が天下統一の拠点として築いた安土城は空前絶後の城郭であり、見せるためにデザインされた天主の造形は後の戦国大名に模倣され、天守のモデルになった。信長の遺志を次いで天下統一を成し遂げた豊臣秀吉は、安土城をさらに上回る規模の大坂城を完成させるに至った。

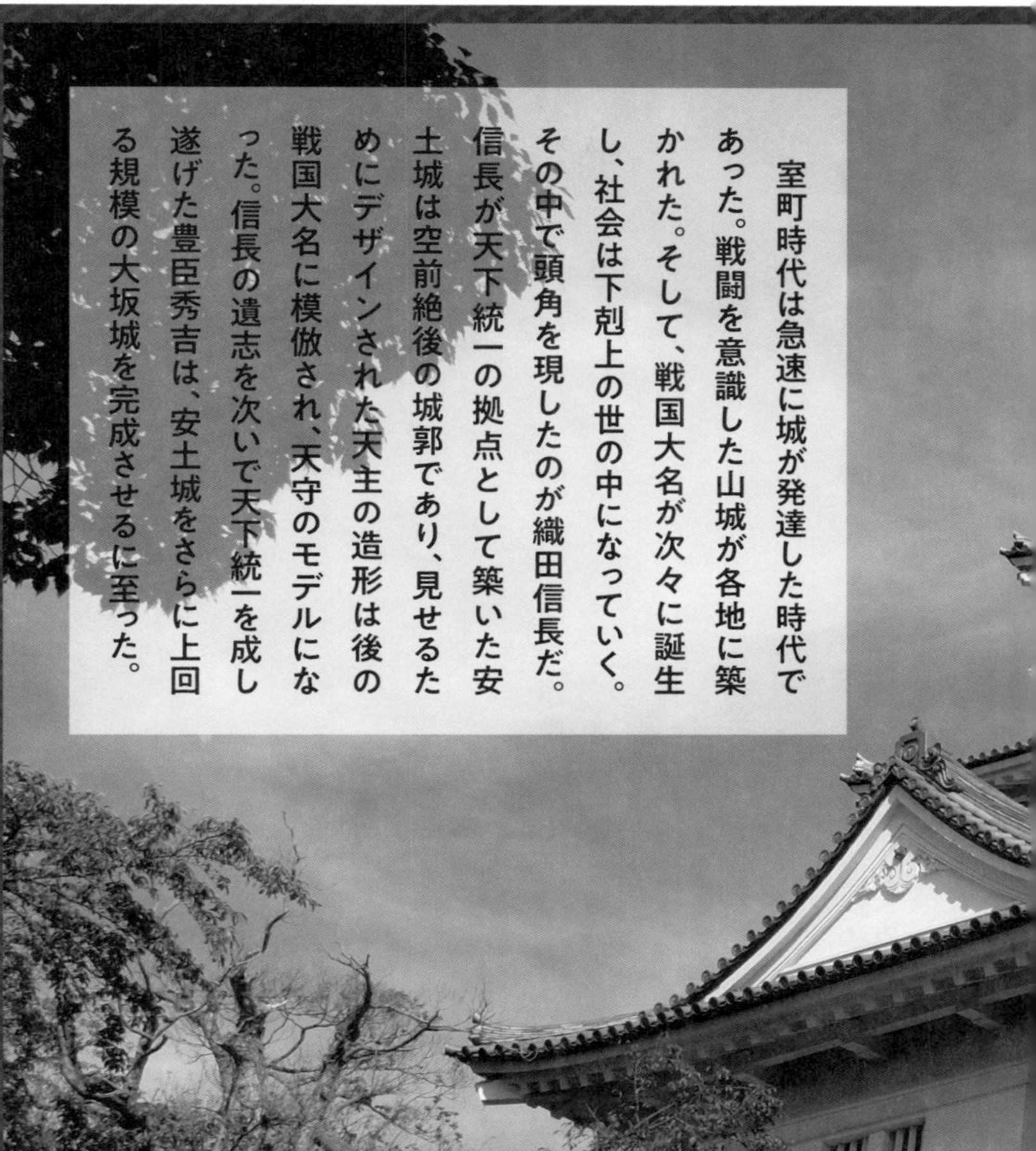

小田原城

北条氏の関東地方の制圧の拠点となった城で、数多の合戦の舞台になった歴史的な名城である。築城当時は国内最大級の規模を誇り、城下町も一体となって構成された巨大な要塞であった。

室町・安土桃山時代

戦国大名の出現

1429年	永享元	**尚巴志**《しょうはし》が**琉球王国**を築き、**首里城**を居城とする。
1457年	長禄元	**太田道灌**《おおたどうかん》が**江戸城**を築く。
1467年	応仁元	**細川勝元**《ほそかわかつもと》と**山名持豊**《やまなもちとよ》の軍勢が京都で交戦し、**応仁の乱**が起こる。
1495年	明応4	**北条早雲**《ほうじょうそううん》が**大森藤頼**《おおもりふじより》を追い**小田原城**に入り、子の**北条氏綱**《ほうじょううじつな》が城主に。
1513年	永正10	蝦夷の軍勢、**蠣崎光広**《かきざきみつひろ》の松前大館を攻める。
1548年	天文17	**長尾景虎(上杉謙信)**、**春日山城**に入る。
1549年	天文18	宣教師・**フランシスコ・ザビエル**が鹿児島に上陸。
1560年	永禄3	**桶狭間の戦い**が起こる。上杉謙信、関東へ出陣、沼田・**廓橋城**《うまやばしじょう》を占拠。
1567年	永禄10	**織田信長**、**斎藤竜興**《さいとうたつおき》の**美濃稲葉山城**を攻略し、**岐阜城**と称す。
1569年	永禄12	信長、**足利義昭**の居所を京二条に営む。
1570年	元亀元	**徳川家康**、**岡崎城**から**浜松城**へ本拠を移す。**姉川の戦い**が起こる。
1571年	元亀2	**武田信玄**と家康が吉田城で交戦。信長、**比叡山を焼き討ち**する。
1573年	天正元	信長が義昭の二条第を攻め、**室町幕府滅亡**。 **朝倉義景**《あさくらよしかげ》が自刃し**小谷城**が落城する。信長は越前一乗谷へ進み**朝倉氏を滅ぼす**。
1574年	天正2	**羽柴秀吉**、**長浜城**に入る。**顕如**、大坂石山で信長軍を破る。

POINT

- 平地からの丘陵に築いた平山城の登場
- 平地に築いた平城も現れる
- 政治的には不向きの山城が減少
- 大坂城や伏見城など日本の城の原型が登場

城がわかるKEY WORD

1

戦国大名の城

戦国大名は城中・城下に家臣団の屋敷を設けて家臣の家族を人質にしており、出陣の折には即座に軍勢を整えた。城址の周囲、麓にある堀の内、根小屋などの地名は家臣団の屋敷が営まれた所に由来する。戦国大名の城郭は巨大な家臣団とその家族を収納する一種の団地であった。

小田原城

明応4（1459）年、伊勢宗瑞は関東進出を志し、大森氏の守る小田原城を攻略した。その後に宗瑞は城を獲得し、子の氏綱の頃から小田原城の拡張工事が続き、城は天下一の大城郭となった。北条氏の城の中核は小峰山にあった。

岡崎城

大永4（1524）年、松平清康が岡崎城に入って本城とする。この清康の孫として生まれたのが、後の徳川家康である。家康は岡崎城を本拠として東に勢力を伸ばし、のちに浜松城に移るも、その後も岡崎城を重視した。

城がわかるKEY WORD

2

山城と寺内町

戦国時代には、籠城戦にも耐えうる山城・丘城が発達、尾根筋に加え、山腹にも曲輪が数多くつくられ、家臣団を擁する理由から山麓の居館は城下町を含め次第に大規模になっていった。戦乱の世の中では、民衆や商工業者も自衛のための構えを施し、寺院は寺内町を形成した。

一乗谷朝倉氏館

越前朝倉氏8代敏景は応仁の乱のとき、守護斯波氏、その老臣甲斐氏と対抗、東軍に与して越前守護となり、文明3（1471）年居城の黒丸城を廃して一乗谷に移った。一乗谷城は朝倉氏の居館を備えた山城である。

寺内町（富田林）

近畿から中部地方にみられる一向宗（浄土真宗）や法華宗の寺院による寺内町は、寺院により築かれた城郭といえるものであった。大阪の富田林は浄土真宗の一派、富田林興正寺別院を中心に築かれた寺内町で、近世の町割りを残す。

信長・秀吉の天下統一事業

1575年	天正3	**武田勝頼**が**三河長篠城**を攻める(**長篠合戦**)。
1576年	天正4	織田信長が**安土城築城**を始める(同7年完成)。
1577年	天正5	信長、安土城下町の掟を発令。
1579年	天正7	安土城天主が竣工。小田原城御前曲輪に壮大な殿舎を造営。
1582年	天正10	信長、明智光秀に襲撃されて自害(**本能寺の変**)。
1587年	天正15	豊臣秀吉、日向・大隅・豊前・豊後に「**城割令**《しろわりれい》」を発す。
1588年	天正16	**聚楽第**《じゅらくてい》完成。 **北条氏直**《ほうじょううじなお》が小田原城大普請に着手。 **後陽成**《ごようぜい》**天皇**、聚楽第行幸。
1589年	天正17	秀吉、佐渡に「城割令」を発す。
1590年	天正18	**北条氏政**《ほうじょううじまさ》・氏直が降伏して、小田原開城、**北条氏が滅亡**する。
1591年	天正19	秀吉、京に**御土居**《おどい》を構える。朝鮮出兵のため**名護屋城を築く**。
1592年	文禄元	秀吉、名護屋城へ出陣して**文禄の役**が起こる。**伏見城**を新たに築く。
1597年	慶長2	**慶長の役**が起こる。
1598年	慶長3	秀吉が伏見城で没する。
1600年	慶長5	**関ヶ原の戦い**が起こる。佐和山城落城。
1601年	慶長6	徳川家康、諸大名に**二条築城**を命ず。**加藤清正**、**熊本城築城**着工。
1602年	慶長7	**伏見城**、家康により再建。**仙台城**完成。

城がわかるKEY WORD

3

安土城

安土桃山時代は、普請・作事といった築城技術が大きく進歩を遂げた時代である。天守といわれる高層建築の出現や石垣の多用など、現在一般的に抱かれる日本の城のイメージが形成された時代であった。画期的な事例となったのは、天正4（1576）年の織田信長による安土城といえる。

安土城の登城坂

総石垣で安土山の削平地の斜面を固め、大手口から安土山への登城坂を幅約7mの石段で固め、その左右に高石垣の曲輪（削平地）を配置した。

復元された安土城の天主

山頂には天主と命名した七重の建築物を石垣上にあげ、その内部を荘厳な障壁画で飾った。安土城の出現は、城を戦闘目的の城から見せる城へと大きく変化させた。

城がわかるKEY WORD

4

天下普請

安土桃山時代から江戸時代にかけて、織田信長に始まり豊臣秀吉が受け継ぎ、徳川家康・秀忠・家光によって拡大していった築城の手法が「天下普請」である。主君が家臣及び勢力下の大名たちに対し築城工事などの普請を割り振ったもので、公儀が大名たちに対し命じたものを天下普請という。

名護屋城

豊臣秀吉の大坂城、聚楽第、石垣山一夜城、肥前名護屋城、伏見城築城も大名たちへの助役普請であった。

伏見城（今日の天守建築は模擬建築）

助役普請を拡大して大名統制に利用したのが、徳川家康である。家康は伏見城の再築城を筆頭に、二条城、名古屋城、駿府城、江戸城などの築城にあたり、諸大名を動員した。

寺や町屋などを取り囲む巨大な堀と土塁

寺内町という城郭

要塞化する寺内町の拡大

寺内町とは、武家が築いた城ではなく、宗教的根拠地を守るため、寺院はもとより寺家および宗徒たちの町屋・門前町などをすっぽりと囲む堀と土塁をめぐらしたものだ。すでに南北朝争乱期には山岳宗教と結びついた**密教系寺院**が城郭化したが、巨大な宗教勢力は荘園支配をめぐって武家勢力と対立した。寺家側の在地支配のため、雑掌らの代官支配の居所・政所屋敷などが堀をめぐらしたり、悪党行為を防止したり、年貢米などを貯蔵するため山城を築いたりした。

大和国の守護であった**興福寺**《こうふくじ》は多くの塔頭をかかえたが、山内には多聞山城のほか、鬼薗山城とこれにかわった西方院山城、大乗院門跡の「宿院ノ城」「宿院辻ノ城」などが築かれた。紀州の**根来寺**《ねごろじ》もまた城郭寺院であり、東西に細長い谷内には、入口に大門池を穿って要害とし、本坊の塔頭群は要所に土塁や切岸を構築した。

洛中においては法華宗の諸寺院が核となって、法華の乱の折には町衆の屋敷を囲む堀がめぐった。フロイス『日本史』には六条本圀寺の様子を、法華宗の完全な町のようなものであり、全部粘土壁に囲まれたような種類の地域のことを日本では寺内といっていると記されている。この洛中

一向宗本願寺派の寺院である御坊（布教拠点）はいずれも寺内町と言って門前町を囲む土塁・堀をともなった。建築的にも城郭に及ぼした影響は計り知れないと考えられている。

の城郭化した法華宗の21寺院は比叡山側に襲撃されたが、京都以外でも法華宗寺院は城郭化されたようだ。

強大な力を持つ浄土真宗

戦国期の寺内町といえば**浄土真宗（一向宗）**の寺院がもっとも顕著であり、本格的な城郭構えとなった。いわゆる城郭建築のルーツの一つに一向宗寺院があげられるほど、本願寺派を中心とする寺院は櫓や物見城門を堀とともにめぐらすものであった。本願寺派の地域拠点は「御坊」と呼ばれ、道場を中心に集落を形成、ことに山科本願寺を中心とする蓮如の時代には畿内はもとより、北陸・東海・山陰地方におびただしい数の御坊を築いた。城郭構えの一向宗寺院は**「守護使《しゅごし》不入権《ふにゅうけん》」**をもって、戦国大名勢力以上に大きな兵力を有した。

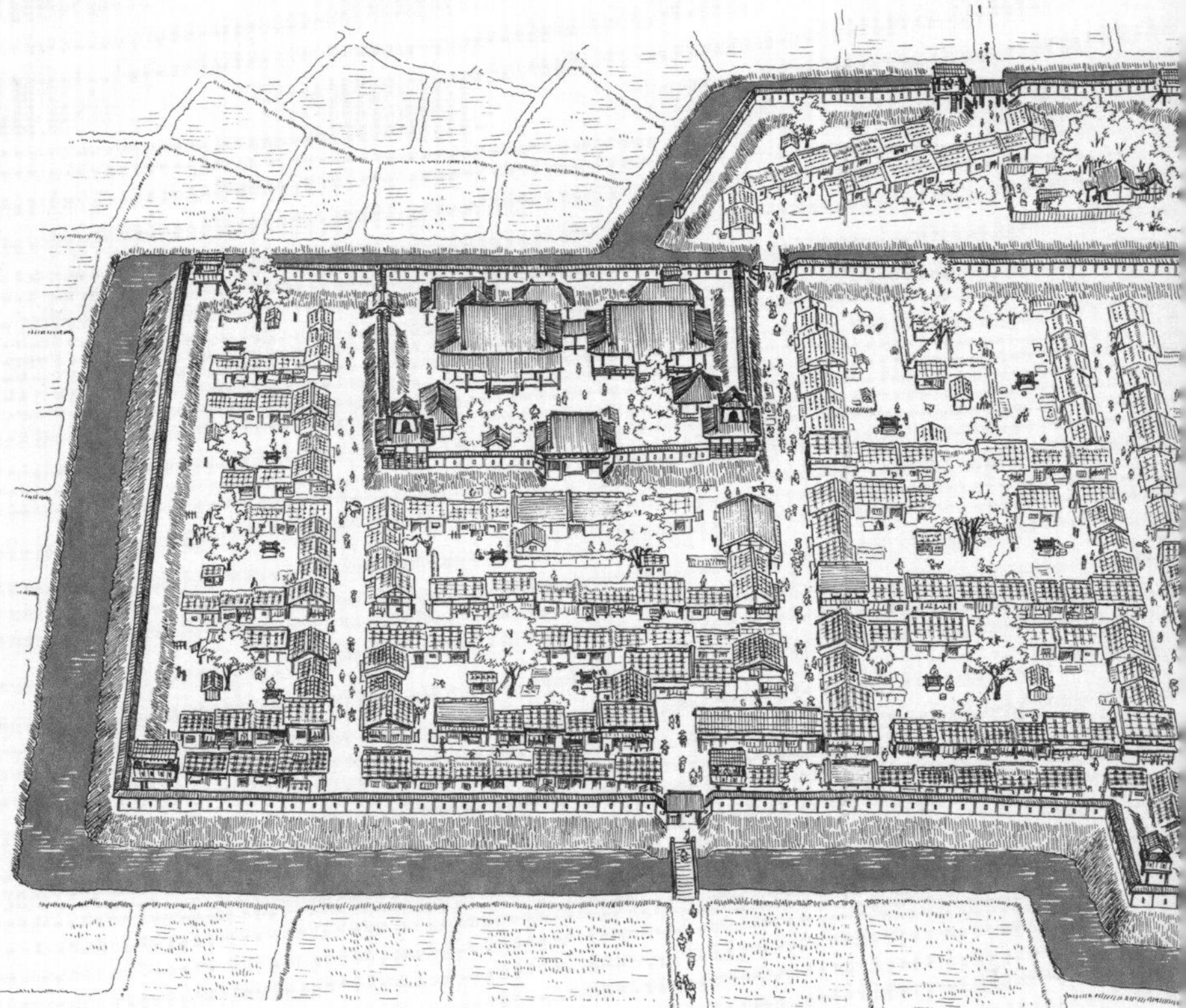

山科本願寺は一向宗の本山に相当するもので、本城に相当する御影堂・阿弥陀堂など主要伽藍を中心に、法主一門と坊官からなる中城にあたる内寺内があり、さらに外城に相当する町屋街の三重の土塁と堀で囲まれていた。今も、山科には史跡公園に土塁・空堀が残るほか、団地の周囲にも土塁・空堀がよく残る。天文元（1532）年、細川管領と対立した**本願寺**は六角軍・日蓮宗徒らにより焼き討ちされた。顕如によって本願寺は摂津石山に移され、方八町の構えで加賀国より城づくりと呼ぶ職人を招いて石山本願寺を構えた。この石山本願寺が織田信長と対戦した本願寺であり、秀吉の**大坂城**や**江戸幕府**が**築いた大坂城の前身**にあたる。

一向宗と戦国大名の対立は各地で展開されたが、徳川家康を悩ませ続

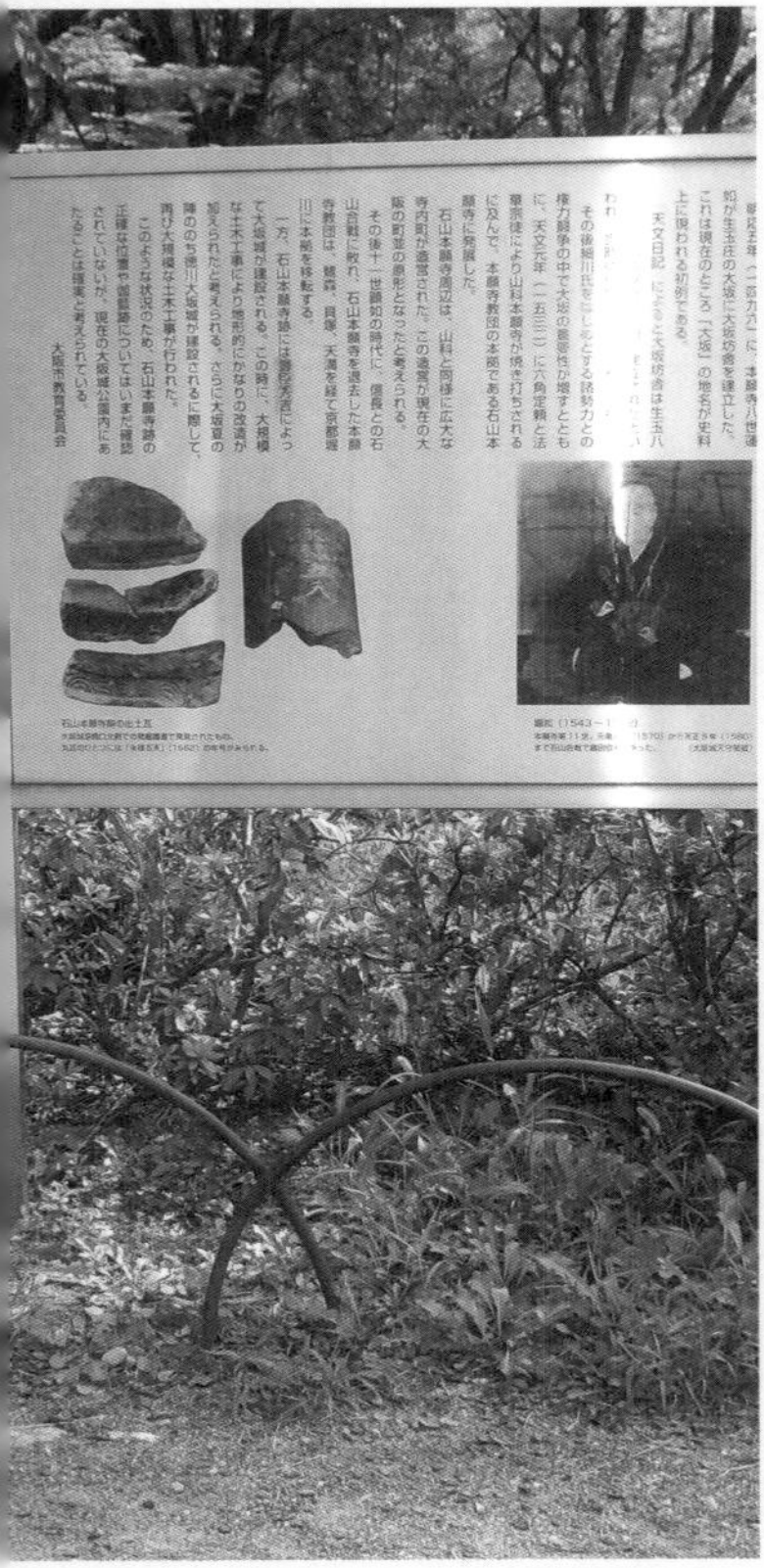

根来寺周辺には、根来衆という寺の僧坊を拠点とした僧兵の集団もいた。根来衆は信長の紀州征伐に加わるなど、信長と親密な関係を築いた時期もある。

興福寺は平安時代には僧兵を擁するほど武力を有していた。室町時代に入ってからも、山内に数々の城郭を構えるなどして要塞化した。

けた三河本證寺《みかわほんしょうじ》は、石垣・濠・二重隅櫓を今も残している。また、信長と対立し続けたことで著名なのが伊勢長島願証寺で、伊勢湾と木曽川河口のデルタ地帯を利用し、近世では長島城が築かれた。信長は北陸で活発な動きをみせる**一向一揆**と呼応する長島一向宗徒に対し、天正2(1574)年に自ら出陣、九鬼水軍を海上から出撃させ、多数の出城を次々と落とし、大砲をもって塀や櫓を崩したが、籠城戦は3カ月に及んだ。屋長島と中江の砦は厳重に城柵をめぐらしてあり、なかなか陥落せず、織田勢は苦肉の策で四方より火を放ち、男女の宗徒2万人を殺したのである。

他にも、富田林寺内は自治権力をつくり、年貢諸公事を免許され、諸商人の座公事も免許された。興正寺は行政裁判の自治の公的の場であった。

幕末の嘉永7（1854）年の大坂城下町の図。

石山本願寺は織田信長に従わず、もっとも苦戦させた寺院勢力であった。伽藍の周囲に堀、塀などを設けて強固なものにし、強大な武力を有して武装した。最盛期は寺内町を有する環濠城郭都市であったのは間違いない。

日本史の
ランドマーク
岐阜県岐阜市
京都府京都市
11

稲葉山城・二条城

天下布武の山城と京洛での覇者の城

織田信長が重視した城は安土城以外にも、天下統一の足掛かりにした稲葉山城、政治の舞台とした二条城がある。

信長が固執した稲葉山城

永禄10（１５６７）年、**織田信長は稲葉山城を攻略**する。信長が行っていた美濃進攻の最大目的は、新しい本拠を稲葉山城に構えることにあった。

信長は天文15（１５４６）年に古渡《ふるわたり》城《じょう》で元服。天文21（１５５２）年には織田家を継承し、守護代の居城清洲城主となる。その後、弟・信勝を末森城で、岩倉城で織田《おだ》信賢《のぶかた》を破り、尾張をほぼ制圧した信長であったが、木曽川寄りの北側には美濃の斎藤道三に味方する一族が多かった。永禄3（１５６０）年に起こった**桶狭間の戦い**に勝利した信長は、居城を小牧山城に移したのち、稲葉山城を手中に収めることに成功したのである。

信長の理想を具現化

なぜ、信長はそこまで稲葉山城に固執したのだろうか。それは、城が立つ稲葉山が、信長の考えていた城郭を構えるべき地形にもっともふさわしかったためである。今でもこの山城を訪れると、あまりの急峻さに驚く。海抜約３３８ｍの山頂にある天守をはじめとする曲輪群をみて、「これが信長の城か？」と疑問を抱くほどだ。日常的には、御殿である信長の生活の居所は麓の千畳敷にあっ

稲葉山城（岐阜城）

永禄10（1567）年には織田信長と斎藤氏の間で稲葉山城の戦いが起こり、信長が勝利した。信長は稲葉山城を岐阜城と改めて天下統一のための拠点とし、重要視した。写真は山頂の復興天守。

た。どうして、この山頂に城を築かねばならなかったのか。

稲葉山は美濃の穀倉平野を一望する山塊である。長良川が麓で濃尾平野に注ぎ込む。美濃の守護所は加納にあり、ここを押さえ、尾張と近江へ押し出し、背後奥美濃と飛騨へ行動を起こすにはもっとも都合がよい地であった。

そして、この濃尾平野に俄然とそびえたつ山の情景は、信長の脳裏にあった、仏教世界でいうこの世の中心地・**須弥山**《しゅみせん》のイメージだったに違いない。天下布武をめざす信長は、須弥山の山頂にある梵天帝と神々の城、すなわち仏教でいう善見城こそが天下の中心であり、天下に号する城郭にふさわしいと考えていたのである。その理想を具現化したのが、稲葉山城だったのである。

二条城二の丸御殿

二条城は徳川家の城というイメージが強いが、信長が京都に権力を伸ばし、幕府を意のままに支配するために築いた象徴的な城であった。写真は現在の二の丸御殿。信長時代とは場所が異なっている。

信長が指揮をとった二条城

永禄11（1568）年9月、信長は**足利義昭**を越前一乗谷より迎え上洛軍を催し、近江六角承禎《ろっかくじょうてい》の軍を破り上洛。義昭を第15代将軍に据え、畿内をその勢力下とした。翌年2月、信長は義昭の居所として二条城を築いた。信長自らの居所は本圀寺《ほんこくじ》を城郭づくりに堀と土塁をめぐらし築城する。なお、**妙覚寺や本能寺も同様に、信長の居所として城郭構えとなる。**

信長は洛中から供養塔や石仏をあつめ昼夜兼行で築城にあたった。『言継卿記《ときつぐきょうき》』によると、わずか2カ月間の工期だったといい、『耶蘇会《やそかい》日《に》本年報《ほんねんぽう》』には同年6月より信長が自ら工事現場に立ち、日に2万5千人の人々が徴発され、洛中の堂宇を崩して用材としたと記されている。

この二条城は天正元（1573）年の義昭追放まで、最後の室町幕府となった。その跡地は、京都御所の西方にある平安女学院の辺りであると推定されている。

洛中で異彩を放った城

完成した二条城は異彩を放った。5月11日、義昭は新造された二条城に烏丸光宣《からすまるみつのぶ》や久我入道《こがにゅうどう》らを招き、納涼の宴を催した。この二条城は、天正元年に信長自らの手で焼き払ったのち、天正4（1576）年には妙覚寺に滞在していた信長が自ら屋敷を築くため、新たに別の二条城を築くことになる。その場所は、もとは関白二条晴良邸跡だったという。新しい二条城は幸い空地だったため、泉水をもった大庭など趣向を凝らしたものにしたといわれる。

新しい二条城が誠仁《さねひと》親王に献じられると、信長の居所は妙覚寺と本能寺になった。しかし、**明智光秀**が信長に謀反を起こしたいわゆる**本能寺の変**が起こると、この二条城は明智軍の襲撃を受けて焼失してしまったのであった。

なお、秀吉の聚楽第や家康の二条城は、この**信長の天下人の政治的な本拠地・二条城に倣って築かれたもの**である。

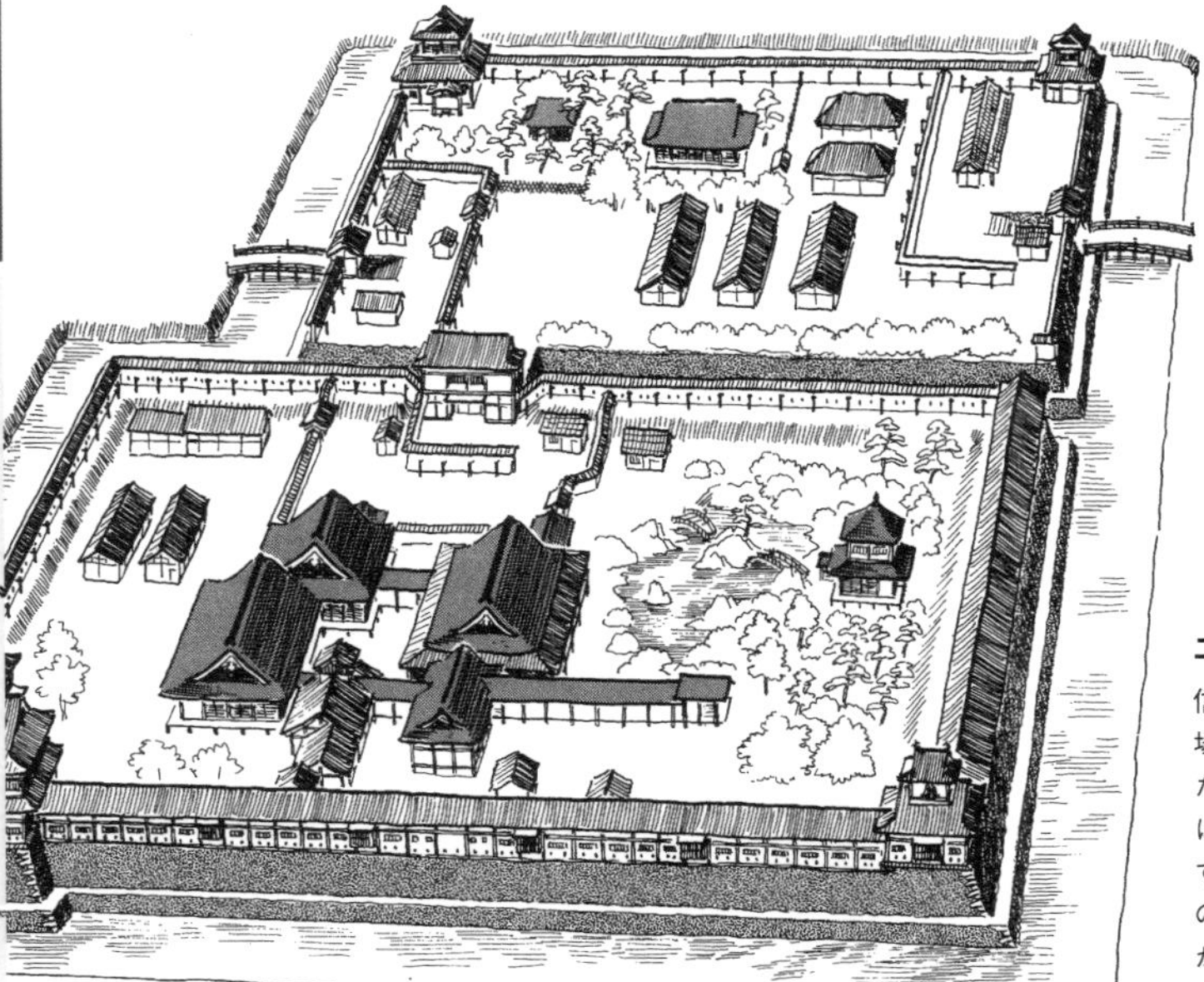

二条城本丸御殿

信長は二条城を政治の場として有効に活用し、たびたび宴会を催しては、自らの権力を誇示する舞台とした。今日の本丸御殿は、桂宮家が京都御所の北に建てた御殿を移築したもの。

城の象徴的なデザインに迫る

天守の誕生と成立

現在の大阪城

現在の大坂城は江戸幕府によって築かれたもので、天守は1931年に再建されたもの。秀吉時代と徳川時代のデザインを融合させた独特な意匠になっている。

天守の始まりはいつから

一般の人たちが城と思い込んでいる天守建築は、いつ頃成立したのだろうか。おそらく、永禄～天正初年の頃(16世紀後半)、多聞山城、安土城などの出現以降と考えられる。

近世に記された『遺老物語』の「永禄以来出来初条」には、尾張楽田城がはじまりとしているが、『愚子見記』には**三河国額田城**がはじまりとする。天守は古くは**天主**または殿主と記した。『**匠明**』では、信長の築いた安土城の7階造りの建物を禅僧の嵯峨の策彦周良《さくげんしゅうりょう》が「天主」と名づけたことから、それ以降、一城の象徴的な層重の建物を天主、のちに天守と呼ばれたと記されている。

信長以前の一級史料には天主、天守の表記はみえない。信長自身、天正2(1574)年の伊丹城攻めの文書の中で「天守ばかり攻詰め候」と記している。禅宗の寺院の建築名や僧侶によって名づけられた室町時代の建築はあまりにも多く、万里集九《ばんりしゅうく》は江戸城・高月城の楼閣や高櫓を命名している。

単立天守と塁上天守

天守は一般的に本丸に建てられる。本丸の敷地空間内にある場合を**「単立天守」**と呼ぶ。単立天守は江戸城、犬山城、松江城などがこれである。秀吉時代の姫路城天守も単立であったらしい。対して、石垣上や土塁の塁壁上にある天守を「**塁上天守**」と呼ぶ。秀吉時代の大坂城、名古屋城、岡山城、萩城、二条城、高知城、丸亀城の天守が塁上天守である。

天守建築の発生と発達過程については諸説がある。建築的かつ象徴的で観賞的な存在は、江戸城の静勝軒や北山山荘の金閣、東山山荘の銀閣などの**楼閣建築**がはじまりである。また物見攻防戦の折の指揮をとる所としては、応仁・文明の乱で京洛に出現し、戦国城郭に多く利用された**井楼櫓**がそのルーツであろうと推定される。

望楼式天守と呼ばれる初期の天守建築は、大入母屋が中段にあって、この大入母屋の上に望楼がのる型から、主殿建築の入母屋屋根の上の煙出しが発展したように、小さな望楼が主殿の上に建つ主殿発達説も有力だ。

秀吉時代の大坂城

信長が「天主」の原型を作った武将であるならば、それを完成形のレベルまで高めたのは秀吉といえよう。漆黒の天守は天下人のイメージに相応しいものであった。

岡山城

岡山城天守は1945年の空襲で焼失する前は、現存する最古級の天守のひとつと言われ、不規則な平面の天守は極めて古風であり、桃山時代の面影を残すものであった。

松江城

近年国宝に指定された松江城天守も、戦国時代の面影を残す、武骨なイメージが強い天守である。江戸時代に近づくと、金箔などで装飾する天守も増えていく。

日本史の
ランドマーク
神奈川県小田原市
12

小田原城

戦国時代最大の城郭

現在も小田原のシンボルである小田原城は、それまでの城とは一線を画す巨大城郭であり、人々を刮目させた。

小田原城外観復元天守

小田原城は北条氏の関東支配の拠点となり、豊臣秀吉など多くの戦国武将がこの地に集い、一戦を交えるなど戦国時代の象徴的な城郭となった。

小田原城の起こり

小田原城は箱根山の南東の麓、外輪山の裾部が広がる台地上に位置する。現在の城址公園がある東側の丘は江戸時代の小田原城である。豊臣秀吉が戦国時代を終わらせた時の小田原城の中心部は、東海道線の線路の西側、八幡山、小峯山一帯にあった。

小田原城の歴史は、小早川氏が城館を構えたことに始まる。のちに小田原は交通上の要衝となり、応永14（1407）年には小田原関が成立、宿場町も発展した。上杉禅秀《うえすぎぜんしゅう》の乱では小田原が合戦場ともなったことで、関東の府都・鎌倉では、小田原を押さえるため大森頼春《おおもりよりはる》を封じ、城を築かせた。これが小田原城の始まりである。

この小田原を関東征覇の布石としたのが**伊勢宗瑞《いせそうずい》（北条早雲）**だった。宗瑞は、延徳3（1491）年に伊豆堀越公方《ほりごえくぼう》・足利政知《あしかがまさとも》の子、茶々丸を殺害。明応4（1495）年頃に大森氏の小田原城を占し、長男・氏綱に北条の苗字を名乗らせて城主とした。これは、自らが執権・北条氏の流れと称し、関東支配を正当化するためであった。

謙信・信玄を退ける

後の北条氏康の時代は、越後の上杉謙信、甲斐の武田晴信(信玄)と東国の覇権を競う激動の時代となった。氏康は家臣たちと郷村ごとに普請役を定め、着々と小田原城と支城の整備にあたっていた。永禄9（1566）年6月には郷役による農民徴発の罰則を統一し、発令。城下柳小路に2225人を集め、小田原城の拡張と整備工事に着手している。

永禄12(1569)年には、武田信玄が小田原城を攻めた。信玄の軍勢は蓮池門まで攻め入ったものの、これ以上は侵攻できなかったというから、既に北側から東側にかけては近世の三の丸の外側まで**惣構**になっていたのであろう。

小峯御鐘ノ台大堀切

規模の大きさだけでなく、鉄壁ともいえる防御が小田原城の特色。小峯御鐘ノ台大堀切のスケールの大きさは敵を恐れさせるには十分すぎるものであった。

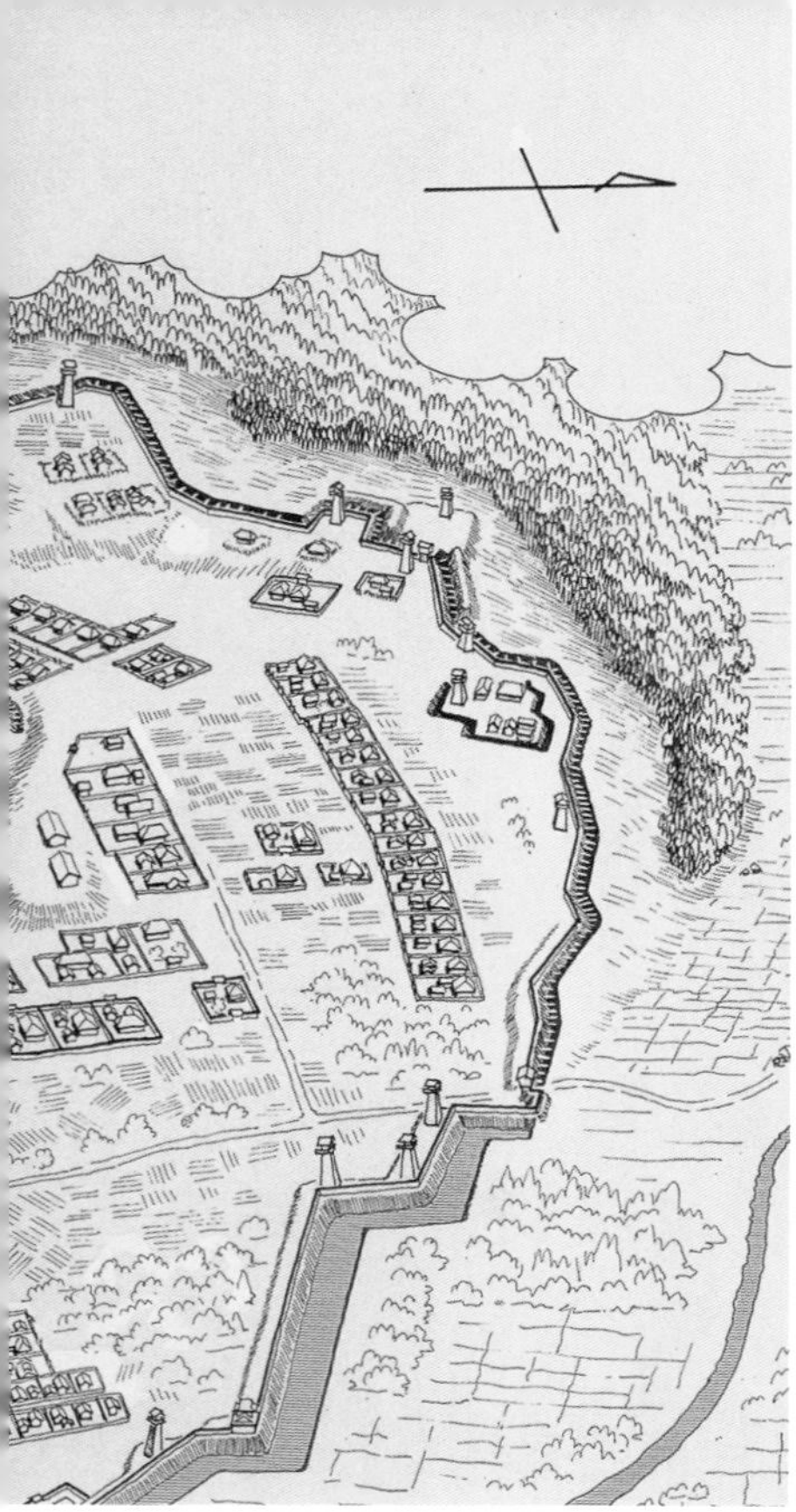

巨大な城郭都市が完成

天正17（1589）年、豊臣秀吉は真田《さなだ》昌幸《まさゆき》と北条氏邦《ほうじょううじくに》が対峙している上野国沼田領の両勢力の境線を確定するため、津田信勝《つだのぶかつ》と富田知信《とみたとものぶ》を検使役に立てた。沼田城に入った氏邦の城代・猪俣邦憲《いのまたくにのり》は、3カ月後、沼田城の支城である名胡桃城《なぐるみじょう》を陥落させてしまった。この知らせを聞いた秀吉は激怒。宣戦布告状を北条氏へ送った。

北条父子は、秀吉来襲を知り、小田原城、山中城、足柄城、韮山城をより強固に改築した。とりわけ小田原城は昼夜兼行で、蟻地獄のように方形に深く連続して掘り込む特殊な堀を延々と構築した。城下町から田畑、各陣営をすっぽり囲み、**周囲12kmに及ぶ惣構**と呼ばれる**城郭都市**を完成させたのである。かくして、日本一の城郭がここに出現した。

さらに、箱根山からつづく台地の縁、特に西から南は二重の堀と土塁、海側の平地には要所を水堀とし、石垣も多く用いた構えとした。『北条五代記』には秀吉軍を迎える小田原城の大きさを「東西へ五十町、南北へ七十町、廻り五里」と記している。

秀吉が築いた一夜城

天正18（1590）年4月に入ると、秀吉は北条氏菩提寺の早雲寺を本陣として、小田原城の西南、早川を隔てた石垣山に築城を始めた。一夜城がこれである。一夜城といっても、規模は本格的な城郭であった。秀吉の水陸あわせて25万人の兵士を伴って小田原を攻めたが、うち5万6千人は一夜城を築く**「普請の衆」**だった。これだけの人員が昼夜兼行で築城工事を行い、壮大な城構えを完成させたのである。

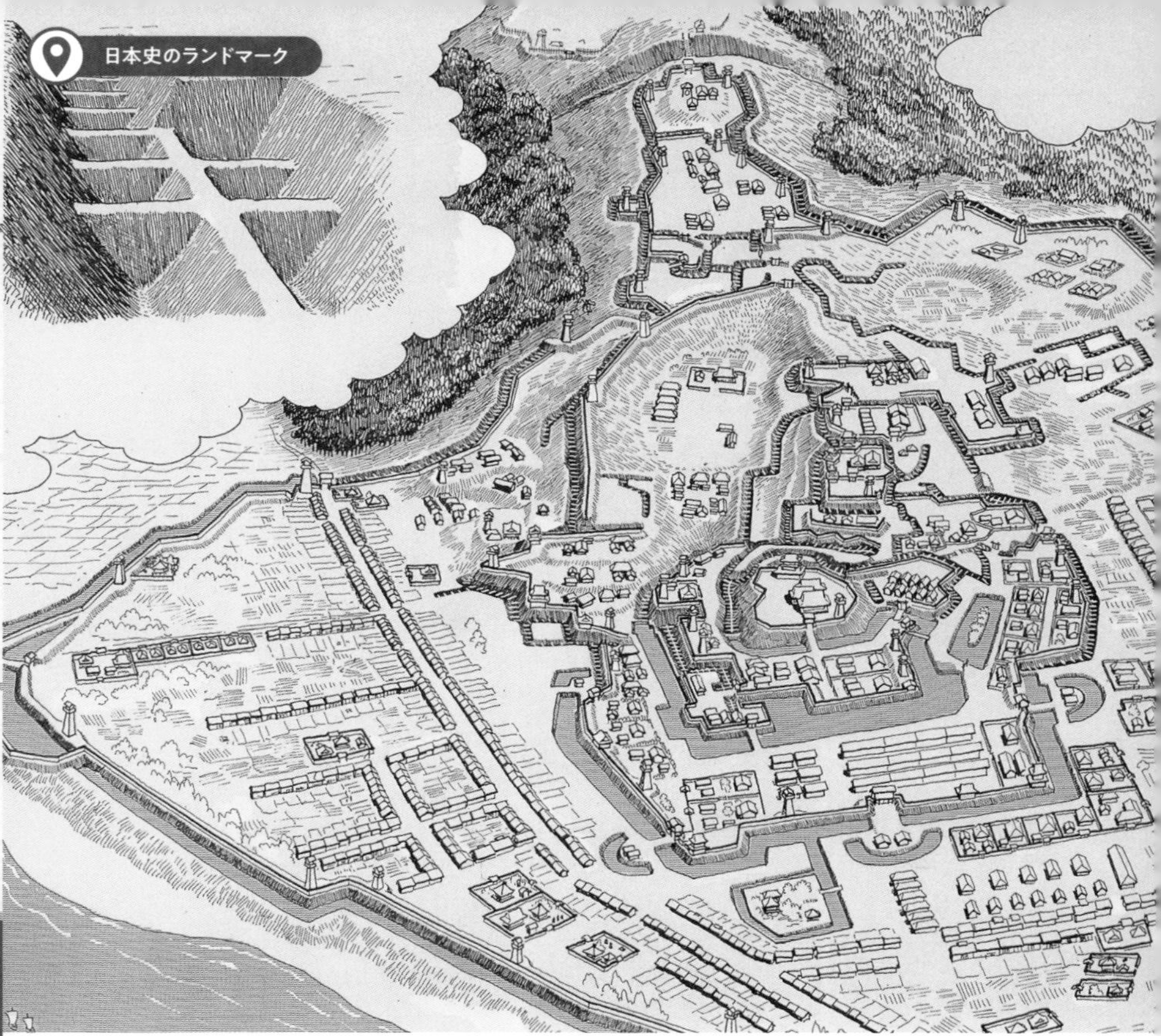

小田原城の鳥瞰図

天正18（1590）年当時を想定した小田原城惣構復元鳥瞰図。左上の図は堀障子の模式図。

5月には一夜城中で津田《つだ》宗及《そうきゅう》による茶会が営まれ、6月に入ると伊達政宗が来陣、八王子城・鉢形城《はちがたじょう》など主要な支城が陥落する。相次ぐ支城の落城により北条氏は戦意を失い、ついに7月5日に小田原城は開城し、氏政父子と氏照が城を出た。

小田原城の石垣

小田原城は江戸時代の寛永9（1632）年にも大規模な改修が行われ、総石垣の城となった。石垣は美しい間知石積で築かれている。

15世紀

人物　事件　文化　政治

江戸城を築き、攻城の名手でもあった

太田道灌の築城と城攻め

1432年 永享4

築城の名人、生まれる

戦国時代末期の名築城家といえば、**藤堂高虎、加藤清正、黒田如水**の3武将が一般的にあげられる。この3人はいずれも豊臣大名と呼ばれ、天守や石垣のある時代の築城プランナーであった。それ以前に実戦的な築城に勝れた武将といえば、**千早赤坂城の楠木正成**と、**江戸城の前身を築いた太田道灌**が挙げられる。

太田道灌が活躍した時代は、室町時代中頃の京都とその周辺では有名な**応仁・文明の大乱**の真っただ中であった。市街戦を勝ち抜くために京と奈良の匠たちが動員され、いろいろな攻城具や井楼《せいろう》と呼ばれた組み上げ式の矢倉が、市中いたる所にたち並んだ。また、公家や幕閣大名の屋敷地はいずれも堀や土塁がめぐり、**高櫓や井楼が構えられて城郭化して、築城技術・戦法は発達**をみた。

古来、西国で事変が起こると東国でも大乱が起こる。応仁・文明の乱も同様で、東国では時を同じくして、鎌倉にあるべき関東公方が古河に移り、古河公方足利成氏《しげうじ》を名乗る。さらに、これを補佐して実権を行使す

太田道灌

太田道灌（1432～1486）は15世紀の中頃に関東地方で勢力を伸ばした武将であり、江戸城を築いた立役者であった。文化人としての側面もあり、後の時代に“文武両道の鑑”と評された。

る関東管領職・山内上杉氏の家宰職(上野守護代)長尾家の跡目をめぐり、長尾景春が反乱を起こし、さらに駿河守護職・今川家でも跡目の内訌《ないこう》が勃発した。この東国の2大兵乱の鎮定を命ぜられたのが、山内上杉氏と同族であり、相模守護であった扇谷上杉氏の家宰(執事職で実際実務権限を有していた)の太田道灌であった。

1457年 長禄元 関東に城を築いて拠点に

道灌は父道真をして山内上杉氏当主・房顕とともに古河公方成氏に対抗するため、岩槻城を築き、入間川(今日の荒川)の蛇行地点に川越城を築いた。さらに道灌は関東の東西をわける利根川河口で、江戸湊を掌握できる地点に江戸城を築き、自らの行動拠点とした。この関東の大事変に対処するため、室町府から渋川義《しぶかわよし》鏡《かね》を蕨《わらび》城に配したが、この**蕨城を囲む形で、川越、岩槻、江戸の3城が成立した**ともいえる。

太田道灌が攻撃をした小机城址

現在の横浜市港北区小机町にあった城。長尾景春の乱の際に太田道灌が攻撃。約2カ月をかけて落城させたとされている。

川越城

扇谷上杉氏の上杉持朝は、家宰の太田道真と太田道灌の父子に対し、河越城(川越城)の築城を命じた。写真は越前松平家・松平斉典によって再建された本丸御殿。

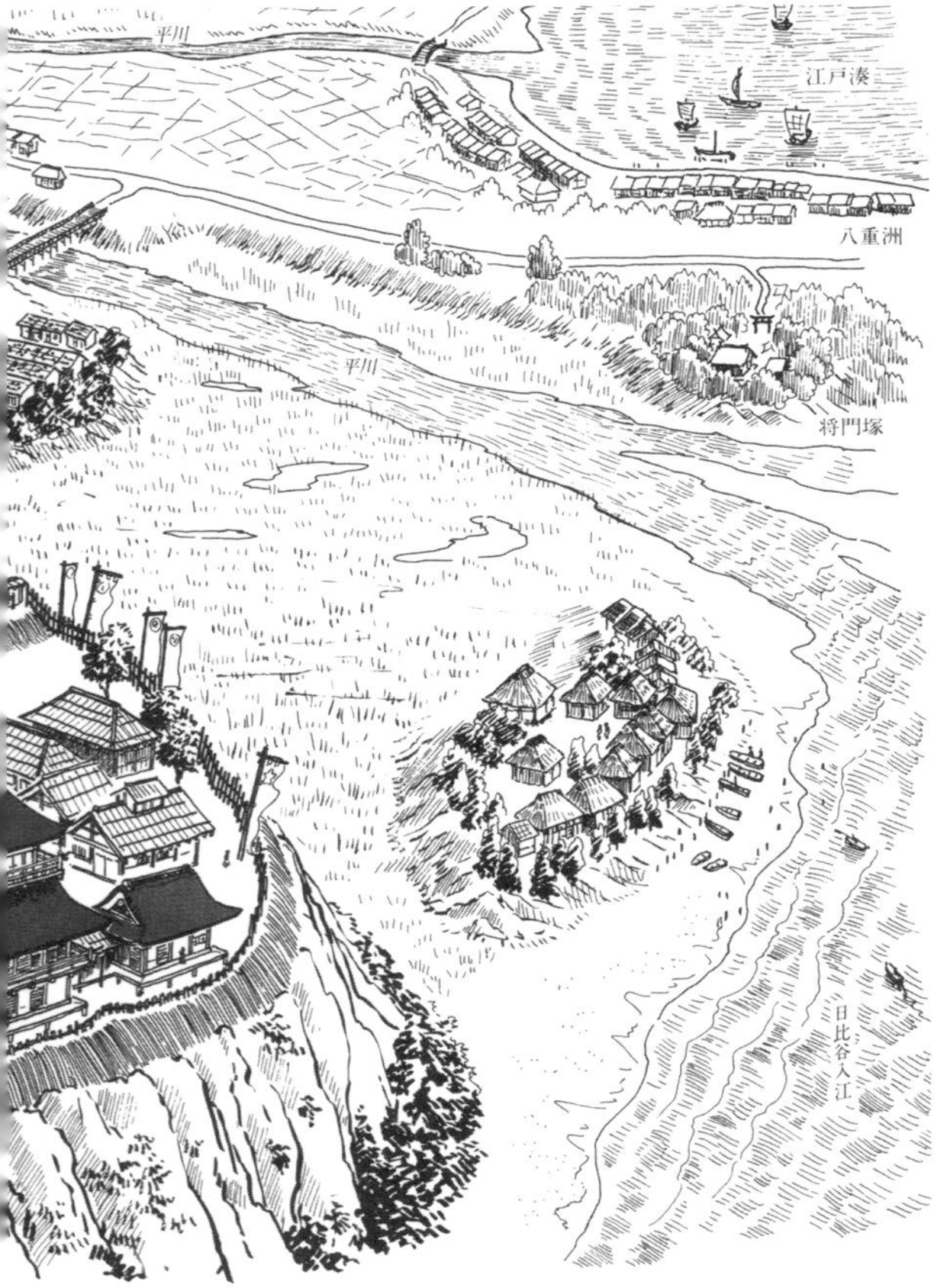

1486年
文明18

城攻めの名将

太田道灌は、文明18（1486）年に暗殺されるまで、長尾景春に味方した軍勢と30回以上にもわたり合戦を展開しては、反乱を鎮圧した。記録に残るこの30回以上の合戦のうち、少なくとも21回以上は反乱側についた各地の城を攻めて、落城させているのだから驚きである。

道灌の城攻めは、敵城に対して**陣営を置いて（陣城を築く）、包囲、急襲、強襲、火攻めなどの手法**を用いた。道灌はいわゆる**足軽戦法**を得意としたとよくいわれる。この時代の足軽は傭兵のことで、関東でも江戸周辺に傭兵が集団で存在したとは考えにくい。おそらく労役の一つの野伏役や、陣夫役で集められた農民を軍事訓練して足軽のように集団統制を行い、ゲリラ戦に強い兵士を育てたのだろう。

統制がとれて、兵器の扱いに勝れていた道灌の率いる軍団兵士たちは、各自で胸に識鑑《しきかん》をつけ、江戸城中の教練広場では常に数百人が弓矢の腕をあげるために上・中・下に分かれて活動していたという。

1457年
長禄元

江戸城を築城する

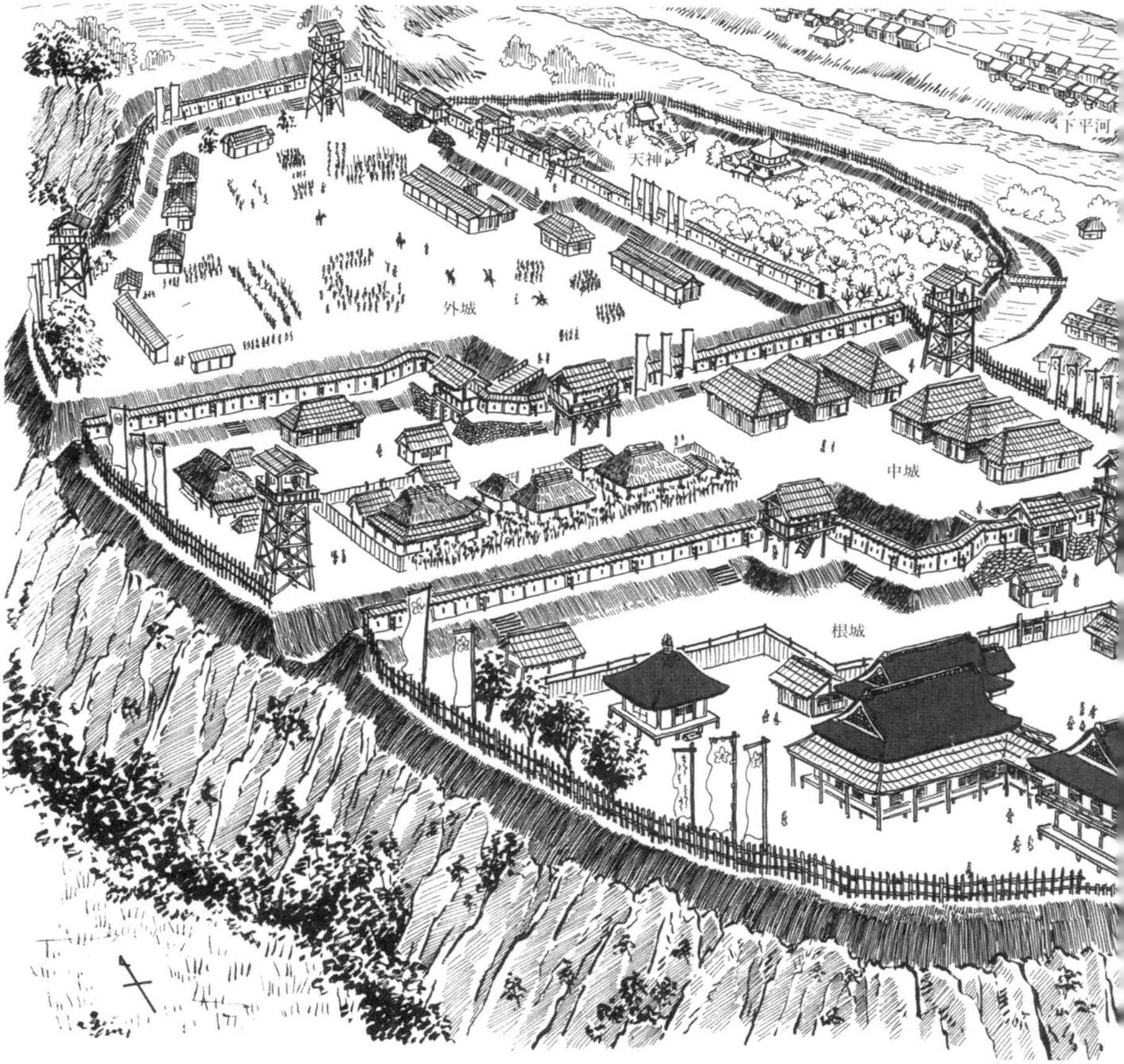

太田道灌が築いた江戸城の復元図。江戸時代の本丸台地上に三つの曲輪を連郭状に堀切で区切り、根城先端には静勝軒を建てた。

太田道灌の功績として挙げられるのが、なんといっても**江戸築城**である。道灌が築いた江戸城は、現在の皇居東御苑の旧本丸台地の上に存在していた。その様子は本丸である根城のもっとも眺望がよい場所に建てられた、**「静勝軒」**と呼ばれる高閣望楼風の建物に掲げられた詩板の詩文によって、ある程度わかる。

この詩板は京都五山と鎌倉五山の当代一流の禅僧が執筆し、文明8（1476）年に静勝軒内に掲げられた。別に道灌と深い親交のあった万里集九の「静勝軒銘詩并序」が掲げられた。その原物は天正18（1590）年の小田原合戦で、豊臣側によって小田原城より持ち出され行方不明となっている。

1476年 文明8

静勝軒は楼閣風建造物

静勝軒の詩板に描かれた江戸城をみると、城郭は子城（根城）、中城、外城の3区画に分かれていたという。根城が中心にあたり、ここに静勝軒と呼ばれる高閣（望楼）があった。ちょうど、金閣や銀閣のように望楼が上に乗り、眺望がよかったという。

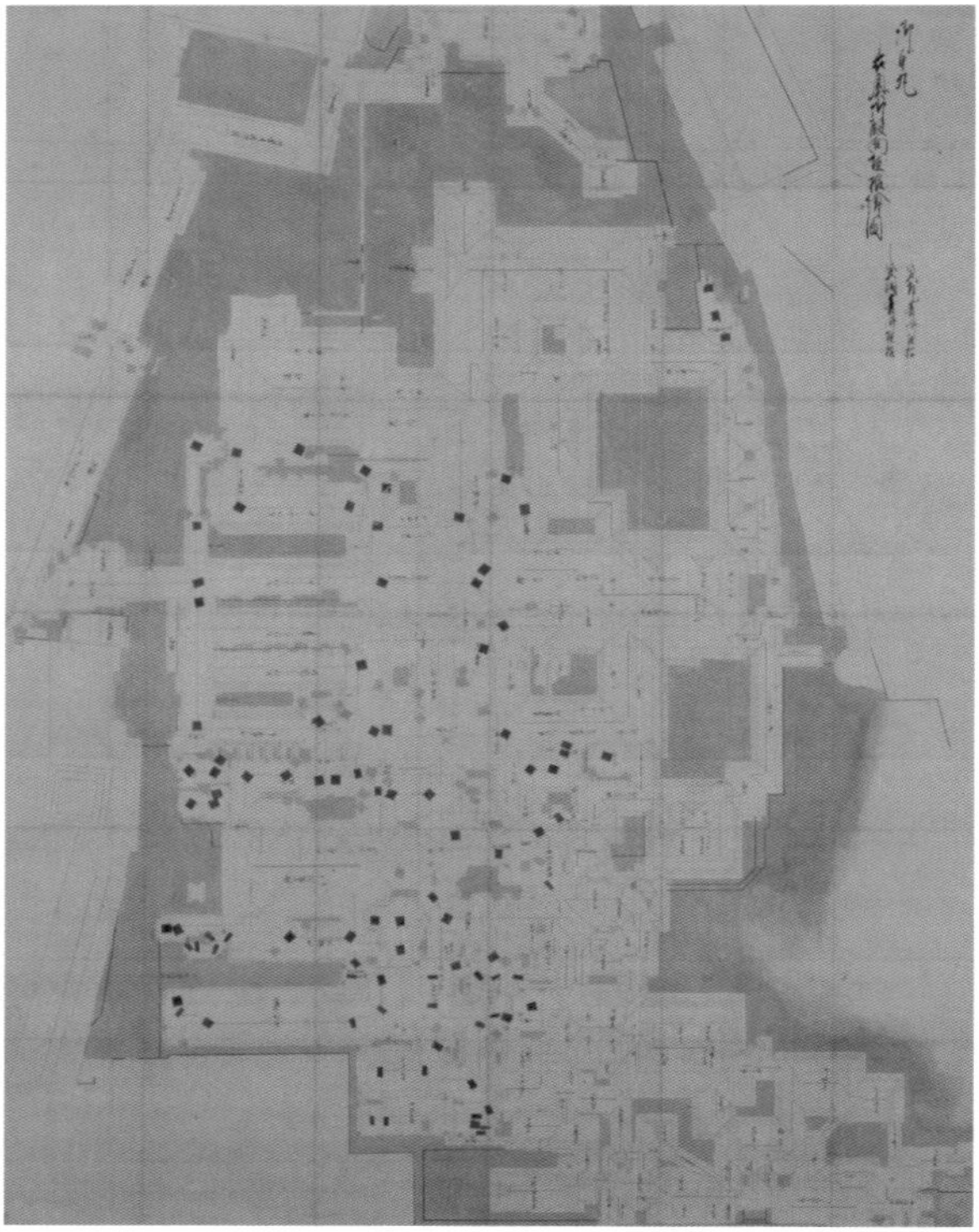

江戸城の本丸

江戸幕府の政治の中枢となった江戸城。その本丸は、壮麗な御殿群などの建造物が埋め尽くしていた。北側には天守台がある。御殿の中にはいわゆる大奥を筆頭に様々な部屋が設けられていた。

品川から浅草・隅田川まで眼下にあり、富士山、武蔵野、筑波山まで遠望できたとあるから、城内の建物や根城をめぐる土塁・塀よりも高く、重層であったことになる。

さらに、静勝軒に付属して含雪（西側）と泊船（東側）という軒もしくは亭があったとある。これらの建物は一体化していたようで、3階建てであった可能性が高い。

足利義満が西芳寺瑠璃殿《るりでん》を模して北山の屋形に構えた金閣は、応永4（1397）年の建立で、足利義政が東山の屋形に銀閣を創築したのは文明14（1482）年のことであった。室町文化の生んだ禅宗建築の楼閣が瑠璃殿、金閣、静勝軒、そして銀閣と受け継がれたのである。

1457年 長禄元

天守の原型になったのか

この静勝軒は、のちの**天守建築に匹敵する象徴的な存在**であった。万里集九は、根城だけでなく、大手口のあった汐見坂の下、外曲輪にあたる根小屋に「香月亭」という楼閣を建て、周囲には、金沢八景より移植した梅林をつくった。この香月亭の隣には、万里の居所**「梅花無尽蔵」**という建物もあった。この江戸城に出現した楼閣は注目を集め、東国武士の城館にも次々と似たものができていくのである。

とりわけ道灌のライバルともいえる、山内上杉家重臣で武蔵守護代の大石定重《おおいしさだしげ》の居城には、長享元（1487）年には高閣があがっていた。定重は画工にこの高閣を丹念に描かせ、江戸城にいた万里のもとへ届け、命名を願い出た。万里は**「万秀斎」**と名づけた。山内上杉氏家宰の長尾氏もまた、居城の鉢形城に**「随意軒」**を造り、道灌の父・道真の越生館にも**「自得軒」**が存在していた。

江戸城大手門

江戸城の正門であり、特別な格式の高さを誇る。慶長12（1607）年に藤堂高虎によって築かれ、その後は伊達政宗や酒井忠世によって現在のような姿になったといわれる。

江戸城桜田門

幕末に井伊直弼が襲撃された桜田門外の変が起こった場所として有名。現存する江戸城の遺構として価値が高く、重要文化財。

江戸城伏見櫓

二重橋の奥に望める櫓で、現在の江戸城の象徴である。伏見城から移築されたという説があるが確証はない。

天下の名城と名築城家・加藤清正

堅牢を極める熊本城の凄みを分析する

熊本城の本丸

大天守と小天守がそびえたち、周囲を幾重にも連なる石垣で囲む。この構成が熊本城が天下の名城とされるゆえんであり、加藤清正が築城名人と讃えられる理由でもある。

西南戦争で堅牢さを実証

日本中に築かれた城郭のうちで、もっとも堅塁かつ豪壮な造りであったのは**熊本城**であろう。熊本城には大小天守のほかに**6基もの三層五階の櫓が存在し、櫓総数はなんと48基**を数える。そして何よりも堅固な構えを伝えるのは、全域に残るみごとな石垣である。

　この名城は加藤清正が築いた。清正の築いた城は幾重にも石垣を連ね、深い堀を造るなど、見るからに堅牢な構造が特徴である。特に扇の勾配といわれる反りを持つ石垣は、防御力と優美さを兼ね備える。強固な防御力は、築城から280年も経た明治10（1877）年の**西南の役**で実証された。戦国時代の武器・武具を基準として築いた清正の城が近代軍装備戦で使用されたが、石垣と広大な堀によって、熊本城はびくともしなかった。

石垣を生み出した秘密

　清正の城を象徴する、優美かつ堅牢な石垣を生み出した要因はどこにあるのだろう。清正のもとには飯田覚兵衛、森本儀太夫、三宅角左衛門、貴田玄蕃《きだげんば》、下川又左衛門といった石垣積みに長じた重臣たちがいた。清正が普請奉行を務めた肥前名護屋城石垣の主要部は彼ら重臣が分担し、後年に家康の命により単独で名古屋城の天守台の石垣を造営した際、彼ら重臣の名を刻み、今日なお現存することはあまりに有名だ。

そんな傑出した重臣たちによって築かれた熊本城は、北の監物台（監物櫓が建つ）は高さ約25m、宇土櫓下も約25mの高さを有する石垣で、本丸午砲台、東南隅の二重の石垣（補強石垣）も美しいカーブを描く扇の勾配、**武者返し**と呼ぶみごとな石垣が残る。熊本城の石垣は、どこをみても圧巻だが、東側の多聞櫓群（田子櫓・源之進櫓・東十八間櫓など）の高石垣の勾配は、築城時を彷彿とさせるものがある。

熊本城の石垣

石垣の高さや勾配はもちろんだが、こうした石垣を何重にも配置することが熊本城の特徴の一つである。

加藤清正

加藤清正（1562～1611）は尾張出身で、27歳の時に肥後に入る。清正は肥後で治山治水工事や、水田の開発を推進、また南蛮貿易に取り組むなど大きな功績を残した。

藤堂高虎

スピード感と合理性を重視し質実剛健な城を築いた

藤堂高虎像

藤堂高虎（1556～1630）は、近江出身。浅井長政、羽柴秀長、豊臣秀吉などに仕えた。関ヶ原の戦いと大坂の陣では徳川家康を支えた功績から、伊勢・伊賀などの地を与えられた。

合理的な城を築いた高虎

加藤清正と並んで築城の名手とされるのが**藤堂高虎**である。清正と高虎は、明確に築城の思想に違いがある。高虎は**合理性を重視し、直線的で四角い曲輪**を好んだ。清正の石垣ほど高度な技術が必要でない分、誰でも築くことができる。そのぶん防御力は低くなると思われがちだが、石垣を高く積み、その上に**多聞櫓**を建てたり、水堀を活用することで簡単に攻略できないようにした。天守も**層塔型**で、単純な設計のため工期を短縮できた。

こうした合理的な設計思想が表れているのが**今治城**である。慶長5（1600）年、関ヶ原の戦いの戦功で伊予半国20万石を領した藤堂高虎が今張の浦に慶長7（1602）年着工、慶長9（1604）年に完成した。上空から見ると、城の中心部が直線的な縄張りで築かれている点に高虎らしさが見られる。そして、海水が引かれた広大な濠や、瀬戸内海と直結した大規模な舟入を持つ海城であった。なお、石垣は直線的な野面積で、堀に接する下部は幅約5ｍほどの犬走りをめぐらしている。

この城には従来、天守がなかったと考えられていたが、天守は存在しており、丹波亀山城に移築されたとの考察が進んでいる。その頃の亀山城は高虎も参加していた天下普請の最中で、高虎自身によって移築したという伝えがある。

伊賀上野城の高石垣

慶長13（1608）年、**伊賀上野城**は当時の城主・筒井定次が失政の多いことを理由として徳川家康の命で改易され、信任厚い藤堂高虎に与えられた。伊勢津城と伊賀上野の2つの城を手中にした高虎は、自ら縄張りして両城の大修築を行った。

伊賀上野城は大坂への備えとして西面の防御に重点が置かれた。とりわけ、現存する高石垣がこの一端を物語っている。この石垣は現存する中でも**屈指の高い石垣の一つ**で、高虎の築城に対する思想がよく表れた部分といえよう。

今治城

藤堂高虎の設計思想がもっともよく表れた城のひとつで、直線的な石垣、広大な濠、そして海に面する交易面での利便性の高さなど、機能性を最重視した造りになっている。現在の天守は模擬天守。

伊賀上野城

伊賀上野城は濠の深さと石垣の高さで傑出した存在感を示す城である。津城も高虎の築城によるもので、三重県内に数々の名城を残した。写真は模擬天守。

テーマ別
深掘り年表

14–16世紀

人物　事件　文化　政治

室町・安土桃山時代の城

今なお知られる天下の名城は、同時期に競うように築かれた

現在我々が目にする城郭の多くは、室町・安土桃山時代に築かれたものが多い。これ以前の城は山城が中心だったが、室町時代以降は次第に平**山城や平城**に移行していく。これは城下町が形成されたためであり、地域のシンボルとなっている城の多くはこの時代に端を発する。また、城が権威の象徴的な存在としても認知されるようになった。

1346年
姫路城が築かれる

赤松貞範《あかまつさだのり》によって姫路の地に城が築かれた。元弘の乱で義兵を挙げた赤松則村《のりむら》は、後に足利尊氏に従い、南朝方に備える目的があったといわれる。ただし、赤松氏の時代は現在のような大規模な城郭ではなく、いわゆる砦や館のような小さなものだったという。後の城主によって姫路城の規模が次々に拡大されたのは、ひとえに山陽道の交通の要衝に位置していたためである。

1469〜1487年
隈本城（熊本城）の原型、千葉城完成

１４６９〜１４８７年の文明年間、菊池氏一族の出田秀信《いでたひでのぶ》が古来より隈本といわれた地に、最初に城を築いた。この城は**千葉城**といわれ、現在の**熊本城のルーツ**といわれる。その後、鹿子木親員《かのこぎちかかず》によって築かれたのが隈本城であり、現在の熊本城の南隅に位置していた。現在見られる熊本城の規模になるのは、１５８８年、肥後の北半国を豊臣秀吉から与えられた加藤清正の入城を待たねばならない。

1600年 慶長5
関ヶ原の戦いが起こる

萩城の天守台。江戸時代が終わるまで萩藩の政治の中心となった。

右.西南戦争が起こった時期に撮影された千葉城。鹿子木氏が居城を移したために廃城となったものの、その後、加藤清正によって熊本城が築かれた際、その城内に組み込まれた。左.松江城天守は現存する天守の中でも特に古風な佇まいを残している。

関ヶ原の戦いで東軍についた武将は、その後、武勲のレベルによって徳川家康から領地を与えられて新たに城を築き始めたり、既存の城郭の拡張を行うなどした。そのため、関ヶ原の戦い以後は空前の築城ラッシュであり、土木・建築技術の進化もあって**質の高い城郭**が相次いで誕生した。

1600〜1615年 城の拡張・増築が続く

姫路城や熊本城を筆頭に、1600〜1615年頃に拡張・増築が繰り返された城は技術の粋を集めた傑作が多く、天守の造形や優美な石垣などに見るべきものがある。しかし、こうした築城ブームは1615年の**一国一城令と武家諸法度の発布**によって陰りをみせ、衰退していった。

姫路城

現存する天守の中でもっとも規模が大きい天守。池田輝政は城の大修築に着手し、1608年からは天守の建築にかかり、翌年竣工した。

姫路城は**貞和2（1346）年**に赤松則村の二男・貞範が築いたのが始まりだ。その後、赤松氏の勢力は一時衰退するも、嘉吉の変で敗死した満祐の弟・義雅の孫にあたる政則が赤松氏を継ぎ、応仁の乱に乗じて播磨に勢力を回復。姫山に築城したのが現在の姫路城の原型である。

天文元（1532）年、後の筑前福岡50万石の黒田氏の祖・重隆はこの地を訪れ、後に小寺氏に仕えて家老となり、小寺の姓を与えられて姫路城を守った。重隆の孫の孝高はこの地が播磨の中心で中国攻めにも便利だと説き、秀吉に姫路城を献上した。

姫路城の規模が拡大されるのは、関ヶ原の戦いで東軍について軍功があった、家康の娘婿・池田輝政が封じられてからのことだ。**元和3（1617）年**に本多忠政が入城し、現在見られる姫路城が完成をみた。

熊本城

加藤氏時代の熊本城は、現在の本丸部分。細川氏の時代に西側に二の丸、三の丸が拡張された。

鹿子木《かのこぎ》親員《ちかかず》が**大永・享禄年間（1521〜32）**に現在の熊本城南隅に築いたのが隈本城である。**天正16（1588）年**、加藤清正が入城。関ヶ原の戦い後に肥後一円を与えられると、およそ7年余で拡張築城し、地名表記を〝熊本〟と改めた。**慶長16（1611）年**、二条城で家康と秀頼の会見の無事を見届け帰国の途上に病没。その子忠広が遺封を継ぐが、**寛永9（1632）年**に改易。代わって細川忠利が豊前小倉から54万石で入城、12代続いて明治維新を迎えた。

城は北方から南に延びる舌状台地の先端、茶臼山丘陵の最高所に本丸を置き、旧千葉城跡及び古城の地域を取り込んで城域とした。付け替えた坪井川を内堀、南方の白川そして西方の井芹川を外堀とした。

松本城

明治以降に松本城の建物は徐々に失われ、天守は大いに荒廃したが、地元の人々によって守り抜かれた。漆黒の佇まいの天守群を現代まで伝えている。

松本城は**永正元(1504)年**、小笠原貞朝の家臣、島立貞永が深志城を築いたことに始まる。貞朝の孫小笠原長時は信玄に攻められ、深志城は武田勢の川中島への前衛基地となった。**天正10(1582)年**、武田の城代馬場信春は敗北により城を追われ、信長は小笠原貞慶を城主とし、深志城から松本城に改められた。

天正18(1590)年、小笠原氏は下総古河城へ転封となり、泉州より石川伯耆守数正が8万石をもって入城。数正の子・康長の時代、現存する大・小の天守が完成し、その後、本丸御殿、居館、黒門、太鼓門などを構えた。康長はその後、豊後佐伯に改易され、再び小笠原氏が入城するが、戸田、松平、堀田、水野氏と城主が代わり、**享保11(1726)年**には戸田(松平)光慈が志摩鳥羽より移り、戸田氏が明治まで治政を行った。

犬山城

平岩親吉には嗣子がなく、没後しばらく城主がいなかったが、徳川義直の傅役となった成瀬正成が1617年に3万石で入城して以後は、明治の代まで9代続いた。

犬山城の前身は木下城といい、織田信康が犬山に移城したものである。**永禄7(1564)年**、信長は犬山城を攻め落とし、**元亀元(1570)年**に池田恒興(信輝)を入城させた。その後は信長の二男・信雄の寵臣中川定成が居城した。小牧・長久手の戦いののち、信雄が秀吉に改易されると、秀吉の養子の秀次に与えられた。

秀吉死後、家康は美濃金山城主・森忠政を信濃松代城(海津城)に移封、金山城を石川貞清に与えたから、貞清は木曽川を利用して資材をもうひとつの城であった犬山に移して城の修築を行ったともいわれる。その後、家康の子、清洲城主・松平忠吉の傅役として小笠原吉次が2万7千石で入り、**慶長13(1608)年**には平岩親吉が名古屋城主・徳川義直の傅役として入城した。

丸岡城

丸岡城天守は古風な雰囲気があることから、現存最古の天守といわれてきた。しかし、近年の科学的な調査から、建造された年代はしばらく下るのではないかとする見解が出ている。

天正3（1575）年、柴田勝家が北庄城主になり、甥の伊賀守勝豊を坂井郡4万石に分封、豊原城を築かせた。豊原には豊原寺があり、越前において中世には東の平泉寺と並んで多くの僧兵を擁し、勢力があった。しかし、**天正2（1574）年**の越前一向一揆と結び、本願寺坊官下間頼照が守護代として政務をとった。

勝豊は平地の丸岡に移城したが、清洲会議の後に近江長浜城に移り、代わって安井家清を城代とした。関ヶ原の戦いの翌年には、今村盛次が城代として入城。盛次は越前騒動で失脚、府中本多氏と同族の本多飛騨守成重が4万3千石の城代となったが、**寛永元（1624）年**に秀康の子忠直が豊後に配流され、諸大名に列し丸岡城主となる。その後、重能、重昭、重益と続いて、越後糸魚川より有馬清純が5万石で入城した。

上田城

仙石忠政は今に残る櫓・石垣・水堀・土塁を構え、千曲川にその雄姿を映す名城を造りあげた。

真田氏が上田城を本拠としたのは真田昌幸の代で、**天正11(1583)年**に築城された。**天正13(1585)年**、織田信長の亡き後に第一次上田合戦が起きる。昌幸は城門を開けて入ってくる徳川勢を一人残らず倒すという戦法に出たため、徳川勢も退陣したと伝わる。しかし、父子3人はともに小田原北条氏を攻め、九州名護屋出陣と動いたが、会津の上杉攻めで分かれて戦うこととなった。

慶長5(1600)年に起こった第二次上田合戦では、徳川秀忠軍を昌幸、幸村が上田城で食い止める攻防となった。昌幸、幸村は九度山へ蟄居となるが、大坂冬の陣で幸村は真田丸を構え、徳川軍に向かい夏の陣で討死する。上田城には信之(信幸から改名)が入るが、松代城に転封、小諸城より仙石忠政が入城した。

大坂城

大坂城といえば秀吉のイメージが強いものの、実際に秀吉が在城したのは数年にすぎず、1592年には伏見城を築いてそちらに移った。写真は復興天守。

本願寺8代蓮如は新しい隠居所として石山の地に坊舎を営むが、西国への真宗布教拡張が検討されていた。石山とは台地の北端、後の大坂城の城地である。**天文元（1532）年**、山科本願寺が焼き討ちされると、大坂御坊は真宗本山の石山本願寺となる。寺域は方八町といわれ、中央に大伽藍を営むだけでなく、周囲に塀や堀がめぐらされる城＝寺内町であった。織田信長は苦戦の末、本願寺を紀伊鷺の森に移し、その跡を池田信輝に守らせていたが、本能寺の変に倒れる。その後豊臣秀吉は同地に大坂城を築く。**天正11（1583）年**、柴田勝家を滅ぼした秀吉は築城を開始。浅野長政と増田長盛が奉行となり、三十余国の諸大名が参加。本丸、二の丸の規模は先の石山本願寺を踏襲した。翌年8月には五層八階の天守が完成した。

丸亀城

丸亀城の天守は小柄でシンプルだが、それに対して石垣は高く、優美である。花崗岩の切石を隙間なく積み上げた切り込みハギの手法で、美しい扇の勾配を描いて築かれた。

室町時代、管領細川頼之の重臣で細川四天王の一人といわれた奈良元安が本拠宇多津聖通寺城の支城として亀山に砦を構えたのが始まりである。その後、讃岐17万石に封ぜられた生駒親正は本城として高松城を築き、丸亀の地に構えた支城が現在に残る丸亀城である。海抜70mの亀山をそのまま利用して螺旋式に三の丸から本丸に通じる構造はほかに例がなく、城壁の高いのも特徴だ。

一国一城令には当然破却の運命にあったが、時の城主・生駒正俊は丸亀城を惜しむあまり、表面だけ廃城と見せかけ、要所を樹木で隠して立ち入りを禁じた。この生駒氏も1640年に生駒騒動で出羽に転封となり、翌年、天草から山崎家治が5万3千石で入封。**寛永20（1643）年**から丸亀城の修築に着手した。

日本史のランドマーク
滋賀県近江八幡市
13

安土城

天下統一の意志を視覚的に示した空前絶後の城

織田信長が天下統一に向けた意気込みを表したのがほかならぬ安土城である。その実像はいかなるものだったのか。

安土城の天主跡

現在の安土城には建造物が一棟も残っていないが、天主跡の礎石から、往時の姿を想像することができる。後の時代の天守と異なり、宗教的な雰囲気が色濃いものだったといわれる。

信長の意向が表れた城

安土城は**織田信長**によって築かれた近世城郭の到達点と言える城である。山上に築かれた〝天主〟は天守建築を一挙に完成の域にまでひきあげた名建築だ。では、信長による安土城天主はいかなる姿をしていたのであろうか。信長は完成した安土城の全容を狩野永徳《かのうえいとく》に描かせ、屛風絵に仕立ててローマ法王に贈っている。その中に安土城の外容が克明に描かれているはずだが、残念ながらこの安土城図屛風は今日行方不明になっている。

安土城天主の復原は江戸時代から数々の学者が挑み、試案が発表されているが、いまだにその決定打となるイメージは確定していない。幸いにも内部の様子や大まかな外容は、文字の上では、『**信長公記**』『**言継卿記**』『**安土山之記**』、**海外史料の**『**日本耶蘇会報**』『**イエズス会日本年報**』、**フロイス**『**日本史**』などにより断片的に垣間見られる。

安土城天主は最上階屋根が錣葺《しころぶき》で、法隆寺夢殿を模した六重目の廻縁の下部には、鯱、昇龍、降龍、餓鬼などが施された組み物が存在していた。**七重目の意匠は、日光東照宮などの建築にも引き継がれた**と考えられる。また、本丸には檜皮葺きの本丸殿舎が造られていた。城の背後には琵琶湖が広がり、天主から一望できたと考えられる。

それまでは、城の櫓や天守はあくまでも防御の要であり、武骨な意匠でまとめられたものが多かった。安土城が画期的だったのは、天主を見せる建築として設計した点にある。

信長は人々を安土城に招き、対面するための施設としても活用した。イエズス会の宣教師の**ルイス・フロイス**は安土城を訪れた一人で、『日本史』の中にその**豪華絢爛な造りに驚いた**と克明に記録している。信長が天下統一事業の象徴として重視した天主は、遥か遠方からもその威容を望むことができたという。現代の我々が城と聞いてイメージする、周囲を石垣で囲み、山上に天守がそびえる構造は**安土城が始まり**といえる。

安土城の石垣

安土城は完成からわずか数年で焼失してしまったため全容が不明であるが、石垣の状態は良好。

織田信長像

信長は優れた戦法で天下統一を順調に推し進めていたが、明智光秀の謀反に倒れ、自害に追い込まれた。

歴史のポイント

安土城の天主はこの上なく煌びやかだった

ルイス・フロイスの記録は安土城天主の実像をひもとくための重要なカギとなっている。曰く、それぞれの層ごとに色分けがなされ、黒い漆が塗られていたり、黒い漆を塗った窓を取り付けた白壁があり、他にも赤や青で塗られた壁があったようだ。そして、最上層は金色で装飾されていたという。

再現された安土城の天主

信長が生み出したド派手で規格外の天主は、その後の戦国大名が築いた城にデザイン面でも大きな影響を与えた。

12世紀

人物　事件　文化　政治

独自の進化を遂げた沖縄の城

沖縄には明の影響を濃厚に受けた独自の城郭が誕生した

12世紀ごろ　沖縄に城が築かれはじめる

沖縄県は南西諸島のほぼ南半分を占め、沖縄本島を中心に約160の島々で構成され、本土とは違う独自の歴史・文化を形成している。そうした傾向は城郭についても顕著である。

沖縄に城が築かれたのは、本土の鎌倉時代にあたる**12世紀頃から戦国時代の始まる15世紀にかけて**のグスク時代が中心である。12世紀になると沖縄では農耕が発達し、各地の按司と呼ばれる豪族が互いに抗争と和解を繰り返したが、その拠り所となったのが「城」である。

グスク（あるいはグシク）と呼ばれる沖縄の城は200〜300カ所を数えるといわれ、北は鹿児島県奄美諸島から、南は八重山諸島まで分布している。その特色は、**石垣の隅が丸みを帯びて、塁線も曲線を描くこと。門も上部が半円形をした拱門（アーチ形）**であること。そして城内に拝所を設けた点であり、日本本土の城よりも宗教的な色彩が色濃く表れているといえる。

14世紀ごろ　今帰仁城などの城が築かれる

14世紀になると、沖縄は北山の今帰仁城《なきじんじょう》、中山の首里城・浦添城、南山の南山城・大里城を中心とした三つの王統にまとまり、この**三山鼎立《さんざんていりつ》**時代が約100年続いた。

応安5（1372）年、**中山王《ちゅうざんおう》**が明に朝貢。**永徳3（1383）年**、北山王が明に朝貢。**応永11（1404）年**、明の皇帝が中山王と冊封を行う。この時代から明と密接な関係を築いていた。

1429年 永享元
尚巴志が琉球王国をつくる

永享元（1429）年になると、南山の佐敷按司であった**尚巴志《しょうはし》**がはじめて統一権力を確立し、琉球王国が成立した。これを機に、拠点を中山の浦添城から首里城に移し、以後、首里城は琉球王国の王城として繁栄していくことになる。琉球王国の成立によって、城は戦の拠点から地域支配の拠点へと変わったが、**慶長14（1609）年**に薩摩藩が琉球侵攻を行うと、王府の首里城以外の沖縄の城は終焉を迎えた。

琉球王国では中国、朝鮮、東南アジアの諸国と交易を行った。その影響は首里城の造形に表れている。

勝連城

沖縄の城は優れた築城技術を有する中国などから影響され、発達した可能性が高いといわれる。

中城

石垣を曲線状に積むのが沖縄の城の特徴。琉球王国では日本とは異なる石造文化が発展した。

首里城

琉球王国の政治の中心。日本とアジアの中間に位置したこともあり、意匠には双方の文化の影響が色濃く表れている。

勝連城

石垣は自然地形や岩盤を利用しながら築かれているが、自然崩壊や石の転用による破壊がみられる。

沖縄本島の中部、太平洋に南東方向に突き出た勝連半島の付け根近く、琉球石灰岩の独立した丘陵上に築かれている。標高約98mに位置し、南方は中城湾に面して、金武湾や遠くは中城城や知念半島まで望む。

もともとは**13世紀ごろ**に創建され、代々勝連按司《あじ》の居城であった。阿麻《あま》和利《わり》の時代に海外貿易で繁栄したことは、**「オモロ」**や発掘調査による大量の中国の陶磁器や朝鮮系・大和系の瓦の出土で裏付けされている。**長禄2(1458)年**に阿麻和利が討伐されて廃城となるが、**16世紀まで**は使用された形跡がある。

勝連城は北西から南東方向に5つの曲輪が連なった構造で、一の曲輪を頂点とし、二の曲輪、三の曲輪、四の曲輪は、徐々に低くなる標高約60~98mの丘陵にある。石垣には琉球石灰岩の切石を用いる。

座喜味城

石積みの技法は基本的に相方積であり、曲線を用いた沖縄の城らしい優美な造り。一部、曲輪西内壁では野面積がみられる。

座喜味城は、**15世紀初め**山田城の城主だった護佐丸《ごさまる》が築城した城である。護佐丸は城を拠点に海外貿易を行って勢力を拡大したが、**永享12(1440)年頃**に拠点を中城城に移したため、座喜味城は廃城になった。

標高約127mの丘上に築かれ、一の曲輪とその南側を取り巻く二の曲輪で構成される。一の曲輪からの眺望に優れ、首里、那覇、慶良間諸島、久米島、渡名喜島まで望める。それぞれの曲輪にはアーチ石積み中央に楔石がはめ込まれた拱門がある。

廃城後も城跡は比較的良好に保存されていたが、1945年の沖縄戦では日本軍の高射砲台が置かれ、戦後はアメリカ軍のレーダー基地の設置に伴って城壁の一部や二つの拱門が破壊されてしまった。1974年には米軍から城地が返還された。

中《なか》城《ぐす》城《く》

一の曲輪と二の曲輪が布積、南の曲輪と西の曲輪が野面積、三の曲輪と北の曲輪は相方積といった塩梅に、3種類の石積み技法を一度にみることができる。

中城城は沖縄本島東海岸の標高160mの高台上に築かれている。先の沖縄戦での戦禍を免れた城の中でも特に良好に原形を留めている城といえる。城跡からは眺望に優れ、東に中城湾から太平洋、西に東シナ海を望み勝連半島、知念半島さらに周辺の洋上の島々までも見渡せる。

中城城は**14世紀頃**、中城按司によって築かれ、後に護佐丸によって北の郭と三の郭の増築が行われたという。護佐丸はこの城を拠点に勢力を広げたが、**長禄2（1458）年**阿麻和利により滅ぼされた。王府の直轄地となって中城間切が置かれた。

中城城は琉球石灰岩の台地上に築かれ、北東から南西にほぼ一直線に六つの曲輪が連なる構造である。首里や久高島などへの遥拝などの拝所は城内8カ所にある。また、城内に井戸が2カ所あることも特色である。

今《な》帰《き》仁《じん》城

琉球石灰岩を積んだ城壁は野面積で、高さは6～10m、上部の幅は2～3m、総延長約1.5kmに及ぶ。

今帰仁城は沖縄本島北部本部半島の北端に築かれた。三山時代に北山の主城として繁栄したが、**応永23(1416)年**中山の尚巴志《しょうはし》により滅ぼされた。その後、治安維持の目的で山北監守(今帰仁按司)が設置されて北部地方の統治拠点となるが、**慶長14(1609)年**琉球王国に侵攻した薩摩軍の攻撃を受けて落城した。

北に東シナ海を望む石灰岩丘陵上の標高80~100mの位置にあり、東西800m、南北350m、9つの曲輪で構成されていた。東側は断崖で志慶真川が流れ、北と西側は緩やかな段丘上の地形である。

北から西側には二重に石塁が巡らされ、最高所では7m、幅約4mを測る。正門の平郎門は拱門ではなく、通路部分が方形で、門の左右内側に凹状の小室があって狭間穴が開く。

日本史のランドマーク
沖縄県那覇市
14

首里城

琉球王国の政治の中心となった城

沖縄の城の象徴といえるのが首里城であり、その中心となる建築が赤瓦を載せた朱塗りの正殿である。

首里城の空撮

赤瓦の屋根に沖縄の城らしさが表れる。正殿の前には広場を設ける。また、沖縄の城は全般的に宗教的な色彩が強いことも特徴で、祭祀に用いられた施設が城内の至るところに見られる。

焼失と再建を繰り返す

首里城は**琉球王国**の王城である。その創建は14世紀とも、それ以前ともいわれる。尚巴志の三山統一後、城の規模が整えられ、第二尚氏の尚真、尚清の代にさらに整備拡張された。東西最長約４００ｍ、南北最長約２７０ｍの城域は内郭と**外郭**とで構成されている。**内郭**には**正殿**をはじめとする儀式用、居住用、そして行政関連の建築物が、東西を軸線としてつくられた中庭の周りに建てられていた。

琉球王国の崩壊とともに王城としての首里城の歴史にも終止符が打たれた。それまでの間、3回にわたり火災と復興を繰り返し、再建された正殿は老朽化が進み、取り壊しの話もあった。

これに待ったをかけたのが伊東忠太ら建築史家であった。保存に向けて調整が行われた結果、正殿は沖縄神社の拝殿として活用されるようになり、**大正14（１９２５）**には**国宝**に指定された。しかし、第2次世界大戦中には城跡の地下に構築されていた第32軍司令部陣地に向けてアメリカ軍の砲爆撃が行われ、現存していた正殿はじめ木造建造物は焼失、城壁もことごとく破壊された。

　戦後、沖縄はアメリカの占領下におかれる。その間、城跡が琉球大学の敷地として使われるなど、景観が著しく変わってしまった。そんな中でも守礼門、歓会門、城壁や城門などの復元が進んでいく。そして、**平成4(1992)年**に悲願だった正殿の復元工事が完了し、首里城公園として公開が始まった。

　2000年には、城跡が「琉球王国のグスク及び関連遺産群」として、中城城跡、座喜味城跡、勝連城跡、今帰仁城跡などとともに**ユネスコ世界遺産に登録**された。ところが、**平成31令和元(2019)年**10月31日に正殿を含む建物9棟が焼失。現在は、それらの失われた建築物の再建が進む。

戦前に撮影された首里城

塗料の剥落も激しく傷みも大きかったが、伊東忠太らの進言で国宝に指定され、沖縄神社の拝殿として使われていた。

戦後の首里城跡

首里城は沖縄戦で建物はことごとく破壊され、琉球大学のキャンパスに転用されるなど紆余曲折あった。

守礼門

首里城のもう一つの象徴と言えば2000円札の絵柄にもなった守礼門である。沖縄戦で破壊され、戦後再建された。

第6章

江戸時代

江戸時代初期は将軍の居城となった江戸城を筆頭に、石垣、天守などあらゆる面で日本の築城技術が頂点に達し、それまでの総決算ともいえる優れた城郭が完成した。ところが、武家諸法度と一国一城令によって、新規の築城や天守の再建に大きな制約が生まれた。かくして、築城ブームはあっさりと終わりを迎えることになる。特に天守は落雷や火災で焼失すると再建されることがほとんどなく、江戸城ですら、江戸時代の大半の間、天守のない城であり続けたのである。

明治4（1871）年の江戸城

横山松三郎によって撮影された重要文化財となっている貴重な江戸城の写真。手前に見えるのは、現存しない巽（辰巳）三重櫓。

この時代のポイント

▼ 日本の築城技術が頂点に優れた城郭が各地で完成する

▼ 一国一城令によって、新規築城や天守再建に制約が生じる

▼ 天災によって城が焼失することもあり天守が再建されないままになることも

江戸時代

POINT

- 城は政治的な拠点となる
- 一国一城令が発布される
- 海防のために沿岸の築城が盛んになる
- 戊辰戦争で五稜郭などが戦場となる

天守が完成された時代

1603年	慶長8	**徳川家康**、**征夷大将軍**の宣旨を受け、**江戸幕府**を開く。
1604年	慶長9	幕府、諸大名に**江戸築城**の石材調達を命じる。
1609年	慶長14	幕府、中国・四国・西国の大名が新たに**城郭を築くことを禁止**する。 この年、全国の25城に**天守**が完成したとされる。
1614年	慶長19	家康、大坂城を攻め、**大坂冬の陣**が起こる。
1615年	元和元	徳川家康が大坂出兵を命じて**大坂夏の陣**が起こり、大坂城落城。 幕府、**「一国一城令」**を発す。 **「武家諸法度」**を発して諸侯の居城の修理を届け出制とし、**新城構築を禁じる。**
1619年	元和5	福島正則、**広島城の無断修築のため改易**される。
1623年	元和9	江戸城天守台の石垣を修復し、11月には**天守**が竣工。
1634年	寛永11	貿易の拠点として**長崎出島が築造**される。
1635年	寛永12	「武家諸法度」を改めて城の**新規築城を禁じ**、 塁濠修築は届け出と許可を請わせる。この年、駿府城の天守が焼失する。
1637年	寛永14	**江戸城がほぼ完成**。本丸御殿の改修も完成し、徳川家光が入城。

城がわかるKEY WORD

1

江戸幕府の成立と城の全盛期

徳川家康が江戸幕府を開くと、幕府による普請で工事が行われた駿府城、名古屋城、大坂城など大規模な城郭が築かれた。また、関ヶ原の戦い以後は多くの大名に異動があり、居城の新築や増改築が至るところで行われた。城下町も整備され、現代に続く都市の原形が形成された。

駿府城跡

関ヶ原の戦い後に幕府の直轄となり、1605（慶長10）年に家康の隠居城となると、その後に増改築が行われて五層七階の壮麗な天守と、殿舎群が立ち並んだとされる。

江戸幕府による大阪城

大坂夏の陣の後、豊臣大坂城の上に幕府によって1620（元和6）年から大修築が行われ、小堀遠州が奉行となって五層五階穴蔵一階の巨大な天守が建てられた。

城がわかるKEY WORD

2

一国一城令、武家諸法度

元和元（1615）年に相次いで出された「一国一城令」と「武家諸法度」は、築城バブルに水を差す政策であった。一国一城令は、大名の領内の城は居城の一城のみとして、ほかの支城は廃城を命じるものである。武家諸法度では、居城の新規築城の停止と城修築を許可制とした。

広島城の外観復元天守

福島正則は広島城の無断修築のため、安芸・備後50万石は没収され、信濃国川中島四郡中の高井郡と越後国魚沼郡の4万5000石（高井野藩）に減転封の命令を受けることとなった。

原城跡

1638（寛永15）年には、廃城となっていた城址（原城）が島原の乱で再利用されたことが問題視され、廃城時のさらなる城の塁濠破却が徹底された。

天守の焼失と海上の防御

1644年	正保元	幕府、城・城下町の詳しい絵図を国絵図作成の一環として諸領主らに提出を指示し、**「正保城絵図」**成立。
1657年	明暦3	**明暦の大火**で、江戸城天守以下、本丸、二の丸、三の丸が全焼。
1665年	寛文5	**大坂城天守**が落雷で焼失。
1703年	元禄16	**元禄大地震**で、江戸城、小田原城、水戸城などが甚大な被害をうける。小田原城天守は約3年後に再建される。
1750年	寛延3	**二条城天守**が落雷で焼失。以後、再建されず。
1793年	寛政5	外国船の来航に備え、松平定信が豆相海岸に砲台を築くことを決定。
1808年	文化5	**下田・浦賀に砲台を築く**。幕府、長崎の砲台を修築。
1849年	嘉永2	幕府、**松前城**、**福江城**の築城を命じ、近海の防備とする。
1850年	嘉永3	火災で失われていた、**和歌山城**の大・小天守などが再建される。
1853年	嘉永6	幕府、**品川沖に台場**を築く。翌年完成。
1857年	安政4	この年、五稜郭を着工する（元治元〈1864〉年に竣工）。
1867年	慶応3	二条城で**大政奉還**が行われる。**江戸幕府**の終焉。

五稜郭

大砲での守備攻撃を主眼とし、砲台・稜堡を5カ所に設けて築城されている。その形状が星形五角形をしていることから、五稜郭と呼ばれる。

城がわかるKEY WORD

3

失われゆく天守

江戸時代中期には江戸城を筆頭に、大坂城、二条城などの巨大な天守が相次いで焼失し、その後、再建されていない。武家諸法度で天守再建が禁止されていただけでなく、藩の財政難も影響していたのだろう。天下泰平の時代が続き、天守が不要になったことも要因といえる。

城がわかるKEY WORD

4

沿岸防備と台場の建設

1792（寛政4）年のロシア船の蝦夷地来航、さらに1804（文化元）年のロシア船の長崎来航とその後の蝦夷地上陸は、幕府に海防と沿岸防備の重要性を認識させた。1825（文政8）年に異国船打払令が発せられると、数門の大砲を備えた砲台場（台場）と番士が駐屯する海防陣屋が構えられた。

佐賀城の天守台

1726（享保11）年、佐賀城天守が落雷で焼失。以後、再建されなかった。五重の巨大な天守がそびえていたとされる。

和歌山城天守

和歌山城は江戸時代末期に大規模な天守の再建が実現した稀有な例。御三家という家格により特別に再建が許可されたもの。このときの天守群は1945（昭和20）年の和歌山大空襲で焼失した。

松前城

幕末には海防拠点を名目に新規築城が認められた。1849（嘉永2）年には幕府の命令により、松前城の築城に着手。1854（安政元）年に完成し、大砲中心の西洋式築城を取り入れた。

品川台場

1853（嘉永6）年に築造が始まった江戸湾品川沖の台場群は、当初11基が計画されるが、完成は6基のみという不完全な結果に終わった。

構成上の大別を把握・解説

様々な天守の種類

天守はしばしば、大天守と小天守とが組み合わされたり、付櫓をともなう場合がある。その構成上のプランによって次のように大別されている。

・**独立式天守**／小天守や付櫓をまったくともなわない天守で、安土城がこの形式のほか寛永再築の**江戸城**、**大坂城天守**、現存天守では**弘前城**、**宇和島城**、**高知城**がこの型である。

・**複合式天守**／天守建築に多聞櫓などを付属させた型で、付属させた付櫓から出入りする。**彦根城**、**松江城**の天守が残り、**丸岡城**、**備中松山城**は今日独立式天守となっているが、かつては付櫓が付属した複合式天守であった。復元された天守では**岡山城**、**小田原城**の天守がある。

・**連結式天守**／大・小天守が各一基ずつ廊下橋や多聞櫓で結ばれる型で、代表的な存在に**名古屋城**天守がある。**熊本城**もこの形式で、小天守を経由して大天守に至るプランだった。

・**複合連結式天守**／**松本城**のように大天守が小天守や付櫓を直角二方向に付属させる形式。塁上コーナーに大天守が建ち、左右に多聞櫓を複合し、小天守を連結させたものが多い。**広島城**、**大洲城**の天守や、**尼崎城**、**岡崎城**などもこの型であった。大洲城に残る高欄櫓と台所櫓はかつて大天守と結ばれていた。

・**連立式天守**／天守に小天守が三基以上ロの形で結ばれ、真ん中に空間ができ、いわゆる天守曲輪が形成されるものをいう。**姫路城**の天守構成がその典型で、**伊予松山城**や**和歌山城**も連立式天守である。かつての**津山城**、**福山城**の天守曲輪も連立式天守が立ち並んでいた。

特異な形式の天守

天守建築自体が特異な型をしている場合も多く、岩国城、讃岐高松城、小倉城、津山城の天守は、最上階がその下層よりも大きく突出した形式で**「南蛮づくり」**と呼ばれた。**萩城**、**熊本城天守**のように天守台の石垣より土台をせり出させ、初層を石垣より大きくしたものもあった。

　天守建築でありながら天守と呼ばず「**御三階櫓**」といわれたものも多く、関東では**小田原**、**沼田**の両城のほか、江戸城お膝元であるのでみな御三階といった。金沢城や弘前城のように大天守焼失後に三層櫓を天守代用として御三階といったケース、また仙台城、津城、米沢城のように天守を建てずに三層櫓を数基建てて天守の代用としたケースも多かった。

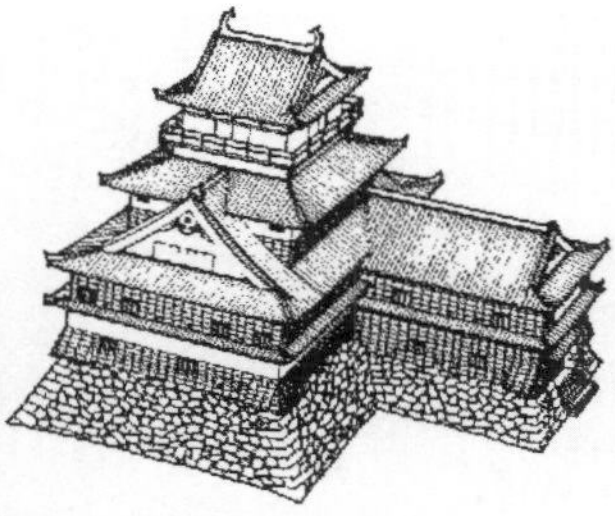
複合式天守

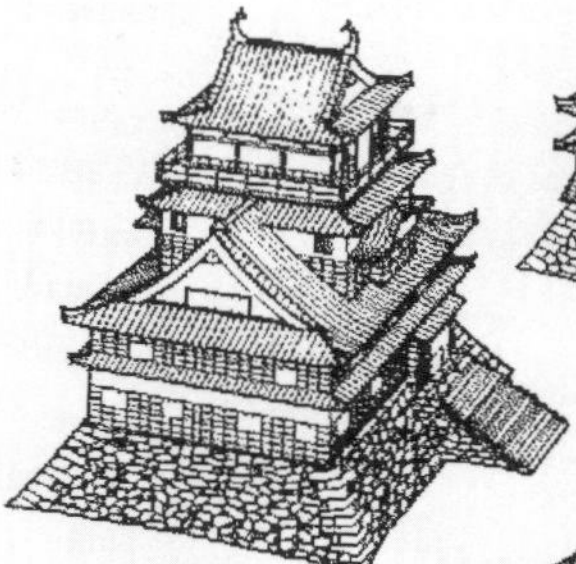
独立式天守

複合連結式天守

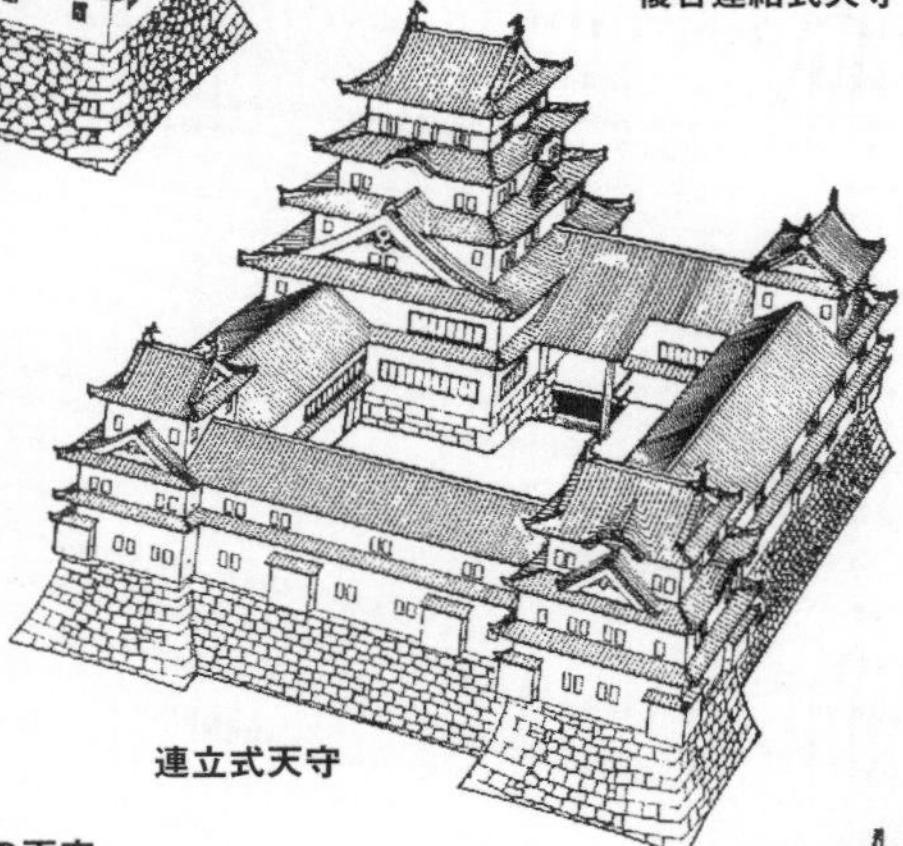
連立式天守

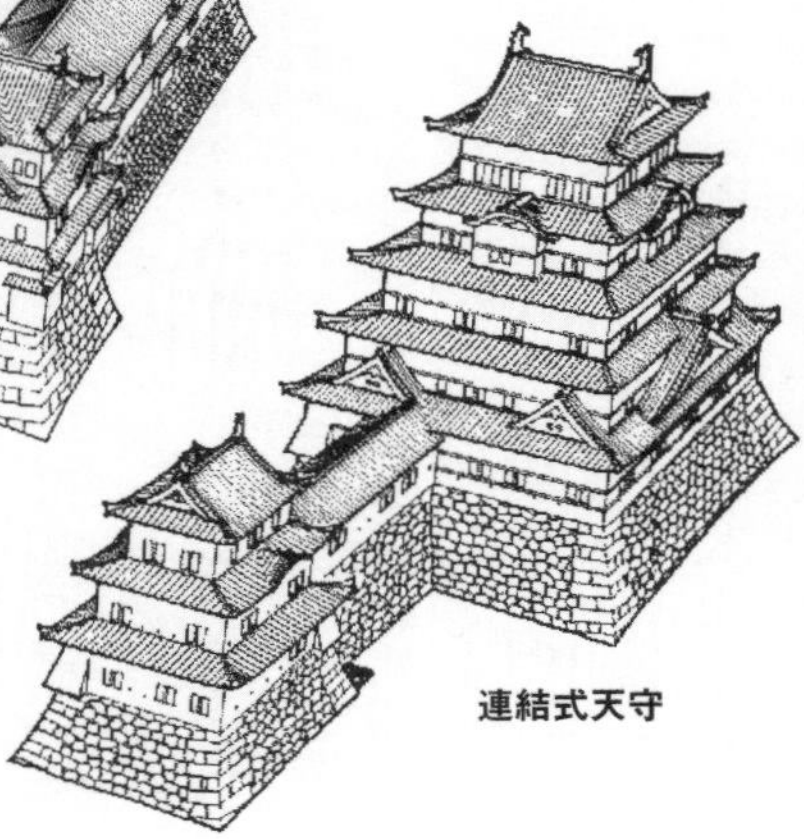
連結式天守

様々な形の天守
もっとも複雑なのが連立式天守であり、姫路城がその代表的な例。防御面で優れるだけでなく、意匠面でも特に優れた造りである。連結式天守は大天守と小天守が繋がれた形式で、名古屋城などに見られる。独立式天守がもっとも一般的なものであり、現存する天守にはこの形式が非常に多い。

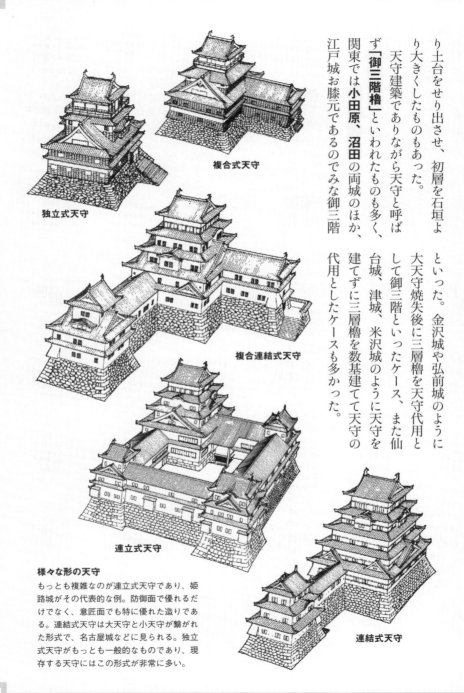

日本史のランドマーク
東京都千代田区
15

徳川三代が築く江戸城

江戸時代の政治の中枢

徳川家が築いた城の中で最重要なものといえば江戸城をおいてほかにない。その規模は初代から3代の時期に拡張された。

皇居に架かる復元された和田倉橋と現在も残る石垣

和田倉橋は和田倉門へと架かる橋で、江戸時代は武士のみが通行を許される場所だった。門の別名が蔵の御門とも言われる理由は、一帯が蔵地であったことが由来とされている。

江戸時代の政治の中枢

日本の**近世（江戸時代）は江戸城に政治の場が置かれていた。**江戸城について、現在の皇居および皇居前広場、北の丸公園などが範囲と思われがちだが、誤りである。江戸が武家政権の府都である幕府の所在地、すなわち武家には公儀の場であるから、さらに惣構地を含み、武家である外構・囲郭と呼ぶ江戸の区画以内（千代田区に相当）を江戸城と呼んだのである。

武家地を含む徳川政権下での狭義の江戸城は、現在の**千代田区全域**に相当する。東は数寄屋橋、鍛冶橋、呉服橋から、西は四ツ谷、赤坂、北は飯田橋、南は虎ノ門に至る外濠通りと呼ぶ環状道路が塁堀ラインにあたる。惣構を含めた江戸城の徳川政権下での初期の範囲、すなわち本来の城郭の外構をいうならば、**中央区全域である城下町を含み、隅田川河口の浅草門および両国橋を東に、浜離宮がある汐留まで**を江戸城と捉えるべきである。

しかし、江戸城である府内の範囲は、江戸の人口増大と都市機能が明暦の大火以後に拡大していった。明治から昭和初年には、江戸すなわち東京が23区内の範囲に拡大していったのである。

江戸はどの地域を指すのか

では、本来の江戸の地とはどこを意味したのだろうか。江とは大河である利根川のことで、戸は出入口である河口を示す。となれば、江戸は利根川河口のことである。利根川は承応3（1654）年まで江戸湾である東京湾に注いでいた。東京湾はもうひとつの大河である太日川（江戸川）と利根川の延長であった。

この両河川は河口の江戸に洪水をもたらしたため、家康は天正18（1590）年、江戸に入部すると大改修と流路の変更工事に着手した。浅草が河口であった利根川を銚子に流し、その分流を江戸川とし、太日川本流も東へつけかえた。これを**東遷事業**と呼ぶ。すなわち江戸とは、浅草から南千住辺りのことを指していた。

江戸城と丸の内

江戸城のお堀の向こうに丸の内の高層ビル群が見える。かつてこの周辺まで入り江が迫っていた。

江戸城の空撮

日本最大級の城である江戸城は、建物こそほとんどが失われたものの、石垣や濠は現在の東京に多くが残っている。

家康の入城後の改修

江戸城といえば、**太田道灌**の築城を連想する。しかし、今の皇居に道灌が築城したのは文明初年頃（一般には長禄元〈1457〉年という）で、江戸を見渡す丘で平河・前島（八重洲）の集落と神田川を濠とした。ここは厳密にいうと江戸ではなく、道灌の築城で江戸に組み入れられたというべきであろう。

徳川家康は、江戸入城直後は大きな改修を行わなかった。外構にあった寺院などを移して、徳川家康団の屋敷地とした。天正19（1591）年からは北条氏時代の本丸台地の空堀を埋め立て、大きな本丸とする工事に着手。文禄元（1592）年、秀吉が隠居城である伏見築城をなしたのに倣い、西の丸の拡張工事に着手した。現在の皇居前広場から丸の内まで広がっていた日比谷入江は、この時に埋め立てられたのだろう。

関ヶ原合戦後の大工事

慶長5（1600）年、**関ヶ原合戦**で勝利した家康は、江戸城の改修計画を立てる。工事は慶長8（1603）年、八重洲から築地の埋め立てと、濠である運河の確保から始まった。翌年からは、浅野幸長、池田輝政、加藤清正ら西国外様大名30家に石材調達を命じ、**天下普請**が始まった。石材は、小田原の根府川より伊豆半島から石吊船で運搬された。大量に必要な石灰は、この頃に多摩郡三田領成木、小曽木、山根から調達し、江戸へと搬入させた。**青梅街道**はその搬入のために整備されたものであるといわれている。

家康による江戸城天守は、慶長12（1607）年9月頃に完成したとみられる。関東・東北・信州の諸大名が建築をつくり、**大工棟梁には中井正《なかいまさ》次《つぐ》**が当たった。二層目は伊達政宗の独力によったといわれる。屋根は鉛瓦で葺かれ、富士山と並び立って白く輝いたと『慶長見聞集《けいちょうけんもんしゅう》』は伝えている。

江戸城の石垣に刻まれた大名の刻印

石垣を見ると、築城に関わった大名の目印が刻まれていることがある。徳川家への忠誠を表したもの。

江戸城の天守復元模型（西ヶ谷恭弘監修）

その圧倒的スケールで日本最大規模を誇った江戸城天守は、たびたび焼失を繰り返し、実は江戸時代は天守が存在しなかった時期の方が長くなっている。図面が現存しているため復元は不可能ではないが、予算や景観などの観点から議論が続いている。

江戸城の二の丸東北側の旧観（明治初期）

左より二の丸巽奥三十櫓、多聞櫓、二の丸東三重櫓、右は三の丸中仕切塀と石類

家光による最大規模の天守

元和6（1620）年、**2代将軍秀忠**は大坂築城を西国大名28家に命じ、4月からは江戸城のすべての虎口を枡形石垣にする工事に着手する。元和9（1623）年、家光が3代将軍になると、城下町の整備に着手し、江戸の町改造にあたる。秀忠によって改築された天守も、寛永14（1637）年に新たに築かれ、本丸御殿の改修も完了した。

この家光が築いた天守は高さ約42尺（約12・7m）の石垣上に約148尺（約44・8m）の五層天守で、金鯱があがっていた。まさに**世界最大の木造建築**であった。

本丸の標高が約23mであるため、江戸市中からは80m以上の高さになったわけである。屋根は銅板葺きで、軒先瓦は金箔を用い、破風板にも金箔が貼られた。壁面は各層白亜塗り込めの大壁に、銅板を黒色に化学処理したものを貼った。

まさに、これまでの天守の総決算ともいえる、破格で、豪華な天守の誕生であった。なお、家光の時代にはこの五層天守以外に、三層櫓が7～8基、その他の櫓は67基を数え、城門は127棟を数える威容であった。

天守の再建は実現せず

ところが、この天守は完成後まもない、明暦3（1657）年に焼失してしまう。江戸の街を襲った**振袖大火（明暦の大火）**で類焼してしまったのだ。幕府は再建を計画したが、財政難に陥ったことや、市中の復興を優先させたため、以後江戸城に天守が建てられることはなかった。なお、今日見られる天守台は明暦の大火後に**小豆島の御影石**で積みかえたもの。本来の石積みは、本丸中雀門周辺に移されている伊豆石であった。

江戸城と江戸の地震や火災の被害は、明治に至るまでおよそ80回を数える。江戸城だけでも、**13回以上火災に見舞われている。**江戸城は天守こそ再築しなかったものの、焼失のたびに不死鳥のように甦ったのである。

天守

様々な天守の種類と形

16世紀後半に天主(天守)建築が生まれると、主に**織豊大名**の居城に流行し、天守は城に欠かせないシンボルとなった。地階(石蔵)を築く天守と築かない天守とがあり、最上階はいずれも物見とするが、**廻縁高欄がめぐる建築(高知・彦根・丸岡)と、内部望楼式(姫路・松江・丸亀)**の建築とがある。16世紀に建設された天守は、天守台石垣上に空間を残し、いっぱいにつくらない(安土城、大坂城、石垣山一夜城、聚楽第、会津若松城など)。また、織田大名の天守には地階を築く天守が多い。

姫路城天守

現存する最大規模の天守であり、望楼型の代表的な遺構。最上階には大きな窓を設ける。千鳥破風、唐破風をバランス良く配置するなど、意匠面でも傑出した存在。

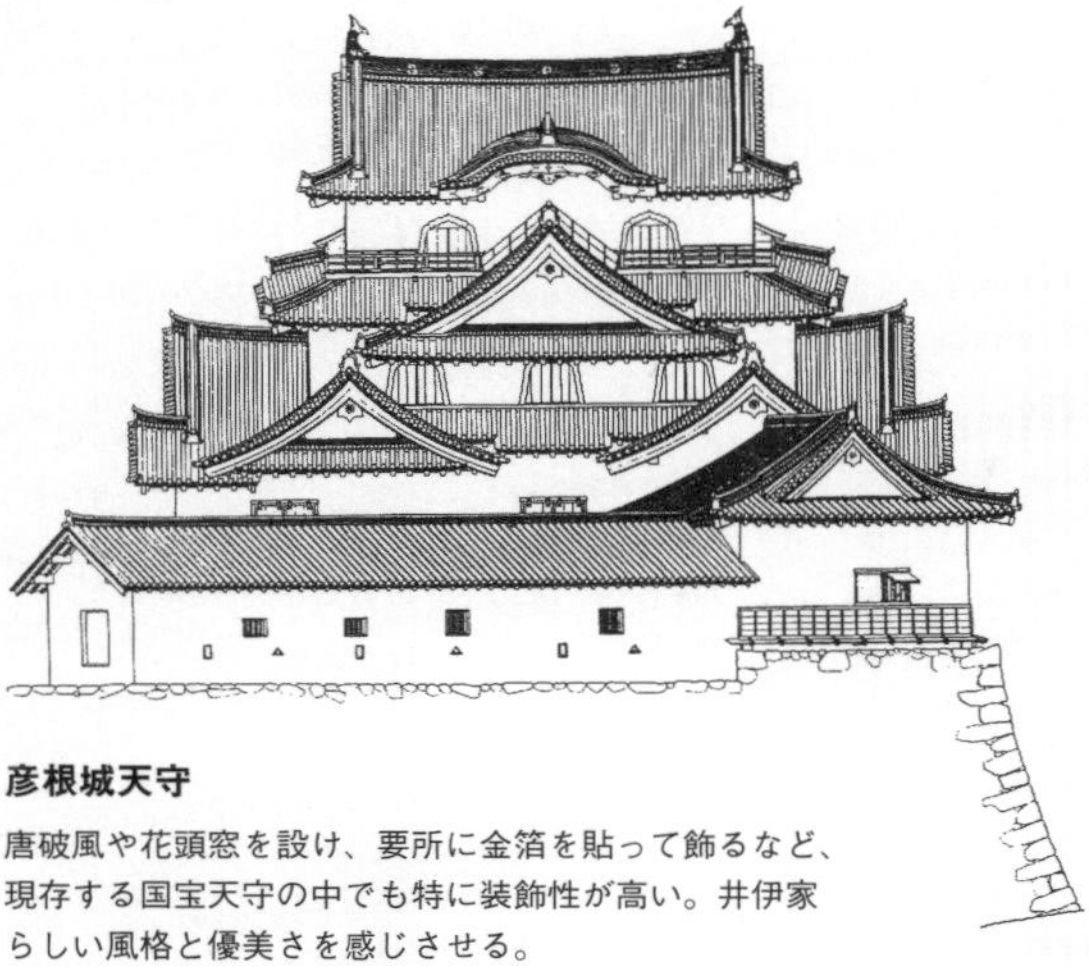

彦根城天守

唐破風や花頭窓を設け、要所に金箔を貼って飾るなど、現存する国宝天守の中でも特に装飾性が高い。井伊家らしい風格と優美さを感じさせる。

丸岡城天守

古風な望楼型の天守であり、武骨な印象を受ける。長らく現存最古と考えられてきたが、近年の調査で建築年代は比較的新しいと考えられるようになった。

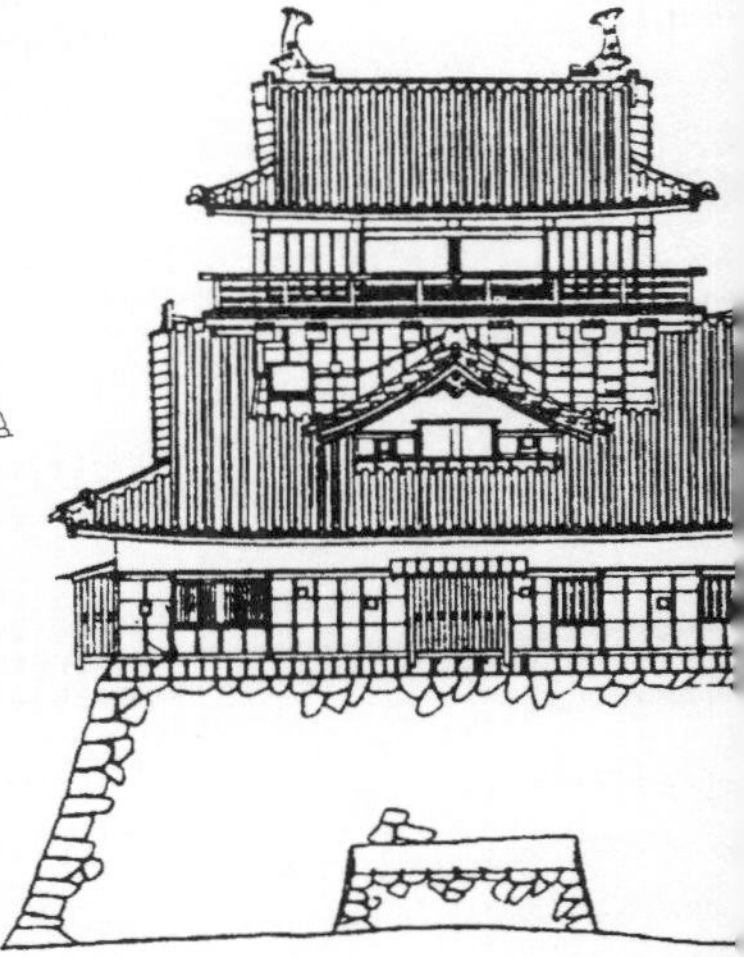

広島城天守

原爆で倒壊するまでは、岡山城天守などと並んで国内有数の古風な天守と考えられていた。姫路城とともに望楼型の天守の代表格。

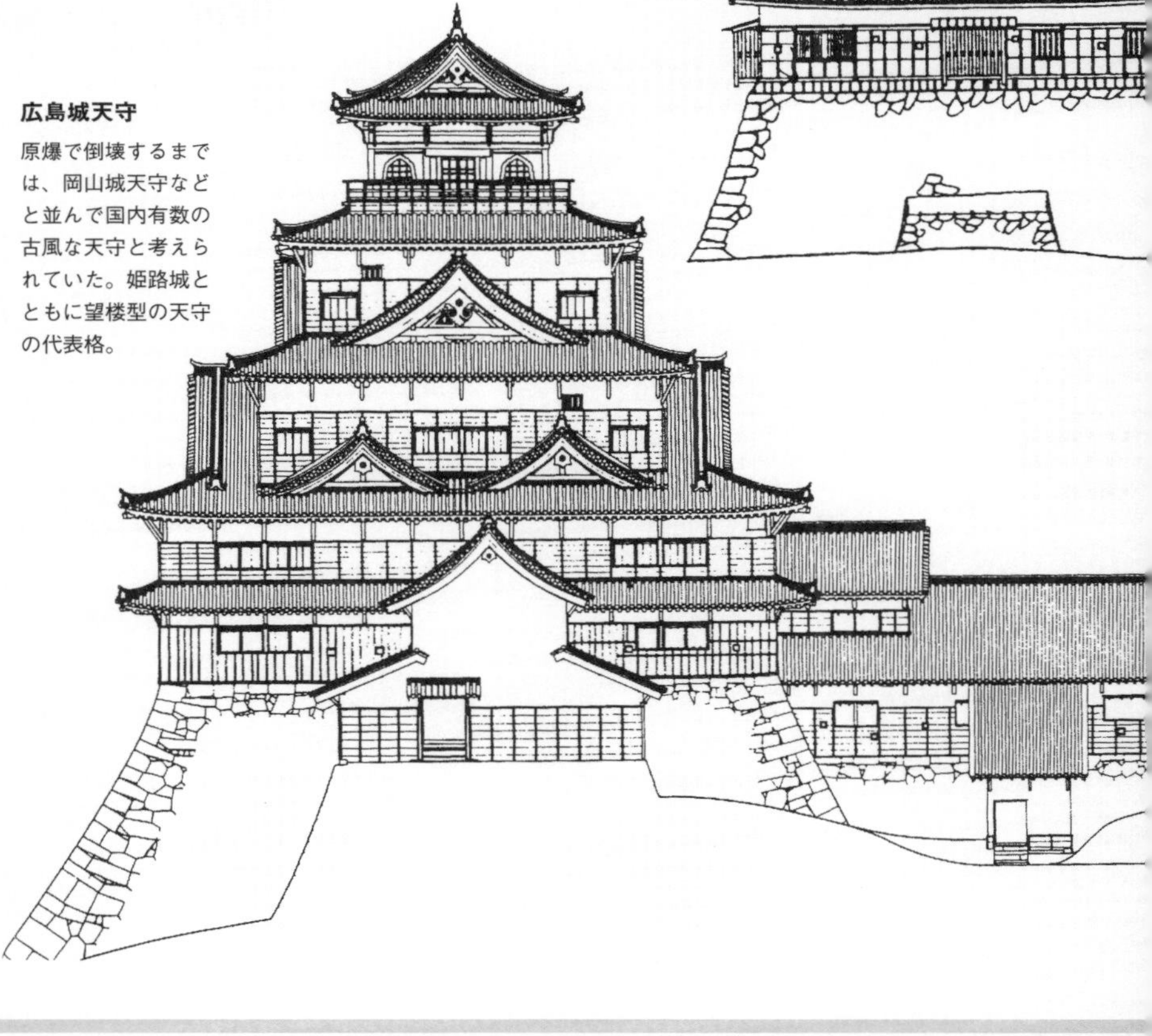

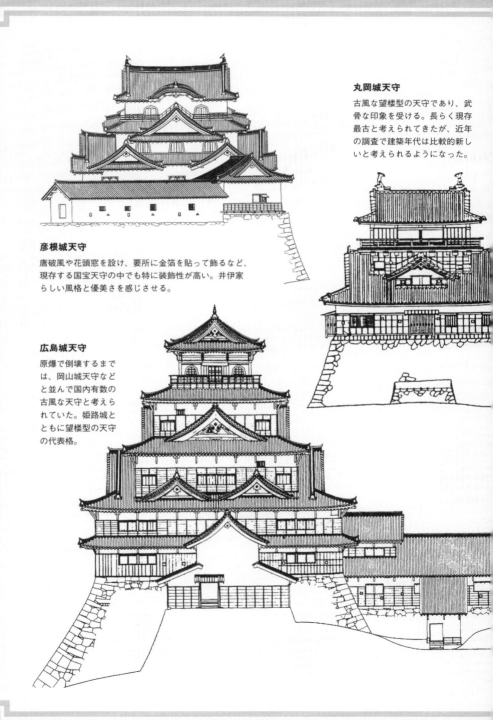

櫓

攻撃・守備双方を兼ね備える

城郭の櫓は、虎口(出入口)を確認するため、門上に舞台をつくり、掻楯を並べ兵士と弓矢を常備したり、**組みあげ式の井楼**が原形であった。櫓は古代宮城にみる**高殿(楼閣)**がそのルーツとされる。一般に攻撃・守備両面を備え、塁壁コーナーや長塀の中間などに建てられた。中世には塀の内側に細長く切妻の屋根をもった**舞台状の矢倉**も存在した。今日、櫓建築は弘前・江戸・彦根・明石・高松城に**三層櫓**が、高崎・金沢・新発田・彦根・姫路・備中松山・松山・福岡・熊本各城に**二層隅櫓**が残る。

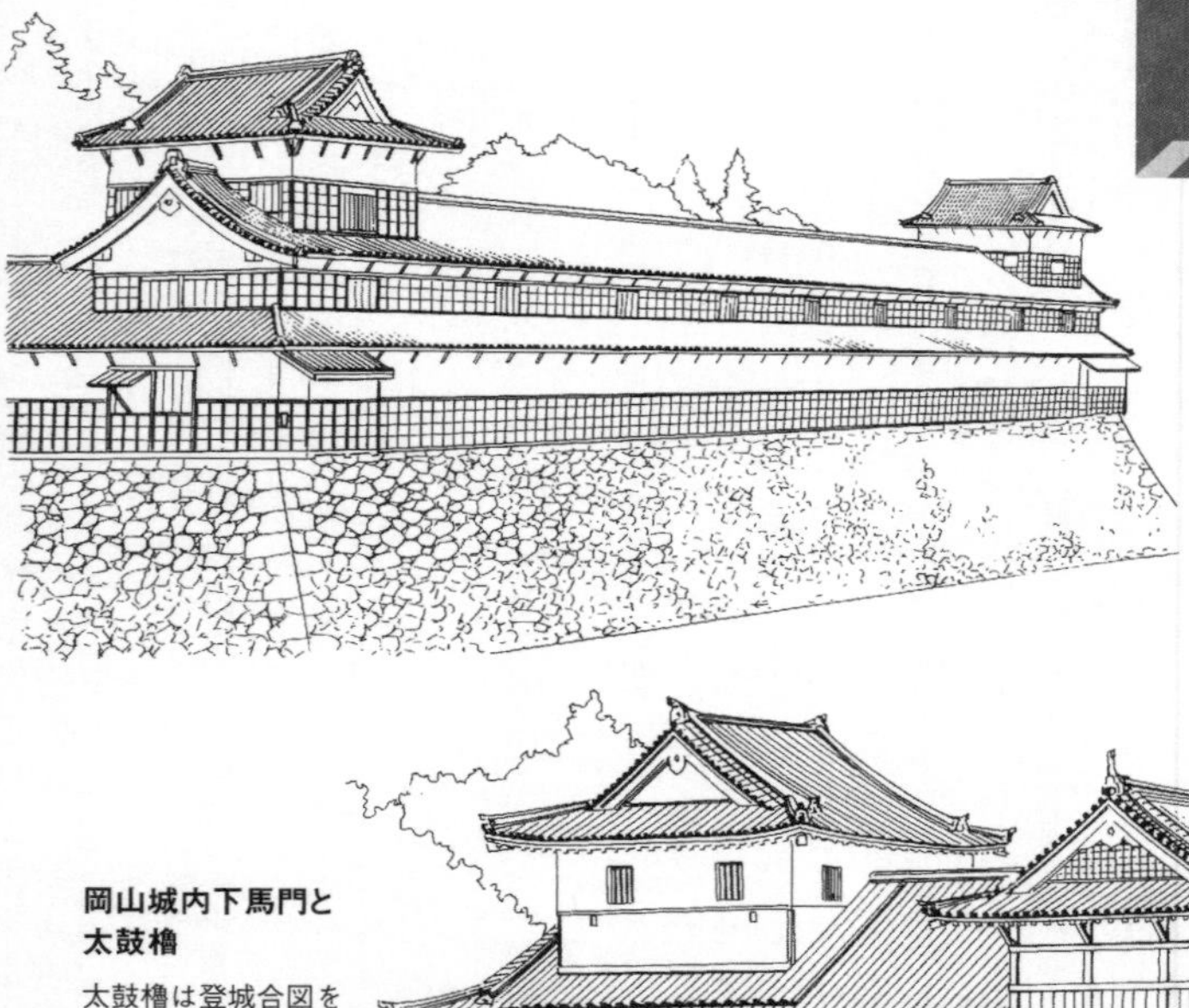

福岡城武具櫓

二層の多聞櫓の上に櫓をのせる形態。下見板張りの外壁で、反りの少ない屋根は武骨な美しさを保っている。

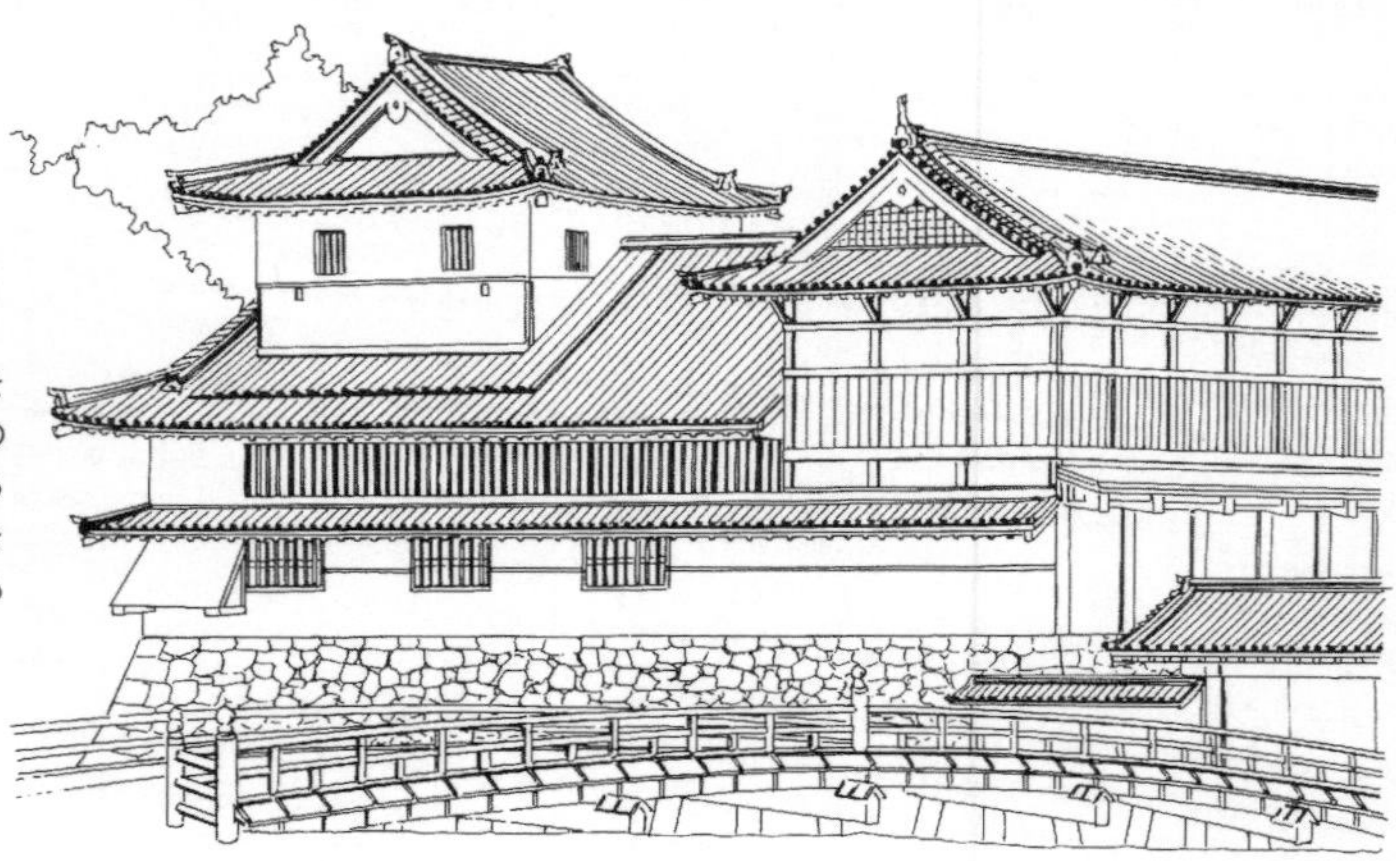

岡山城内下馬門と太鼓櫓

太鼓櫓は登城合図を知らせる。岡山城の場合は、本丸に入る内下馬門の出入りをチェックする機能も果たしていた。

名古屋城清洲櫓

名古屋城は天守級の規模を誇る櫓が要所に建てられていた。清洲櫓は名古屋城で唯一の三層櫓であり、かつては清洲城の天守だったと推定されていた。解体修理の結果、清洲城の小天守だった可能性が浮かび上がった。

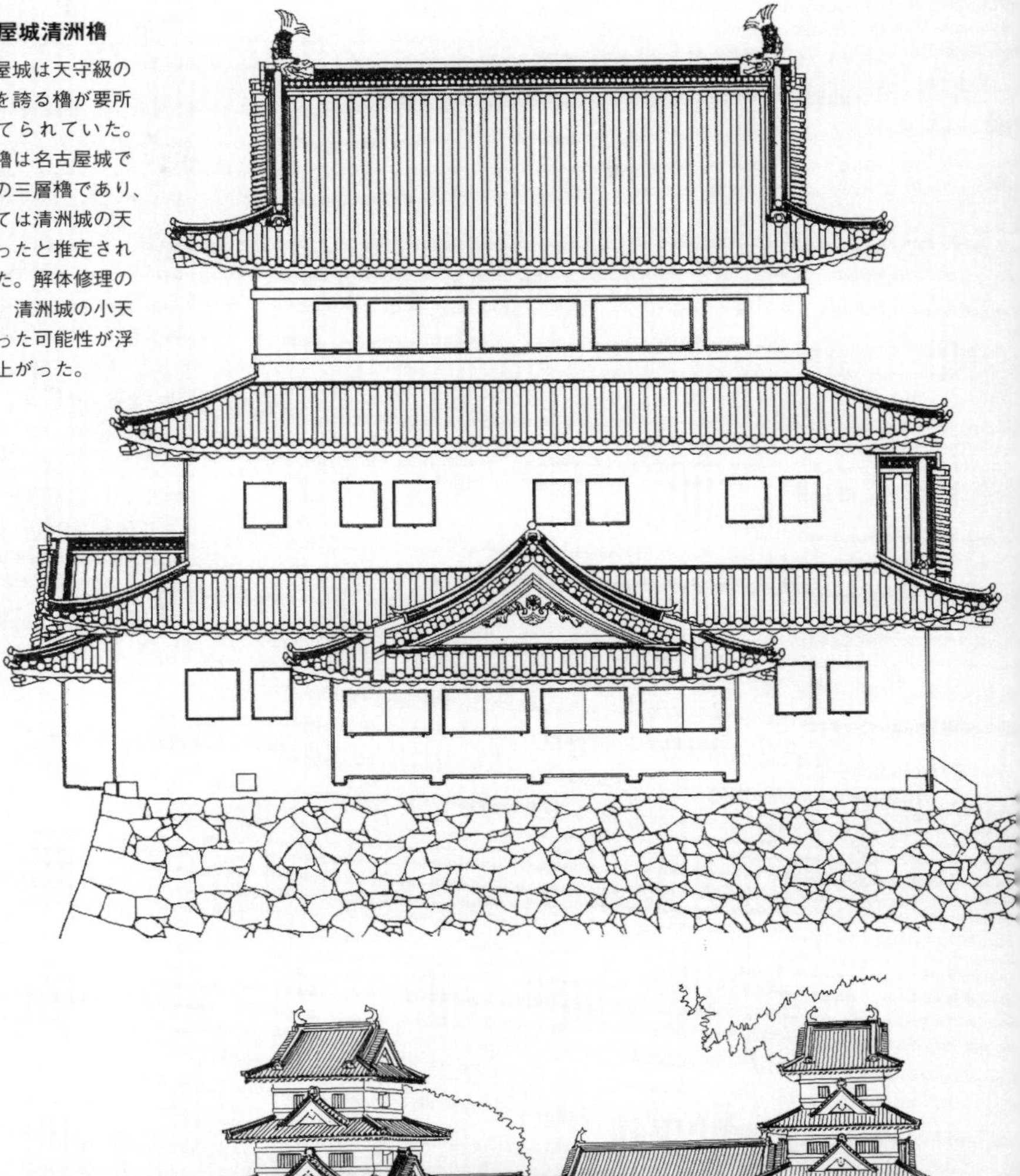

仙台城本丸の三階櫓

青葉山山頂にあった本丸虎口の復元図。仙台城は天守こそ存在しなかったが、天守級の規模を誇る三階櫓が建ち、鉄壁の防御を誇っていた。

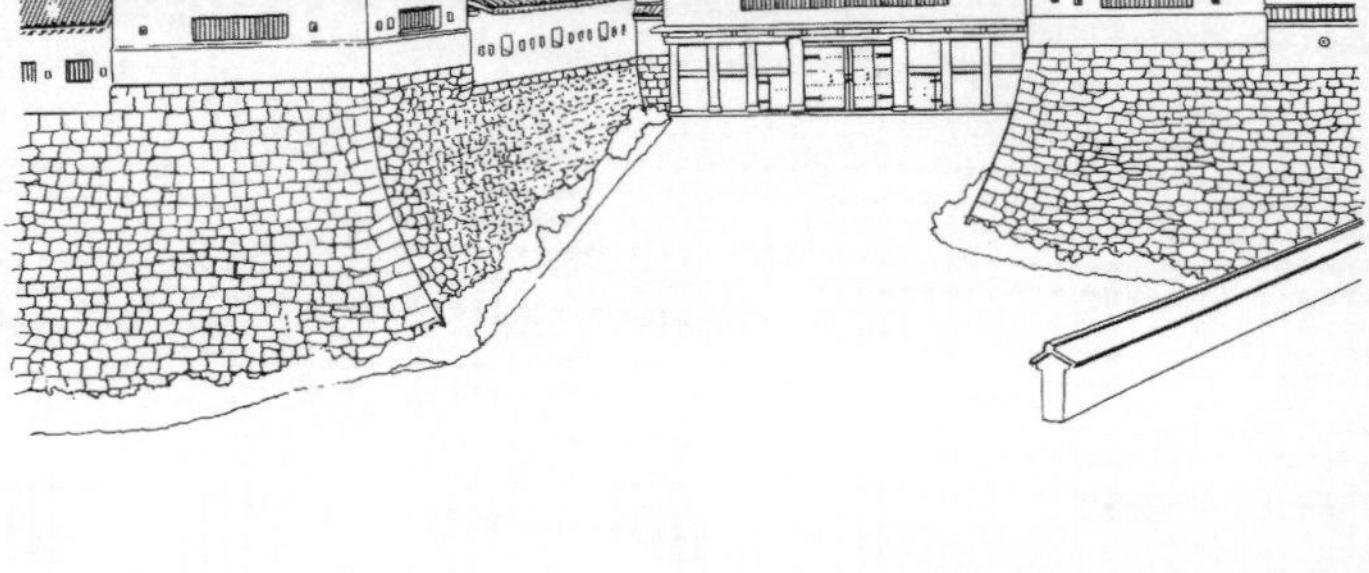

付属建物

御殿や門などの関連する建造物

城は防御と戦闘のみならず**生活の場**であり、領内の農耕経済・文化センター的な役割があった。また、原始より城は格納する収容機能があったから、倉庫や籠城戦に備えて、食糧、薬用・食物転用可能な植物などを**確保(栽培)**していた。城は**巨大な器《うつわ》**であったわけだ。このため、天守・櫓・門のほかに、居住空間や収納スペース、人が集まる広場(庭)、区画としての塀などが建てられていた。

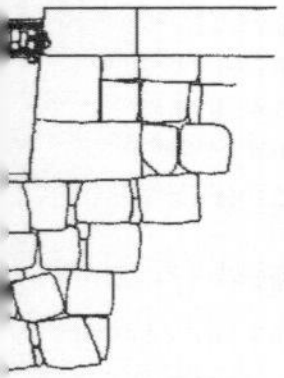

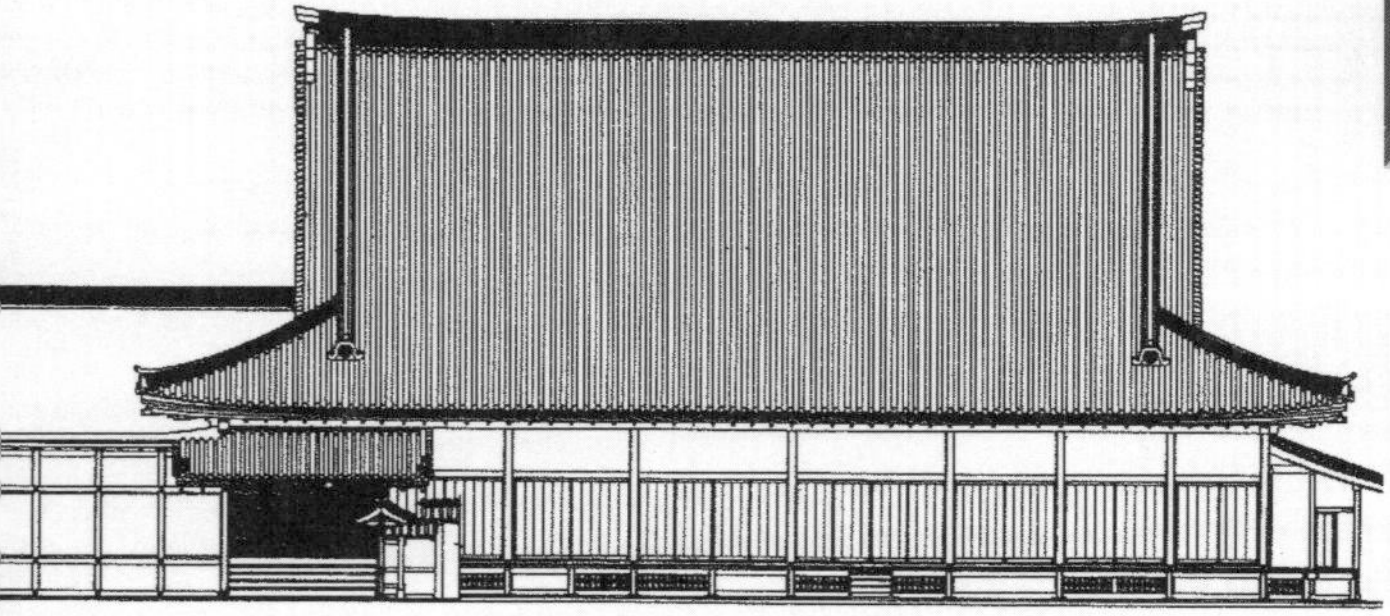

二条城二の丸御殿

大書院の側面。徳川家康による造営であり、慶長期までさかのぼる唯一の城郭書院とされる。狩野派の障壁画で内部を飾る。国宝。

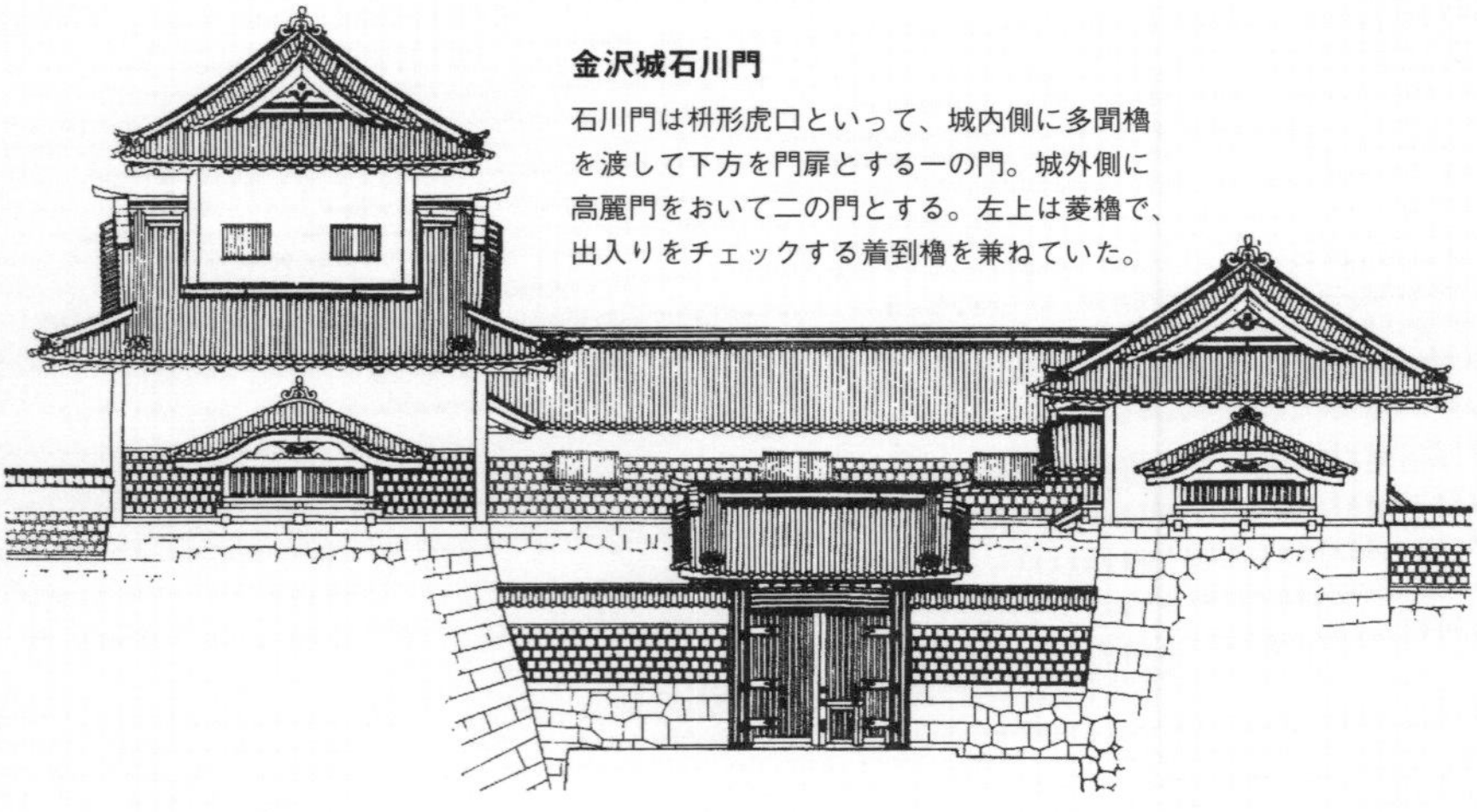

金沢城石川門

石川門は枡形虎口といって、城内側に多聞櫓を渡して下方を門扉とする一の門。城外側に高麗門をおいて二の門とする。左上は菱櫓で、出入りをチェックする着到櫓を兼ねていた。

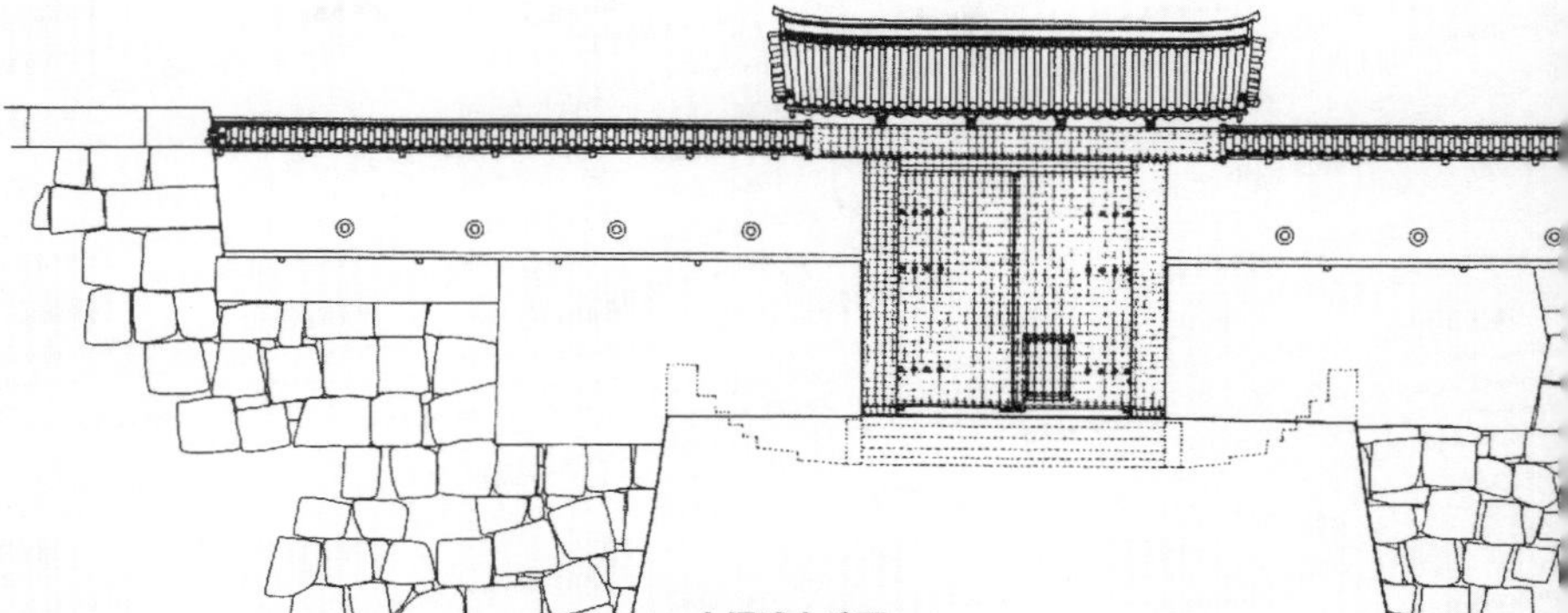

大坂城大手門

城の正門入口がこの大手口であり、その場所にあるのが大手門である。高麗門形式。重要文化財に指定されている。

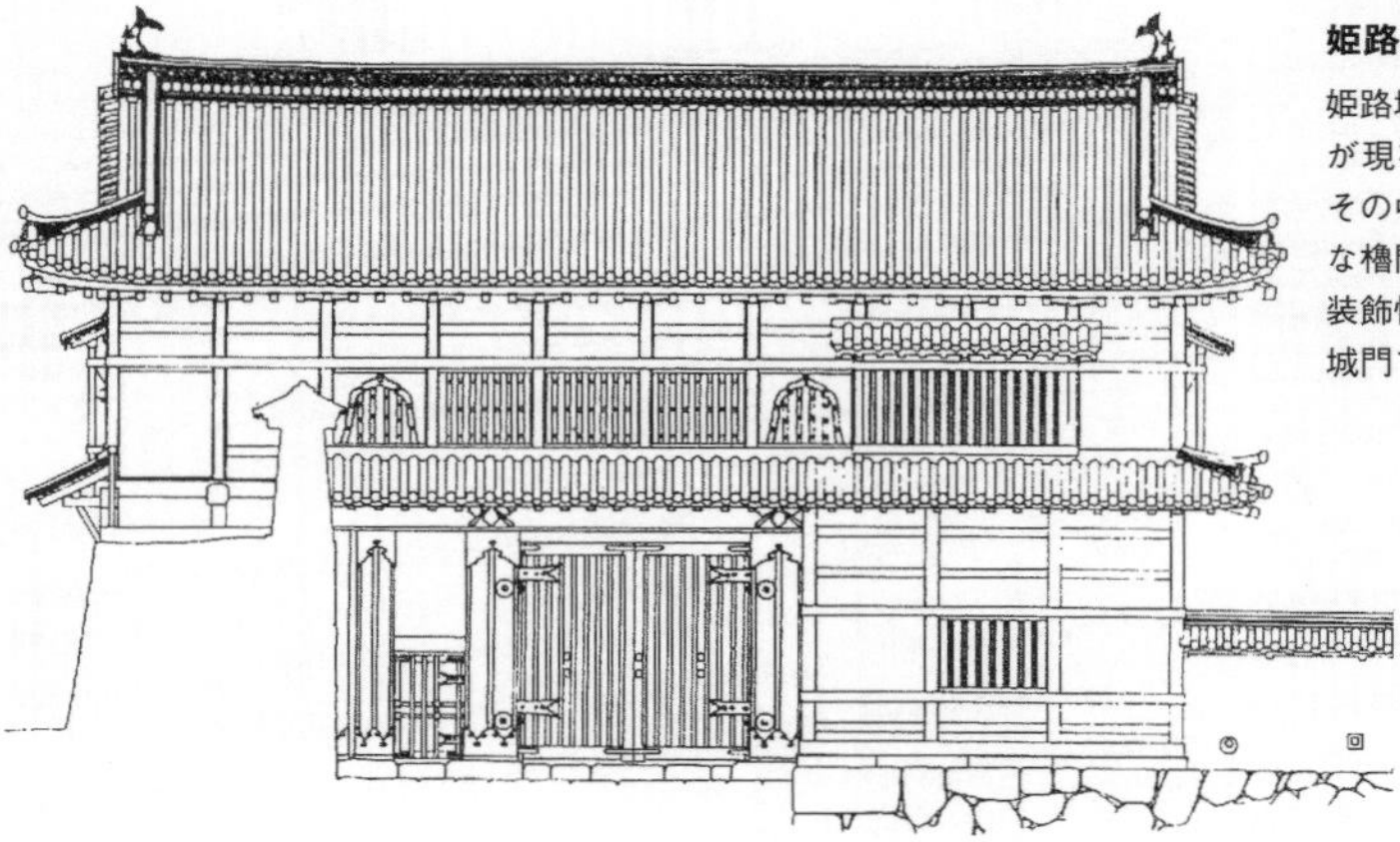

姫路城菱の門

姫路城には多くの門が現存しているが、その中でも特に華麗な櫓門。花頭窓など装飾性に富む大型の城門である。

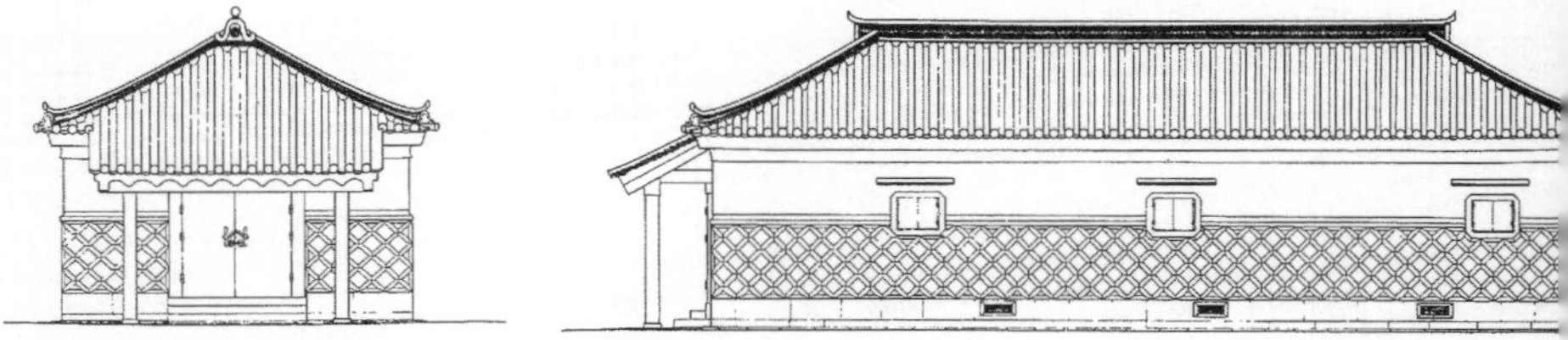

大坂城御金蔵

本丸の天守下にある御金蔵。江戸城御金蔵が撤去された現在では、現存唯一の遺構であり貴重。

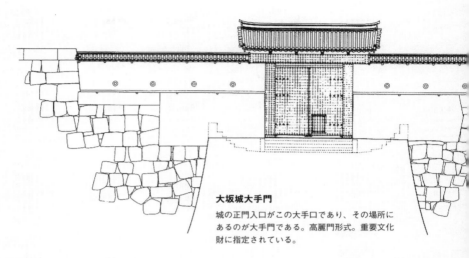

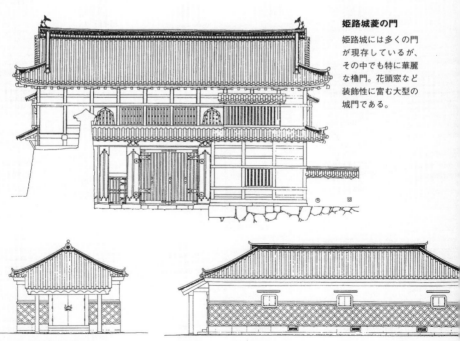

17–19世紀

人物　事件
文化　政治

江戸時代に築かれた天守

一国一城令によって華やかな天守は衰退していく

1615年 元和元
一国一城令、武家諸法度を発布

江戸時代に入り、**元和元（1615）年**に発布された一国一城令と武家諸法度によって、天守の新築は事実上禁じられた。一国一城令は、諸大名に対し、居城以外のすべての城の破却を命じたもの。武家諸法度は、城の改修などにも届け出を求めるものだった。そのため、江戸時代になってから建てられた天守は極めて少ない。火災で天守を失った**和歌山城**は、御三家などの特別な家柄のため江戸後期に再建が許されたが、火災や落雷などで焼失した天守は、江戸城、二条城などの格式であっても再建されなかった。

そんな中で、江戸時代に築かれて現在まで残る天守はそれぞれ個性的である。天下泰平の時代が続いた江戸時代の歴史的な背景を雄弁に物語っているといえよう。

1666年 寛文6
宇和島城天守が建立される

破風がいくつも設けられた宇和島城天守は、江戸時代の現存天守の中でも屈指の優美な建築である。その特徴は、天下泰平の時代に建てられたため、狭間や石落しなどの軍事的な設備がない点にある。

1749年 寛延2
高知城天守が再建される

享保12（1727）年に高知城はほとんどの建築が焼失した。現在見られる建築群はその後の再建。現存する天守は焼失前の天守を参考に造られたとされ、時代の割には古風である。高知城は本丸の建造物が完全に残る唯一の城でもある。

愛媛県松山市の中心部にある、標高132mの勝山に築かれた松山城は、「現存12天守」のひとつであり、江戸時代以前に築造された天守を有する城郭である。加藤嘉明が築いた城であり、攻守の機能に優れた連立式天守の平山城として知られる。

1810年 文化7

弘前城天守が改修される

弘前藩2代藩主・津軽信枚《つがるのぶひら》がはじめて築いた天守は、五重の壮大なものだったが、**寛永4（1627）年**、落雷を受けて焼失したといわれる。再建が検討されたが、幕府は五層天守の新造の許可を出さなかった。そこで、**文化7（1810）年**に本丸の東南隅の辰巳櫓を修復。天守に相当する御三階櫓として現在も残る。

1854年 安政元

松山城天守が再建される

黒船来航後に再建された大天守は、現存12天守の中では、唯一、築城主として瓦に葵の御紋が見られる稀有な存在。江戸時代後期の天守であり、構造も意匠も比較的簡素である。

宇和島城

現存する式台付三層天守は、江戸時代天守の残り少ない貴重な姿を伝えている。

天慶4（941）年、藤原純友の乱の際に、警固使、橘遠保《たちばなのとおやす》が築城したと伝え、城史の始まりとされている。この地は古称を板島と称し、和霊神社の所が板島城、現在の宇和島城は丸串城と呼ばれた。豊臣秀吉の四国出兵の際は小早川隆景の支配下に入り持田右京が城将となり、隆景が筑前名島に移封されると、大洲城主戸田勝隆の支城となる。**文禄4（1595）年**、文禄の役の功により藤堂高虎が宇和郡7万石を与えられると翌年から修築に着手、この頃は丸串も併せて板島と呼ばれた。

関ヶ原の戦い後、一応の完成をみて、この頃から宇和島城と呼ばれる。**慶長13（1608）年**、高虎が伊勢に転ずると、宇和島城には富田信高が入城するが、石見津和野の城主坂崎出羽守と争って除封され、再度高虎があずかった。

松山城

現存する天守は幕末の再建であり、いわゆる現存天守の中でも建てられた年代がもっとも新しい。

七本槍の一人として知られる加藤嘉明は、関ヶ原の戦いにおける武功によって、伊予20万石を領するに至った。嘉明は拡大された所領を支配するために、道後平野の勝山に築城。勝山は建武の頃(1334〜36)道後湯築城を本拠とした河野氏の砦が置かれ、室町、戦国時代を通じての要害であった。**慶長6(1601)年**、勝山の南麓の湯山川(今の石手川)の流路付け替えを行い、翌年、築城に着手した。

それまで南北二つの分離丘陵からなっていた勝山の頂上を削って谷間を埋めて本丸とし、中腹の平坦地を二の丸、内堀で囲まれた堀之内を三の丸とした。

城下町についても嘉明自身が定め、武家屋敷は主に堀之内と町の東南部外側地区に配されている。

高知城

江戸中期の天守とはいえ、慶長創築の様式に後世の手法を加えた貴重な遺構の一つである。

関ヶ原の戦いの戦功によって、山内一豊が掛川城から24万2千石を与えられて土佐国主となった。当初は長宗我部氏の居城だった浦戸城に入ったが、海岸沿いの狭小な地であったため、大高坂山を新城地に定めた。大高坂山は、南北朝時代に大高坂松王丸が居城したと伝わる所で、前領主の長宗我部氏も築城を試みて断念した地でもあった。一豊は**慶長6（1601）年**8月、百々安行を総奉行とし、9月から工事に着手した。

慶長8（1603）年に本丸と二の丸が完成、一豊は新城に移った。その後、五台山竹林寺の僧空鏡の選定によって文殊の浄土にちなんで高智山と改称され、高知城の名が生まれた。築城と同時に城下町も営まれた。本丸の四層五階の天守は、**享保14（1729）年**から再建に着手されたものである。

弘前城

平山城で三重の堀を廻らし、北・東・南の三方を4つの曲輪で囲み、西方を水堀で守る輪郭式縄張の城郭である。天守は江戸後期に改修された。

津軽氏の系譜はほとんど不明である。**延徳年間(1490年頃)**、南部光信が種里城(西津軽郡鰺ヶ沢)町を築いて次第に勢力を広め、**文亀2(1502)年**に大浦城を築いて長男・盛信をおき、大浦と改称させた。その後、政信、為則、初代津軽為信に至って津軽氏は発展する。当時津軽は南部氏の領地であって、ここ弘前も支配下にあった。その後戦国末期に津軽を統一し、南部氏から独立した。豊臣秀吉の小田原攻めに参戦し、津軽領を安堵された。**文禄3(1594)年**、為信は大浦城から堀越城に移り、城を拡張して津軽経営に乗り出した。跡を継いだ三男・信枚が**慶長16(1611)年**に弘前城を築城した。

西を岩木川と東を土淵川が流れ、南には鏡ヶ池を設けてる丘に築かれている。

松江城

現存の天守は1611年の祈祷札の再発見により、創建当初の建物であることが判明し、国宝に指定された。

松江城の前身は末次城である。末次の土居と称せられ、亀田の丘陵と宍道湖を巧みに利用したものである。関ヶ原の戦功により、出雲隠岐24万石の大守として富田城に入った堀尾忠氏は末次の古城址、亀田山に築城することになった。**慶長9（1604）年**に忠氏は早世し、その子の忠晴が家督を継ぐが、幼少のため祖父の吉晴が指揮にあたった。

慶長16（1611）年の冬にはほぼ完成。城の完成を見届けたように吉晴は没している。

堀尾氏は**寛永10（1633）年**に忠晴が病死するが、後継がなく改易となった。その後、信濃国の松本から松平（越前）直政が出雲18万6千石で入封、明治維新まで続いた。

天守は外壁が下見板張りという桃山期の天守の特徴を示し、城郭建築史上、貴重な遺構である。

彦根城

天守は、従来は大津城天守の移建といわれてきたが、解体修理の結果、古材は天守の付櫓に使用されていたに過ぎないとわかった。

関ヶ原の戦いは東軍の勝利となり、井伊直政は軍功により上野箕輪12万石から6万石を加えて18万石として、西軍の総帥石田三成の佐和山城に入った。

直政は磯山(城)に城を移そうとしたが、**慶長7(1602)年**、関ヶ原の戦傷がもとで没し、嫡子直継(直勝)が継いだ。このとき、直継幼少のため、直政の遺志は重臣たちに検討され、彦根築城となる。

慶長8-9(1603-04)年に起工、幕府から公儀御奉行が付けられ、7カ国12(一説に15)大名の助役で行われた。天守が完成した**慶長10(1605)年**の後半、井伊氏の居城は佐和山城から彦根城に移り、その後も普請・作事はなされたが中断状態となった。この頃までに、平山城の山城部がだいたい完成していた。

天守の焼失理由は落雷が多い!?

五重塔、二条城や姫路城も……数々の文化遺産が焼失

明治5（1872）年の東寺の五重塔

日本の各地に建てられた五重塔であるが、倒壊の原因は地震が多いと思いきやそのほとんどが落雷によるものであったとされている。

五重塔は落雷に弱い

五重塔は地震に強い、という話をご存じだろうか。五重塔は**免震構造**になっているといわれ、歴史上、地震によって倒壊した塔はほとんどないといわれている。その構造は**霞が関ビルディングや、東京スカイツリー**などにも応用された。

そんな五重塔だが、非常に苦手とする自然災害がある。**落雷**である。実は五重塔が失われる主要な要因のひとつが落雷で、興福寺や東寺の塔もかつて落雷で焼失したことがあった。**享和2（1802）年**には唐招提寺五重塔がやはり落雷で焼失し、再建されていない。**昭和19（1944）年**にも、飛鳥時代の建築とされる法輪寺三重塔に落雷があり、炎上してしまった。

天守の強敵も落雷だった

落雷で失われたのは五重塔だけではない。城の天守もまた、落雷が原因によって焼失したケースが多いのだ。著名な例を挙げれば、**大坂城、二条城、和歌山城**などがある。歴史上重要な城の建築群がことごとく落

雷で被害を受けている点に驚く。

徳川家によって建てられた大坂城の2代目天守は、**寛文5(1665)年**に天守北側にあった鯱に落雷があり、わずか39年で失われてしまった。

二条城天守に落雷があったのは江戸時代中期のことで、焼失後は再建されず、天守台だけが残る。**弘化3(1846)年**には和歌山城の天守も落雷で失われ、その後、再建が実現したものの、その天守群は空襲で焼失した。

他にも、金沢城の天守や、杵築城天守、鳥取城天守も落雷で焼失している。他にも御殿や櫓が落雷に遭った例は数えきれないほどだが、とりわけ一際高くそびえる高層建築の天守は、**雷の格好の標的**になったというわけだ。江戸時代に焼失した天守は武家諸法度などの決まりで再建されなかったケースが多いため、返す返すも残念である。

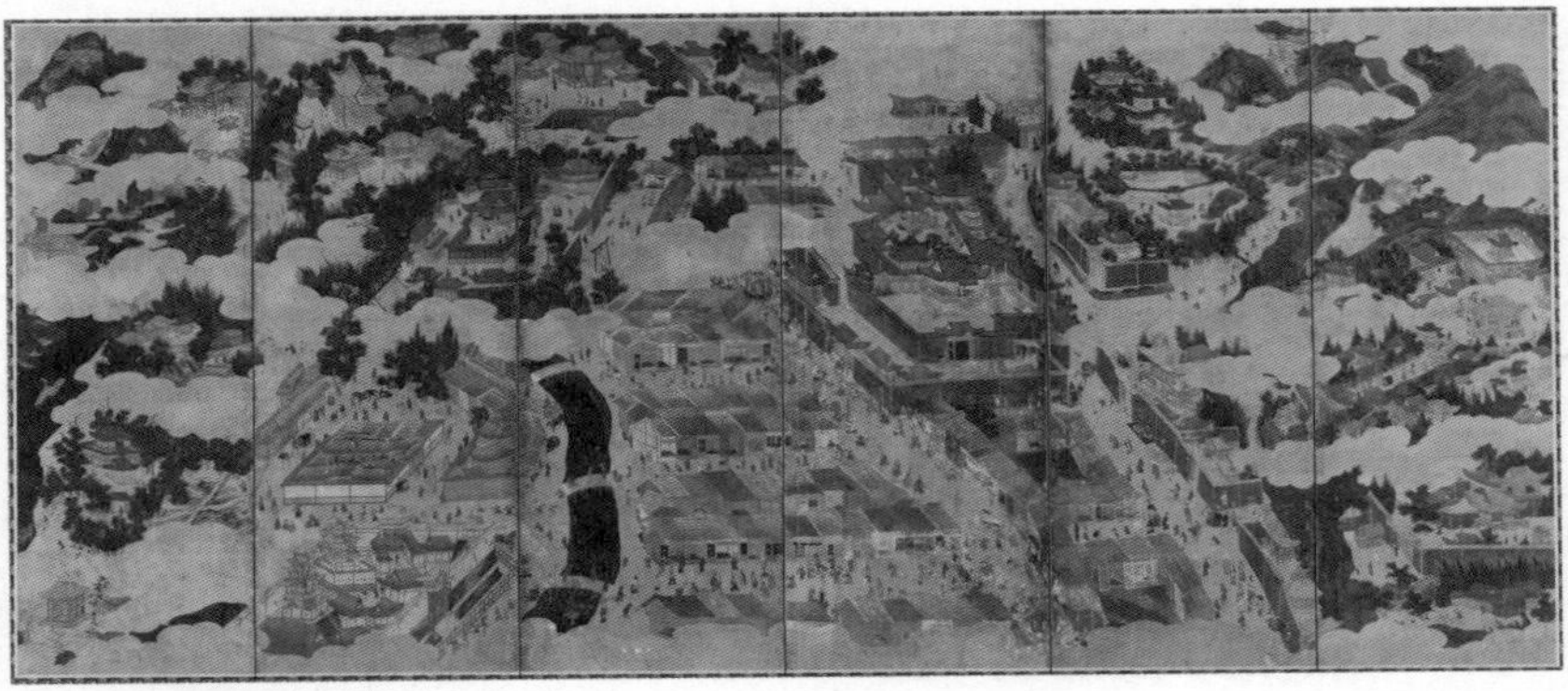

洛中洛外図屏風

二条城が描かれた洛中洛外図屏風。日本建築史上の中でも贅を尽くした二条城も落雷による火災で焼失した。

文化財の落雷対策は進む

このように、歴史的に見ても天守は落雷に遭いやすいといえ、しかも木造建築なのだから火災が発生すればひとたまりもない。現在、文化財に指定されている建築を有する城は、周囲に避雷針や放水銃を設けるなど、落雷対策が入念に行われている。どんなに堅牢で戦乱を免れた城も、やはり自然災害には勝てないのかもしれない。

第7章

明治～昭和時代

明治維新を迎えると、前時代の象徴とされた城は一斉に破却されていき、天守も御殿もわず

五稜郭

幕末に築かれた西洋式の城郭である。星形の形態はこれまでの日本の城にはないものだった。いち早く国の史跡に指定されるなど、その文化財的価値が早くから評価された例でもある。

この時代のポイント

▼明治維新を迎えると、多くの城が一斉に破却される

▼明治時代も半ばには保存の声が高まるようになる

▼第2次世界大戦の空襲で現存していた天守が相次ぎ焼失

か10年ほどの間に一気に失われた。しかし、明治時代も半ばになるとこれらを保存しようという声が高まり、名古屋城や姫路城の天守の保存を申し出た中村重遠のような人物もいた。昭和に入ると、国宝保存法の制定によって名古屋城天守などが国宝に指定され、保存の道が開かれたのも束の間、第2次世界大戦の空襲で現存していた天守が相次いで失われる受難の時代となった。

天守の解体と保存の歴史

年	和暦	出来事
明治		
1870年	明治3	**小田原城の天守**が取り壊される。
1874年	明治7	**会津若松城天守**が会津戦争での戦災破損により破却される。
1875年	明治8	**津山城**の天守ほか、城内の櫓群がことごとく取り壊される。
1877年	明治10	**西南戦争**で熊本城が戦場となり、天守以下多くの建造物を焼失。
1878年	明治11	中村重遠(進一郎)が山県有朋に対し、**姫路城と名古屋城**の保存を申し出る。
1888年	明治21	**大洲城天守**が老朽化のため取り壊される。
1891年	明治24	**濃尾大地震**により、名古屋城の多聞櫓など一部が倒壊。
昭和		
1928年	昭和3	昭和天皇の即位式を記念して、**洲本城に模擬天守**が鉄筋コンクリート造で建てられる。
1929年	昭和4	**国宝保存法**が制定。従来の古社寺のみならず城郭も保護の対象へ。
1930年	昭和5	**名古屋城**の大天守・小天守や本丸御殿などが、城郭建築としては初めて**国宝に指定**される。

流れをつかむ!
基本年表

19-20世紀

明治～昭和

POINT

- 城郭が兵部省(後の陸軍省)の所管となる
- 廃城令が発布、旧城の建物が撤去される
- 城郭建築の再建・復元が行われる
- 国宝保存法で城郭建築200棟が国宝に指定

城がわかるKEY WORD

1 失われる城、守られる城

明治時代、城は無用の長物となっていた。しかし、軍人の中村重遠(進一郎)はその美的価値に注目し、姫路城と名古屋城の保存を明治政府に申し出て、保存が決まった。対して、熊本城は西南戦争の激戦地になり、城そのものは持ちこたえたが、混乱の中で多くの建造物を失った。

西南戦争

鹿児島県の旧薩摩藩士族が明治政府に対して起こした反乱。明治政府の中枢にいた西郷隆盛が中心人物となった。熊本城の建造物が焼失した根本的な原因はわかっていない。

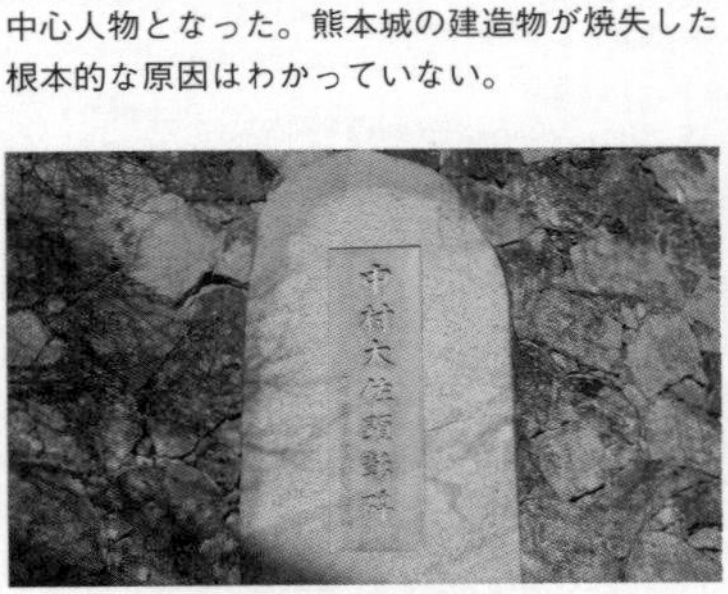

中村重遠(進一郎)の顕彰碑

姫路城の城内には中村を顕彰する石碑が立つ。まさに城を救った恩人だ。

城がわかるKEY WORD

2 大阪城天守閣の再建

昭和初期、大阪は東京を上回る人口を有し、東洋屈指の経済の中心地へと急成長して、〝大大阪時代〟を迎えていた。その象徴といえるのが1931(昭和6)年に竣工した大阪城天守閣である。大阪市長の関一らが指揮をとって計画を進め、建設費の多くが市民の寄付金によって賄われた。

完成した大阪城天守閣

秀吉時代の天守と、江戸幕府の天守をミックスしたような個性的な外観になった。復元した天守の内部を博物館として活用する発想も、ここから生まれた。

戦災による焼失から復興へ

年	和暦	出来事
1931年	昭和6	**大阪城天守閣**が市民の寄付によって再建される。
1933年	昭和8	**松山城**放火事件が発生。松山城の小天守など本丸の主要な建造物が焼失。大天守は焼失を免れる。
1945年	昭和20	**米軍による空襲**で、名古屋城、岡山城、福山城、和歌山城、大垣城などが天守を焼失。**首里城**は沖縄戦で正殿などを焼失。**広島城**は原爆によって倒壊。**姫路城**は奇跡的に焼失を免れる。**仙台城大手門**などの建築も被害に遭う。
1949年	昭和24	松前町役場の火災が類焼し、**松前城天守**が焼失。
1951年	昭和26	**姫路城**の大天守ほかが文化財保護法のもとで**国宝に指定**される。
1952年	昭和27	**彦根城**、**松本城**、**犬山城**の天守が国宝に指定される。
1954年	昭和29	**富山城の模擬天守**が建てられる。戦後の**お城復活ブーム**の先駆け。
1958年	昭和33	沖縄戦で失われた**首里城守礼門**が再建される。
1959年	昭和34	**名古屋城天守**が鉄筋コンクリート造で再建される。
1960年	昭和35	**熊本城大天守・小天守**が鉄筋コンクリート造で再建される。

焼失前の名古屋城

焼失前の写真。本丸に江戸時代のままの建造物が立ち並んでいたのがわかる。本丸御殿は武家風書院造の傑作とされたが、一夜にして失われてしまった。

城がわかるKEY WORD

3 戦災で失われた名古屋城の建造物群

太平洋戦争末期の米軍の空襲で多くの城が被災したが、なかでも名古屋城大天守の焼失は大きな衝撃を与えた。新聞にも「金鯱城遂に焼失」と見出しが掲げられ、人々が嘆き悲しんだことがわかる。焼失した建造物群がもし現存していれば、世界遺産登録は確実だったと思われる。

城がわかるKEY WORD

4 鉄筋コンクリート造でお城復活ブーム

戦後の日本の観光需要の盛り上がりに伴い、高度経済成長期に〝お城復活ブーム〟が起こった。特に、先の大戦で失われた名古屋城や広島城の天守、明治初期の動乱で失われた熊本城の天守の復元は大きな話題を呼び、わが町にも、という機運が高まった。

炎上する名古屋城大天守

1945（昭和20）年5月14日に米軍によって行われた大規模爆撃で炎上する名古屋城大天守。金鯱を下ろすために天守に組まれた足場に焼夷弾が引っ掛かり、炎上したといわれる。

再建された広島城天守

昭和33（1958）年に完成した広島城天守は、外観をほぼ忠実に復元した例。元の天守は国宝に指定されていたが、原爆で倒壊した。

再建された福山城天守

昭和41（1966）年に復元された福山城は、空襲で焼失する前の姿と大きく変わってしまった。2022（令和4）年に元の姿に近づける改修が行われた。

20世紀

人物　事件　文化　政治

模擬天守隆盛の歴史

天守がなかった城にも天守が完成

1910年 明治43年 岐阜城模擬天守の建立

5月15日に長良橋の廃材を使って、岐阜城に模擬天守が建てられた。これは木造の三層三階建てで、高さは約15m、屋根は亜鉛(トタン)葺きであり、地元の建設業者などの奉仕によって再建されたもの。これは模擬天守としては最古級の事例で、**大正6(1917)年**には山麓に三重塔が建立されるなど、城跡を一種のテーマパークのように整備する先駆けでもあった。

この模擬天守は失火のため焼失し、現在見られる模擬天守は**昭和31(1956)年**に再建されたもの。

岐阜城天守

現在の天守は戦後の再建だが、明治時代に完成した模擬天守は模擬天守ブームの火付け役。織田信長と斎藤道三への市民の思いの強さが結実した存在といえる。

1928年 昭和3年 洲本城模擬天守の建立

昭和天皇の即位式(御大典)を記念する事業が各地で開催された。洲本

洲本城模擬天守

現存最古の模擬天守。天守台の上にのる小規模な天守は丸亀城天守を思わせる。

城の模擬天守はその一環として鉄筋コンクリート製で建てられた、層塔型四重四階の建築である。最上階は展望台。江戸時代の天守を忠実に復元しているわけではないが、現存する模擬天守としては日本最古の貴重な建築である。

1931年 昭和6年 大阪城天守閣の再建

大正12(1923)年に起こった関東大震災の後、東京から大阪へ移り住む人々が増え、その後は昭和初期の好景気の影響も受けて大阪は日本一の人口と経済規模を有する大都市となった。いわゆる〝大大阪〟時代の到来である。3代目となる大阪城天守閣の再建は大阪市長の関一らの呼びかけで行われ、建設資金の多くが寄付金によって賄われた。大阪を南北に貫く御堂筋の整備や地下鉄御堂筋線の開業など、昭和初期を代表する大阪の公共事業の一つとなった。

天守閣は鉄筋コンクリート造で、豊臣時代の初代、徳川時代の2代の天守のイメージを融合させた独特のデザインになった。内部を博物館として活用する発想もここから生まれたもので、戦後に各地で復活した天守のプロトタイプになったといえる。歴史的価値が評価され、**平成9(1997)年**には登録文化財に登録。歴代の天守の中では最長寿である。

1933年 昭和8年 郡上八幡城天守の建立

木造の模擬天守が大垣城天守を参考に建てられた。現存する木造の模擬天守としては日本最古。

1935年 昭和10年 伊賀上野城天守の建立

地元から選出された議員の川崎克が私財を投じて木造天守を建立。

伊賀上野城天守

正式名称は伊賀文化産業城。建てられた天守は藤堂高虎時代のもので、もともとは五重五階の壮大な天守がそびえたっていた。

日本史のランドマーク
北海道函館市

16

五稜郭

旧幕府軍と新政府軍の最後の激戦地

江戸幕府最末期に築かれた五稜郭は、西洋の築城技術を取り入れ、全体が星形をした城郭で、箱館戦争の舞台だ。

西洋の技術を駆使

特別史跡に指定されている五稜郭は、大砲での守備と攻撃を主眼とし、砲台である稜堡を5カ所に設けた稜堡式という形式で築城されている。その全体の形が星形五角形をしていることから、五稜郭と呼ばれる。

築城に至った背景は、幕末に列強諸国の船が日本近海に出没し始め、海沿いの要地の防御が重視されるようになったことである。**安政3（1856）年**、北辺防備を担当していた箱館奉行が、五稜郭築城上申書を幕府に提出。これを受けて、翌年、武田斐三郎の設計で築城に着手し、**元治元（1864）年**に一応の完成を見た。しかし、当時の幕府は財政難だったため、搦手の石垣普請を中止してようやく完成にこぎつけた経緯がある。

星の形をした要塞・五稜郭

江戸幕府が崩壊すると五稜郭は明治新政府へ引き継がれたものの、榎本武揚らが率いる旧幕府軍によって占拠され、籠城戦となった。五稜郭は江戸幕府の終焉と、新時代の幕開けを見守った城といえる。

五稜郭が歴史の表舞台に登場する

のは、**明治元（１８６８）年**10月の旧幕府軍と新政府軍の戦い**（箱館戦争）**であった。旧幕臣たちは北海道開拓者を名乗って五稜郭を占拠、榎本武揚が総裁となり、箱館奉行には永井尚志が選ばれて新政府の樹立を宣言した。明治新政府は兵１５００名を箱館へ派遣し、翌年5月12日より総攻撃に出た。そのわずか5日後に旧幕府軍は降伏し、五稜郭を明け渡した。

五稜郭は城外から内部の様子が分からないように、またどの方角にいるかわからないように築き上げられた城郭だったが、望楼をあげたため、攻撃対象となって開城に及んだという。現在、五稜郭は**箱館戦争と明治初期の動乱の重要な史跡**とされている。また、主殿にあたる箱館奉行所の建築が復元のうえ、公開されている。

箱館奉行所

箱館奉行は享和2（1802）年に設置され、当初は函館山の山麓にあった。その後、元治元（1864）年に五稜郭の中に新築移転された。

歴史のポイント

五稜郭の近くにあった四稜郭って？

五稜郭から北へ約3・5㎞の地点、函館市街地を望む傾斜地に四稜郭がある。四辺に土塁と空堀があり、まるで蝶が羽を広げたような堡塁だ。函館平野と海を一望できる五稜郭の出城として、旧幕府軍２００人と地元農民１００人が昼夜兼行で、数日間で完成させたという。東西１００m、南北70mで四隅に砲座（稜堡）を設けたことから四稜郭の名がある。

四稜郭の跡地の一部には土塁が確認できる。幕末の箱館には、こうした西洋式の城塞が次々に建設されていった。

20世紀

人物 事件 文化 政治

戦火で失われた城の遺構

わずか数カ月で大切な宝を失った

1944年 昭和19年 サイパン島陥落

7月9日にサイパン島が陥落すると、日本の本土空襲が現実味を帯びてきた。文化財を戦火から守るため仏像や絵画を地方に疎開させる方策が練られ、法隆寺五重塔などの建築は解体して部材を疎開させる策が講じられている。

しかし、**大都市に建つ城は戦火を受けやすい環境にあっただけでなく、城跡が軍によって使用されている**ことも多かったため、対策は進まなかった。目立ちにくくするために姫路城や名古屋城の天守の壁が、黒く塗られていたという証言もある。

1945年 昭和20年 戦火で名城が灰燼に帰す

8月15日の終戦までのわずか数カ月間に、日本建築を象徴する名城の天守や御殿が一度に失われた。とりわけ、水戸、名古屋、和歌山の徳川御三家の居城の天守はこの年まで現存していたが、空襲ですべて焼失してしまった。

5月14日、名古屋城天守、本丸御殿などが名古屋空襲で焼失。金鯱を守るために天守に足場が組まれていたが、焼夷弾が引っ掛かり、窓から内部に火が入って炎上した。本丸御殿の障壁画は大部分が疎開されて難を逃れたが、壁に貼り付けられていた絵は御殿と運命を共にした。

5月25日～6月下旬、沖縄戦は激しさを増し、軍の基地がおかれていた首里城は激しい砲撃に晒された。この頃に正殿、守礼門など、ほぼすべての建築が破壊され、石垣なども甚大な被害を受けた。被害の一部は以下の通り。

6月29日、岡山城天守や石山門などが岡山空襲で焼失。

7月9日、和歌山城天守など11棟が和歌山空襲で焼失。

7月10日、仙台城大手門、脇櫓などが仙台空襲で焼失。同じ日に伊達政宗の霊廟・瑞鳳殿も焼失した。

7月12日、宇和島城追手門が宇和島空襲で焼失。

7月26日、松山城の天神櫓など11棟が松山空襲で焼失。

7月29日、大垣城天守や艮櫓などが大垣空襲で焼失。

8月2日、水戸城天守(御三階櫓)が水戸空襲で焼失。徳川御三家の城では唯一、天守が復元されていない。

8月6日、広島城天守などが原爆投下による熱風で倒壊した。

8月8日、福山城天守などが焼失。

原爆投下後の広島城

原爆が投下されたことで広島城は爆風で完全に倒壊した。広島城内には中国軍管区司令部があった。

戦後、占領軍の失火で失われた貴重な御殿があった

GHQの占領政策

GHQが接収した城

戦前に日本軍は城跡の内部に軍事的な拠点を置くことが多かったため、戦後はGHQによって多くの城が接収された。

占領下で失われた城郭建築

第2次世界大戦に敗れた日本の占領政策を行った連合国最高司令官総司令部（**GHQ**）は、日本各地の建築物や敷地などを接収したが、その中には城も含まれていた。それは貴重な史跡だったからというよりは、城跡には軍事施設があり、広大な土地の利用価値が高かったためと考えられる。

そして、**昭和20（1945）年**の空襲で焼け残った城郭建築が、占領政策の過程で失われた例もいくつかある。例えば、仙台城の数少ない遺構であった巽門は戦時下の空襲で焼失したという説もあるが、戦後、二の丸跡地に米軍が進駐した際、トラックの通行を可能にするために取り壊したともいわれている。

大坂城紀州御殿の焼失

GHQによって失われた城郭建築のなかで、もっとも惜しまれるのが大坂城の紀州御殿である。紀州御殿は1621年頃、和歌山城二の丸に整備された御殿で、**明治18（1885）年**に大坂城の本丸に移築されてからは陸軍大阪鎮台本営として利用された。その後は「天臨閣」の愛称で親しまれ、たびたび絵葉書に写真が使われるなど、大坂城のシンボルであった。大坂城は**昭和20（1945）年**の空襲で数棟の櫓などが焼失して

いるが、多くの櫓や門が戦火を免れ、再建された天守閣も被害を受けなかった。なお、天守閣を背景に黒煙が上がる光景は、昭和版の〝大坂夏の陣〟と呼ばれた。

　そんな天守閣のすぐ近くに立っていた紀州御殿も、木造建築でありながら奇跡的に焼失を免れていた。1945年に名古屋城本丸御殿が焼失したため、紀州御殿は当時としても徳川御三家に縁の深い貴重な御殿だったが、失われたのは**昭和22（1947）年**9月12日のこと。米軍の失火であった。大坂城跡から火が上がる様子を目撃し、消防隊も駆けつけたらしい。しかし、米軍の基地として使われていたため、消防隊が入ることができなかったのだ。

　豪壮な紀州御殿は、唐破風を備えた玄関と雄大な屋根をもつ、桃山様式の城郭御殿の傑作であった。現存する天守も少ないが、御殿はさらに少なく、二条城のほか、掛川城、川越城、高知城など数城を数える程度である。もし現存していれば重要文化財級の価値があっただけに、惜しまれる事件であった。**昭和23（1948）年**、大坂城の接収は解除され、翌年から天守閣の公開も再開された。

第一生命館に置かれたGHQ

当初は、GHQは横浜税関に置かれていた。その後、丸の内地区一帯の主要なオフィスビルが連合国軍によって接収されると、皇居の濠を見渡せる位置にある第一生命館に総司令部本部を置いた。

マッカーサー元帥

1880年生まれ。戦後の日本における最高権力者として、様々な占領政策を実行。日本の民主化を推進した。しかし、朝鮮戦争を巡ってアメリカ大統領のトルーマンと対立、1951年に解任された。

第8章

現代

この時代のポイント

▼ 城の復活ブームが起こり、鉄筋コンクリート造の天守が竣工

▼ 平成になると木造天守が主流となる

▼ 令和の時代になっても、築城当時の再現改修が行われるなど話題は尽きない

戦後には鉄筋コンクリート造のお城復活ブームが起こり、各地に天守が竣工していったが、平成に入ると本格志向、本物志向が意識されるようになる。平成になって再建された天守は木造が主流になり、掛川城や大洲城など、木造建築の粋を集めた天守が造られるようになった。また、空襲で失われた名古屋城の本丸御殿の復元が完成したことは大きな話題になった。令和の時代になってからも、福山城を往時の姿に近づける改修が行われるなど、城を巡る話題は尽きない。

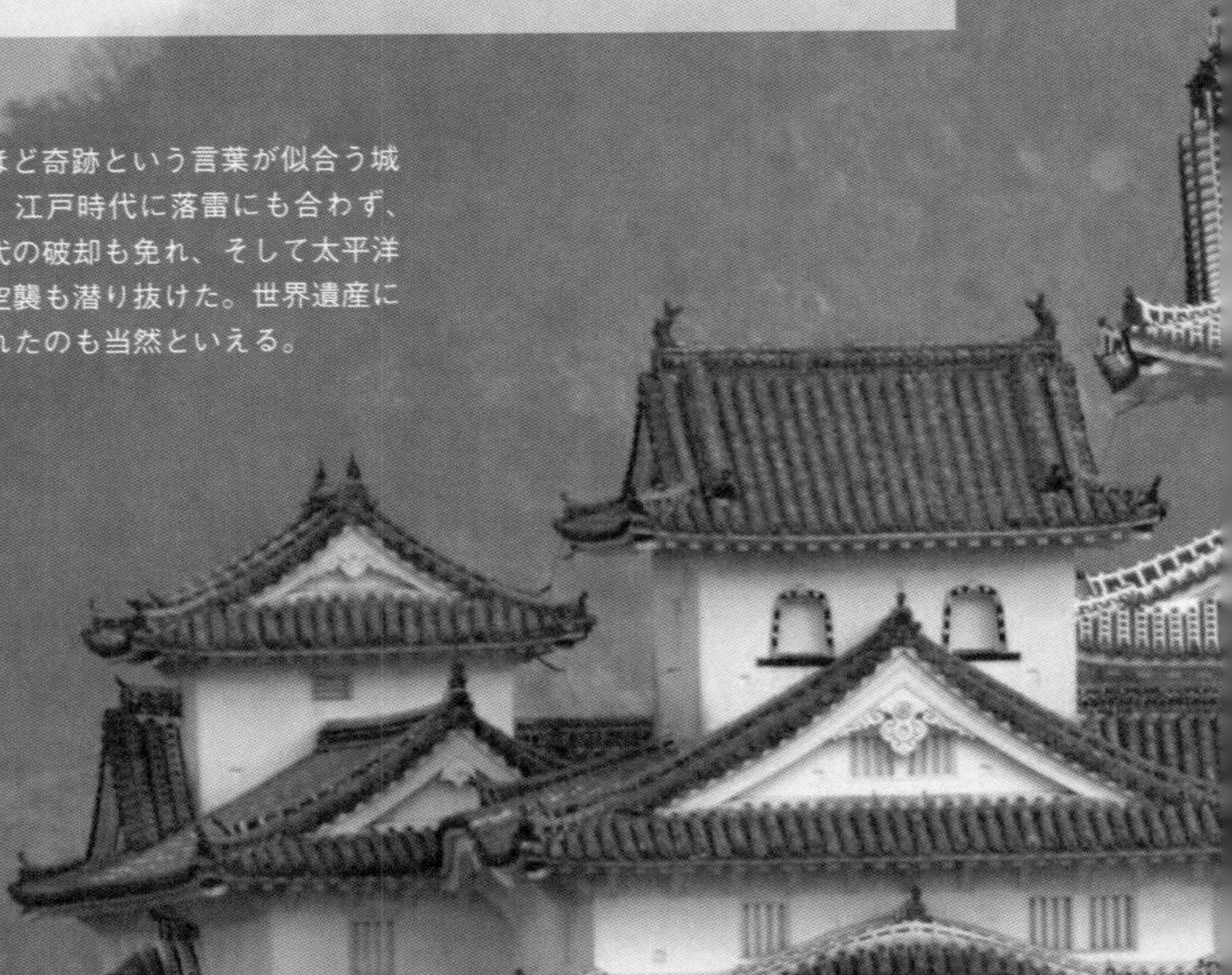

姫路城

姫路城ほど奇跡という言葉が似合う城はない。江戸時代に落雷にも合わず、明治時代の破却も免れ、そして太平洋戦争の空襲も潜り抜けた。世界遺産に登録されたのも当然といえる。

木造再建ブームのはじまり

平成

1991年	平成3	**白河小峰城**の三重櫓が木造で復元される。
1992年	平成4	**姫路城**と**彦根城**が**日本の世界遺産**暫定リストに掲載。
		首里城で正殿など建造物群が再建される。
1993年	平成5	**姫路城**が法隆寺などとともに日本初の**世界遺産**に登録。
1994年	平成6	**掛川城天守**が、天守では戦後初となる**本格的な木造**で再建。
2004年	平成16	**大洲城天守**が**木造で復元**される。
		日本で最後まで個人が所有していた**犬山城が法人の管理**に移る。
2006年	平成18	日本城郭協会によって**「日本100名城」**が制定される。
2008年	平成19	**熊本城本丸御殿**が築城400年に合わせて竣工。
		国宝・彦根城築城400年祭が開催され、ご当地キャラ「ひこにゃん」が話題に。
2011年	平成23	東日本大震災。**仙台城や白河小峰城**などが被災。
2015年	平成27	**松江城天守が国宝に指定**される。
		建築された年が記された棟札の発見が決め手に。

POINT

- 木造での復元ブームが起こる。
- 姫路城が世界遺産に登録。
- 首里城や熊本城などが災害で被害を受ける。
- 姫路城、松本城、犬山城、彦根城に続き、松江城が国宝指定。

城がわかるKEY WORD

1

本格的な木造復元ブームの到来

昭和の高度成長期には天守が鉄筋コンクリート造で再建された例がほとんどだったが、平成になると本物志向が強調され、木造で史実通りに再建される例が増加した。建築基準法や消防法などの問題を乗り越える必要があったが、平成3（1991）年に白河小峰城の御三階櫓が竣工した。

城がわかるKEY WORD

2

姫路城の世界遺産登録

日本は平成4（1992）年に世界遺産条約を批准し、その登録第1号として、翌年平成5（1993）年に姫路城が世界遺産に登録された。理由は日本の木造建築の最高峰であり、封建時代の象徴として価値が認められたことによる。日本の城が世界の宝になった瞬間である。

白河小峰城の御三階櫓

白河小峰城は櫓の再建だったが、天守級の規模を誇る象徴的な建築。以後、各地で木造再建の機運が高まっていくことになる。

木造で再建された掛川城天守

1994（平成6）年には掛川城の天守が再建され、天守の木造再建のはじまりとなった。再建された天守は新幹線の車窓からもよく目立つ。

姫路城の世界遺産登録

現在でこそ世界遺産は自治体をあげた登録運動が行われるが、姫路城が登録された当時はまだ知名度が高いわけではなかった。

二条城二の丸御殿

1994（平成6）年には、「古都京都の文化財」の構成資産として二条城が世界遺産に登録。二の丸御殿は大政奉還の舞台にもなった重要な史跡。

災害と火災で城が被害を受ける

2016年	平成28	熊本地震で**熊本城が被災**。大小天守などの復元建築のほか、石垣が崩落し、宇土櫓などの重要文化財建造物も被害に遭う。
2018年	平成30	**名古屋城本丸御殿が再建**される。**駿府城跡**の天守台から金箔瓦が発掘される。
令和		
2019年	令和元	**首里城で火災**が発生、正殿と北殿、南殿が全焼。
2020年	令和2	京都御苑内から、秀吉が築いたとされる**京都新城**の石垣と堀跡が発見される。
2022年	令和4	**福山城**の復元天守の北側に鉄板が再現され、往時に近い姿になる。

福山城の復元

令和4（2022）年8月28日に復元が完成した福山城。初代福山藩主である水野勝成が江戸幕府に福山城築城を報告してから400年という節目での完成となった。

首里城正殿の炎上

正殿の再建に向けて工事が進んでおり、2026（令和8）年の竣工を目指す。再建の過程で発見されるであろう新事実にも期待したい。

城がわかるKEY WORD

3

名古屋城本丸御殿の復元

名古屋城は城郭として初めて国宝に指定され、本丸御殿は二条城二の丸御殿と双璧を成す城郭御殿の傑作とされた。昭和20（1945）年に戦災で焼失したが、戦前に作成された実測図があったため、高い精度で復元できた。家光が上洛する際に建てられた上洛殿など、見どころが多い。

城がわかるKEY WORD

4

首里城正殿の焼失

元号が令和に改元された令和元（2019）年、首里城正殿が焼失。これまでの歴史上、5度目の焼失となってしまったが、原因は判明していない。この年にはフランス・パリでノートルダム大聖堂の火災が起こっており、文化財保護の在り方を社会全体で考える契機にもなった。

名古屋城本丸御殿

江戸時代初期の技術を駆使して再建された。復元にあたっては1943（昭和18）年に完成していた実測図が大いに役立ったといわれる。

在りし日の首里城正殿

沖縄戦後、首里城跡は琉球大学のキャンパスなどとして使用されていたが、移転が進められ、1992（平成4）年に首里城公園として開園した。

被災から復興までの歩み

熊本地震で被災し、復興に向けて動き出した熊本城

修復が進む熊本城

加藤清正が築いた名城も、熊本地震によって大きなダメージを受けてしまった。しかし、それでも石垣の大部分が残り、正面の宇土櫓などが倒壊を免れたことは幸いであった。修復が完了するまで長い道のりになる。

未曾有の被害を受けた城

平成28（2016）年に発生した熊本地震では、熊本県内にある多くの文化財も被災した。なかでも、熊本の象徴といえる熊本城が大きな被害を受けたことは、県民はもちろん、世界に衝撃を与えた。

その後も余震が続き、重要文化財に指定された建造物の被害は13棟。また、復元建造物の被害は20棟に達し、倒壊したのは5棟にも及んだ。重要文化財の長塀は80mにわたって倒壊したほか、十八間櫓などは粉々になって崩落した。また、石垣の崩壊や膨らみがあったのは517カ所、崩落は50カ所229面に及ぶほどの気の遠くなる被害を受けた。また、周囲の石垣が崩壊するなかで、一角が建物全体を支えるように残ったのが飯田丸五階櫓であった。この石垣は〝奇跡の一本石垣〟と呼ばれ、その後の熊本復興のシンボル的存在になった。

天守の復興が実現

熊本城の大天守・小天守は**明治10（1877）年**の西南戦争で焼失したのち、**昭和35（1960）年**に鉄筋コンクリート造で落成した建築である。地震で被害を受けたことで建て替えも議論されたことがあったが、コンクリートに大きな被害がなかったことから、修復されることが決まっ

た。**令和3(2021)年**に修復が完了。現在は内部の一般公開も再開されている。地階には揺れを防ぐための制震ダンパーが設置され、熊本地震と同程度の揺れでも被害を防ぐことができる造りになった。

なお、復旧工事では石垣の修復も注目された。熊本城は築城の名手といわれる加藤清正が指揮して築かれたもので、石垣の優美さでは国内有数である。その石垣を守るために、天守台の石垣も崩壊したものを拾い集め、すべての石にナンバリングを施した。高い技術をもつ石工が動員され、被災前と変わらない姿に修復することができたのだという。

20年、30年後を見据えて

熊本城の復興はまだまだ道半ばであり、全体が完了するのは2052年頃と言われている。なお、**令和5(2023)年**からは熊本城の第三の天守と言われる宇土櫓の解体修理が始まった。約10年がかりの大工事になる見込みである。宇土櫓は極めて貴重な建築であり、今回の修復で新しい発見が得られる可能性もあり、今後の動向を注視していきたい。

仙台城の石垣の修復

震災など、自然災害で被災した城跡の修復も続いている。石垣の積み直しには膨大な時間と手間がかかるため、数年がかりの大工事になることも少なくない。

古絵図にみる立地

城がどのように築かれたのかわかる貴重な資料

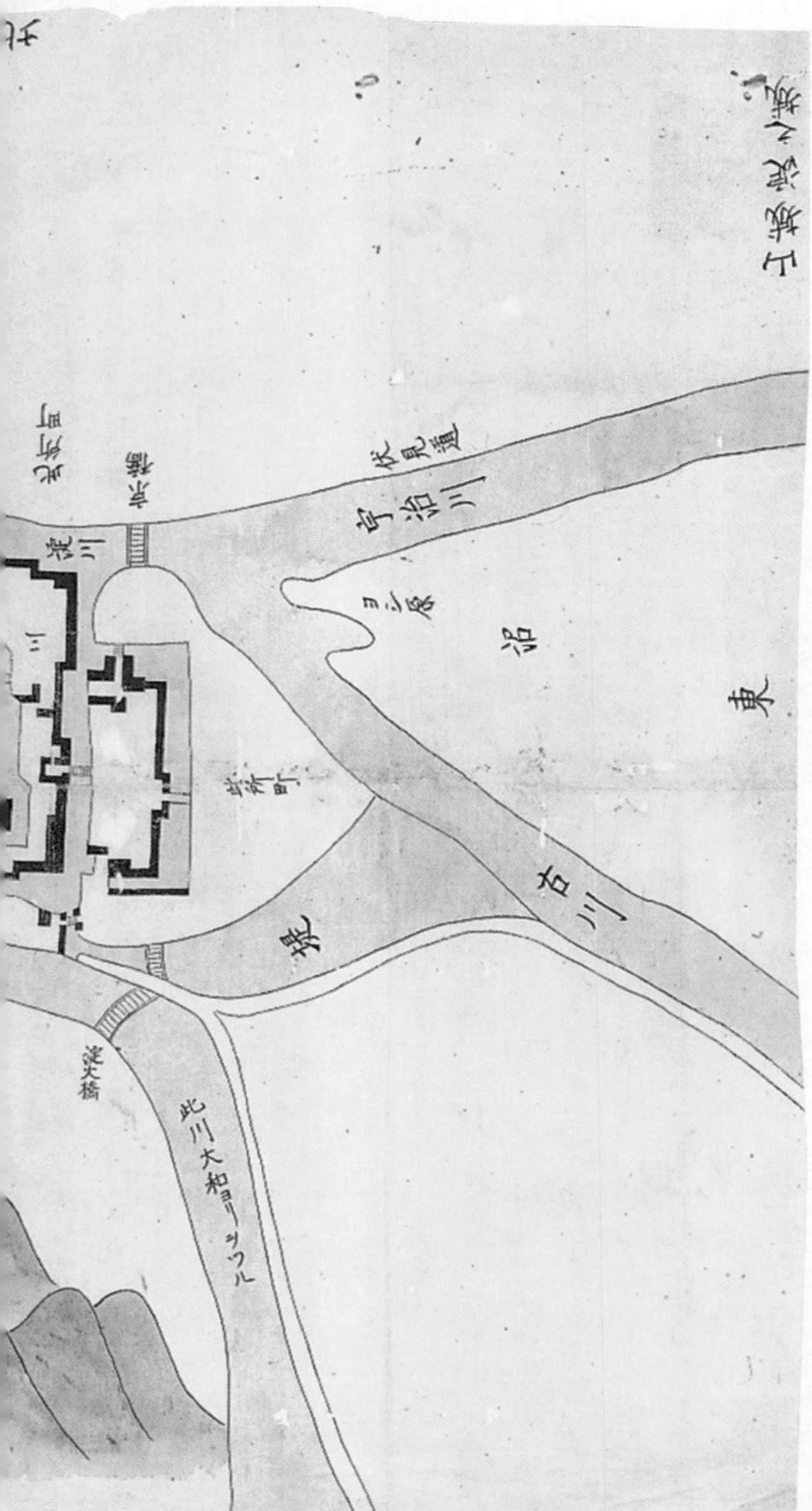

桂川、宇治川、木津川などが合流し淀川になる。淀城は、デルタ中州地帯に築城した平城。山城、大和、摂津国境上にあり、戦略的枢地だった。

淀城古絵図

元和9(1623)年に徳川秀忠の命で、松平定綱によって築かれたのが淀城(京都府伏見区淀本町)である。約3年をかけて桂川と宇治川、木津川などが合流するデルタの中州地帯に築かれた。

京都守護の拠点として、松平氏や稲葉氏など諸国の譜代大名が居城をし、明治維新まで存続していた。

現在、京阪電車の淀駅の近くの場所にあり、本丸の石垣と内濠の一部の遺構が現存している。

(収録絵図は西ヶ谷蔵)

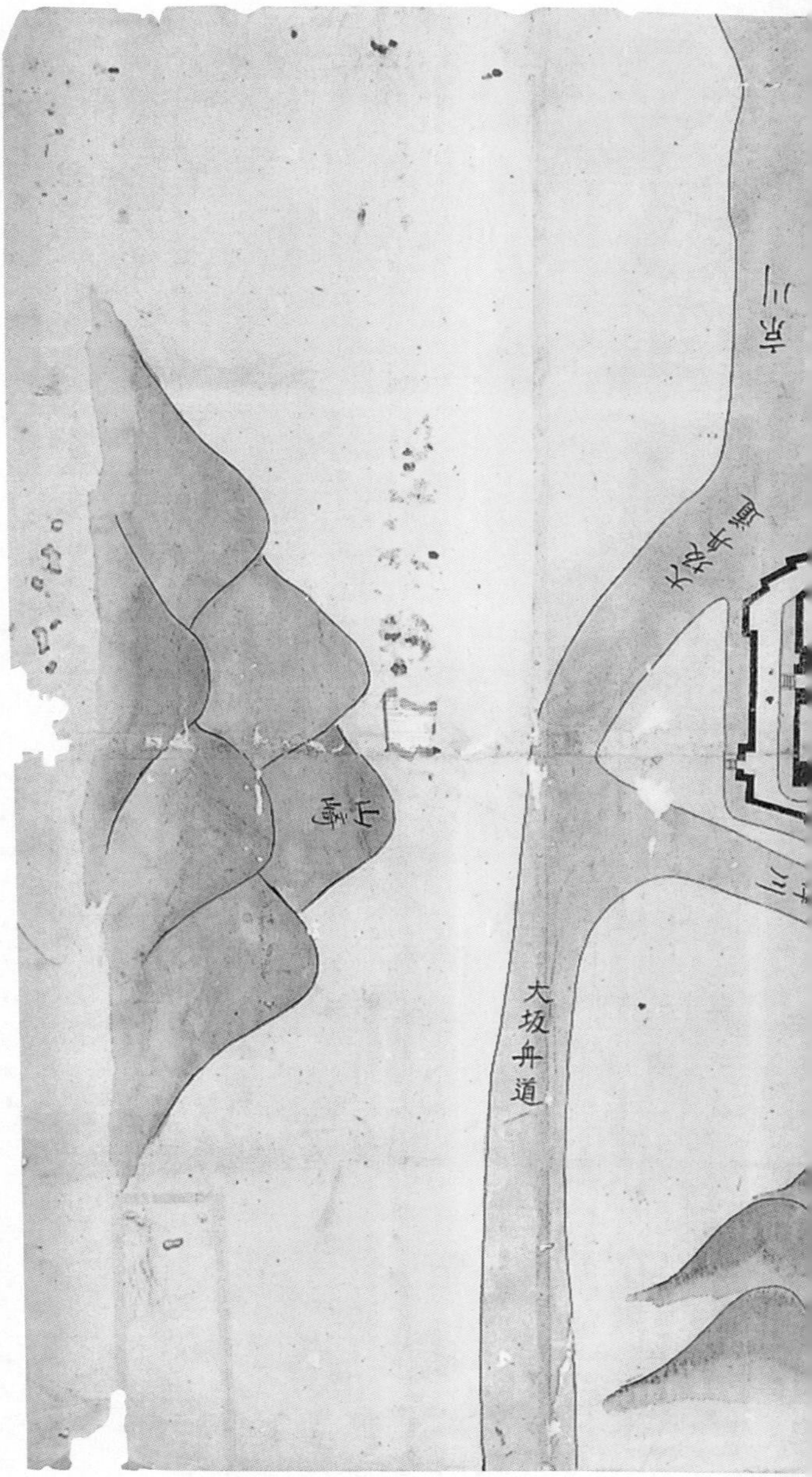

鳥羽城古絵図

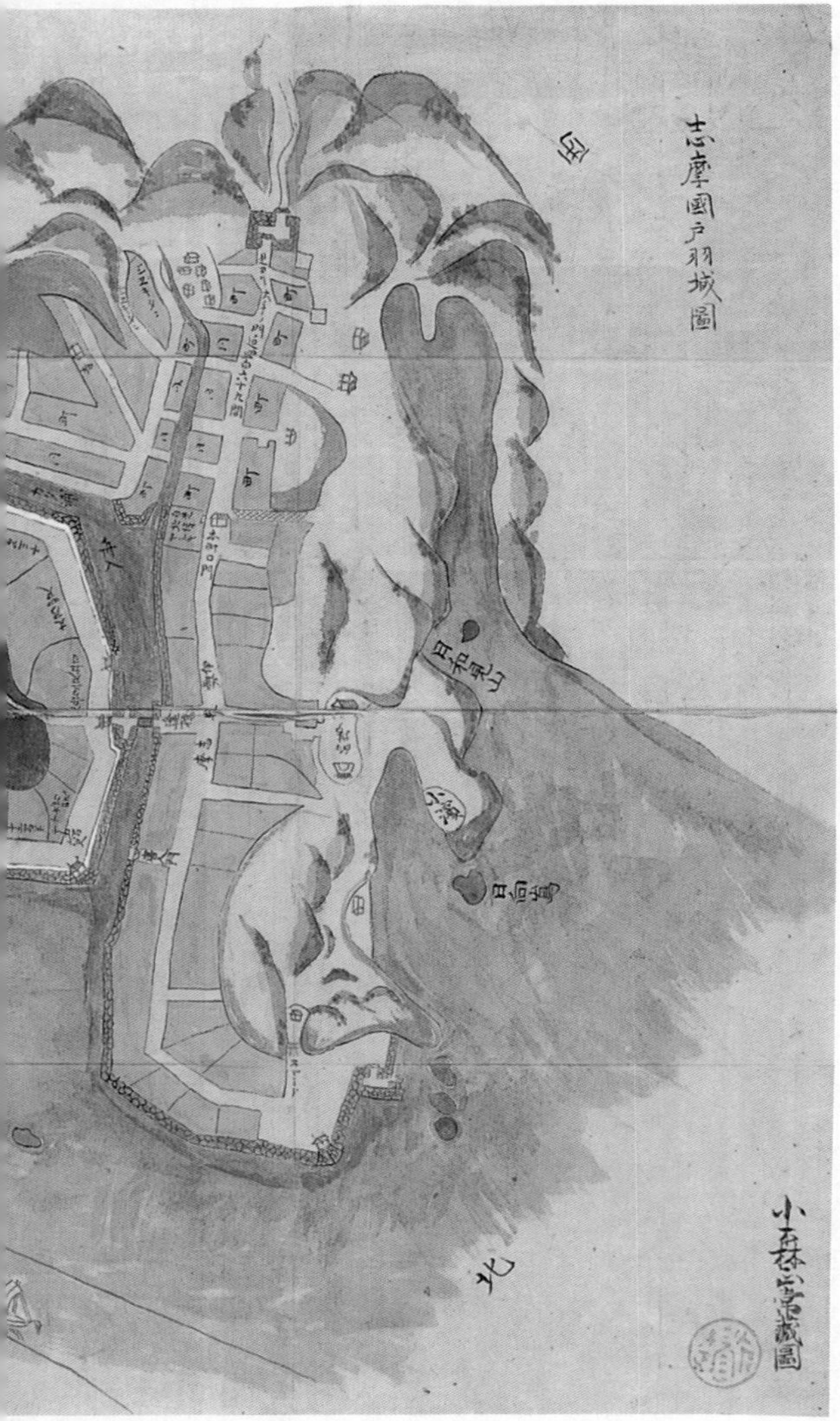

鳥羽城は、文禄3（1594）年に豊臣秀吉の家臣であった九鬼嘉隆によって築城された。中世にあった橘氏の居館跡の土地を利用したとされている。

大手門が海側に突出して築かれており、九鬼水軍の拠点でもあった。海城の典型的な例としても知られている。

現在の鳥羽水族館の裏手が鳥羽城跡であり、二の丸跡には旧鳥羽小学校が建てられ、本丸の跡は同校のグラウンドとして利用されていた。

現存するものは、天守の石垣などの遺構があり、鳥羽城本丸の石垣下には記念碑が建立されている。

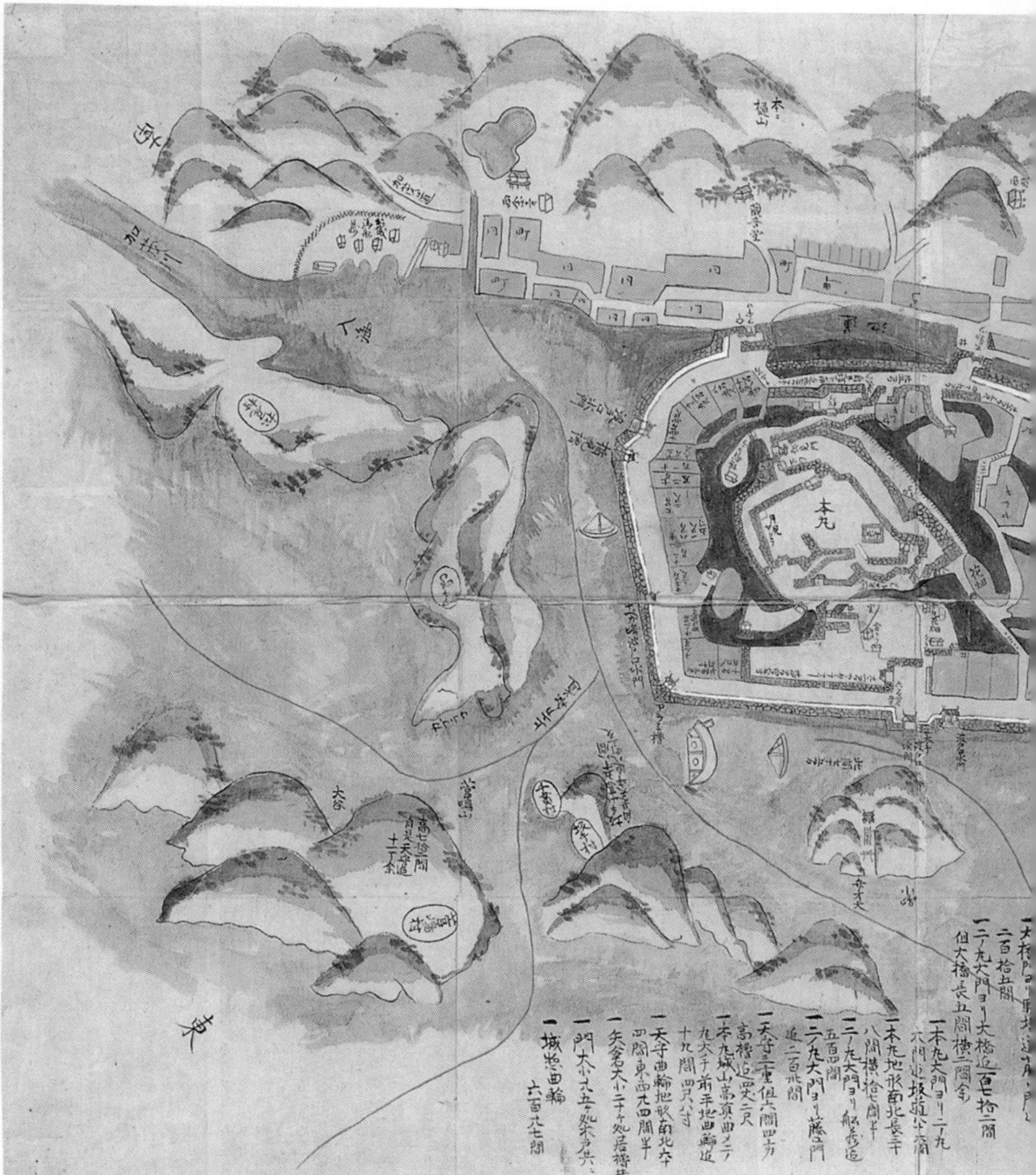

伊勢湾入江の島全体を平山城とし、大手口は湾に面し、海より直接、接岸する「波戸口水門」とした。階郭式に曲輪を配備、天守は本丸に三層造りであったとされている。

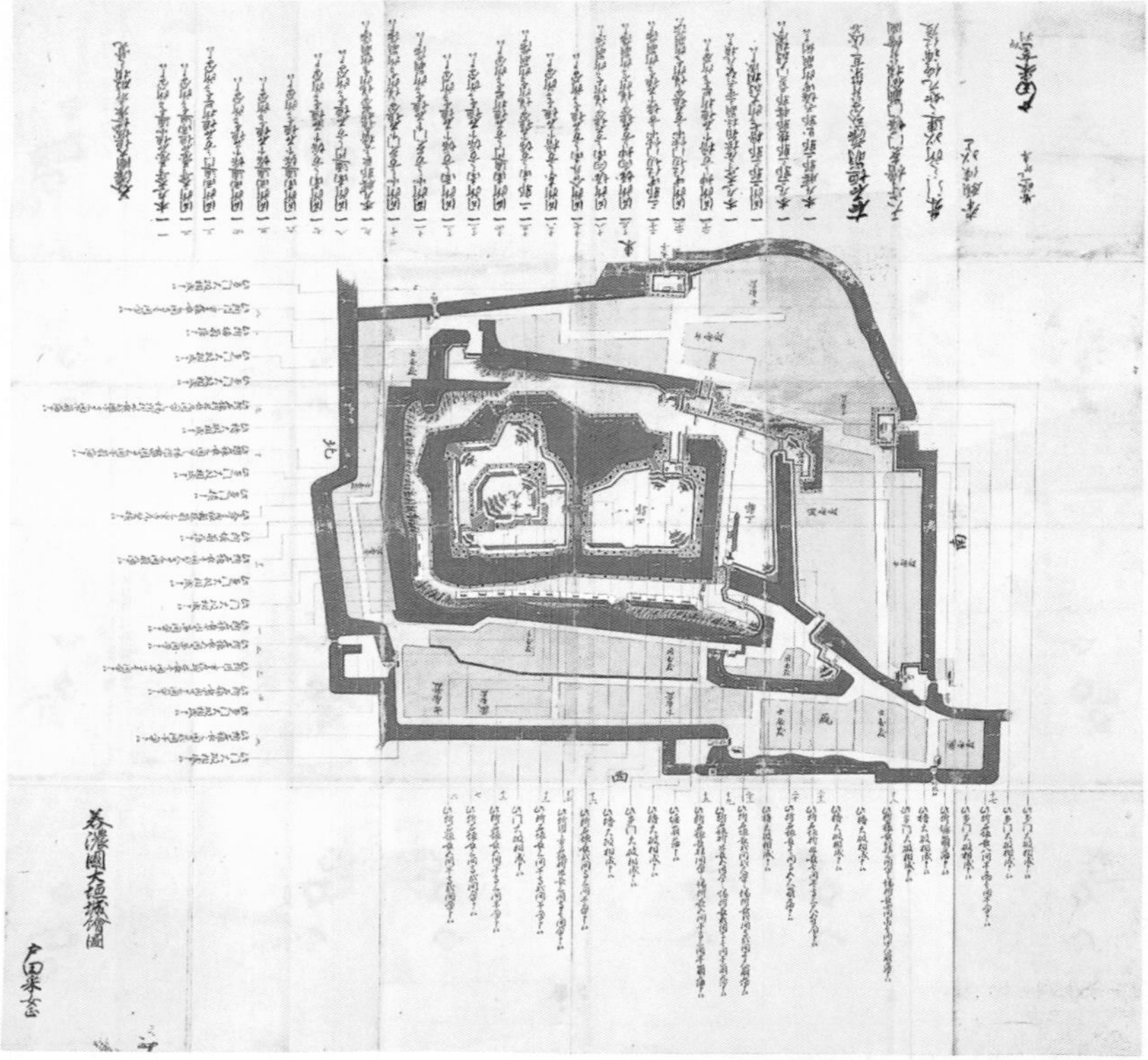

大垣城古絵図

揖斐川に多くの河川が合流する低地に立地する大垣城は東国と西国の分岐点にあたる。絵図は安政大地震1854（東海/南海）年で城の各所が破損、幕府に修築願を届け出たときのもの。平城の典型。

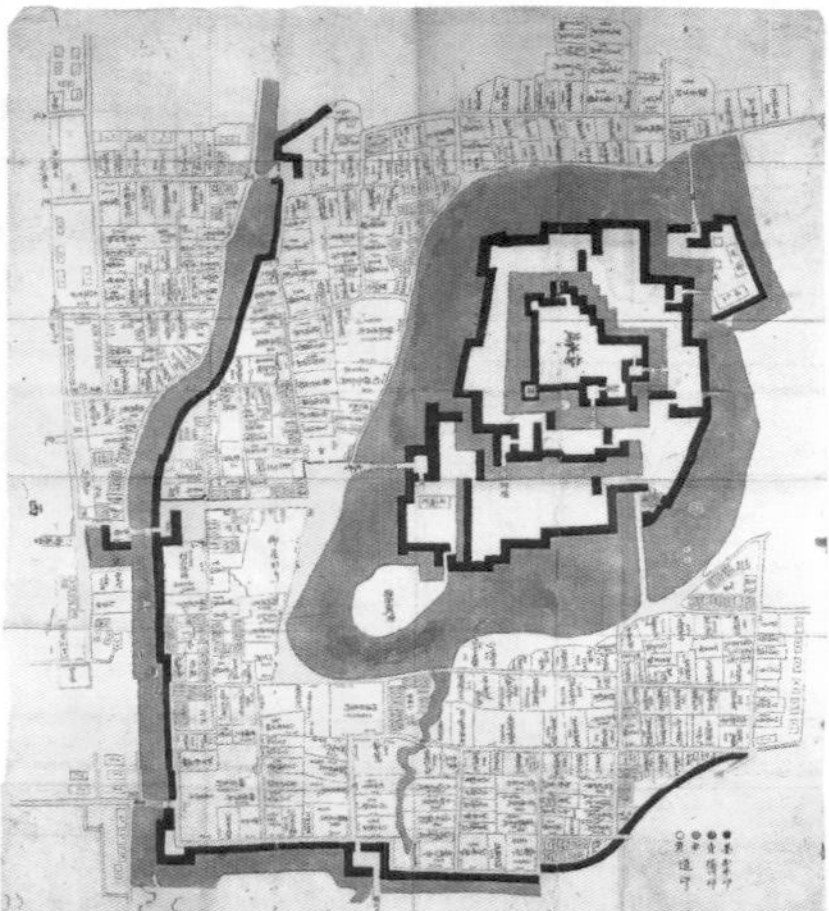

高田城古絵図

上杉謙信の春日山城に代わり、上越地方の中心となった高田に徳川幕府が築いた平城。図の左から下方に描かれた関川の支流青田川を外堀として、城と城下町を形成。

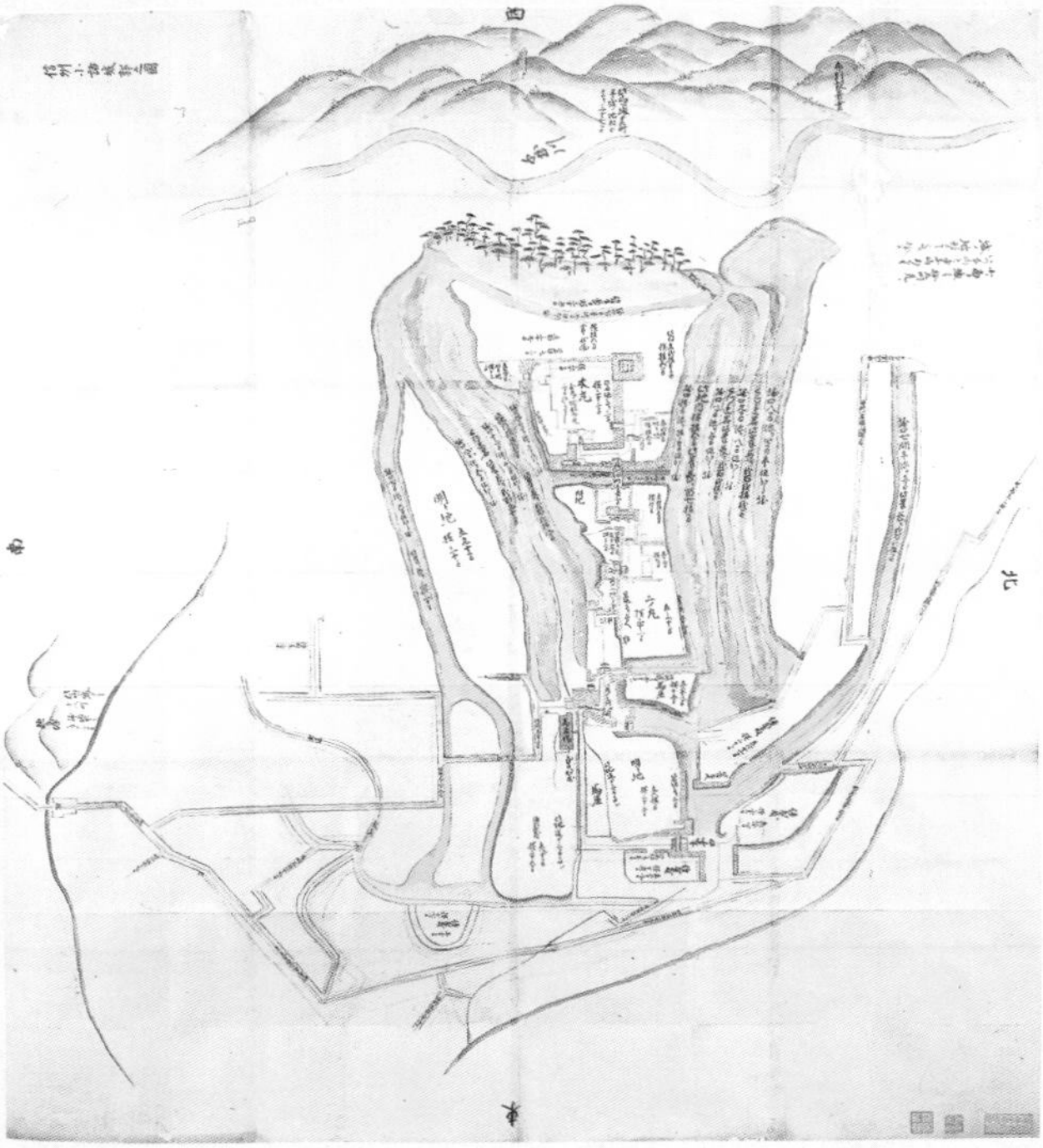

小諸城古絵図

千曲川河岸段丘上に築かれた小諸城は、周囲の城下町より低い。そこで多くの空堀を城地の左右と曲輪区画に堀切を設けた。丘城の特殊型。

山形城古絵図

城を輪郭式に築き、武家地はすっぽり囲む惣構の水堀をめぐらす。町屋は南の吹張口と東の十日町口の外側に形成された。

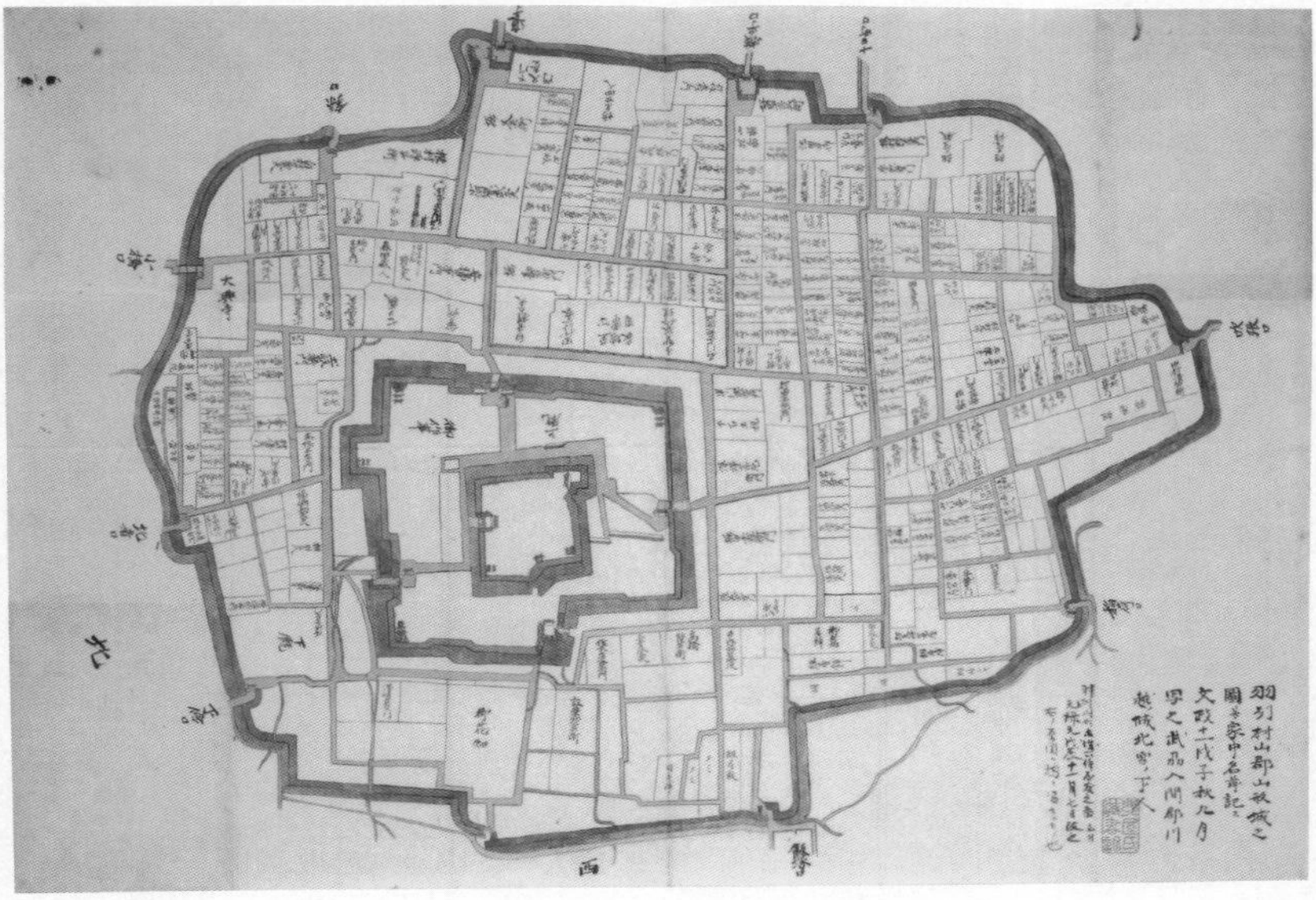

伝えの城

本城から支城や枝城などへ命令をスムーズに伝えるための中継用の城。規模は小さく見通しの良い所に築かれた。命令合図の伝達には旗・鐘・狼煙（烽火）を用いた。

繋ぎの城

支城間で軍勢の移動をする際に、また敵勢に立ち向かうため出陣する折、食事・休息・宿泊するため中継基地とする城。大勢の人数を収容するため、曲輪は広く造られている。城の中では、最も直接戦闘の目的が少ない。

陣城

合戦時もしくは城攻めの折、指揮者が入り戦の指揮をした城。臨時の城で、まわりに応急的な空堀、土塁を廻らした。

付城

陣城のうち城攻めの際に、攻略の最前線とするため敵城のできるだけ近くに「城に付けるように」築いた城。

取出・砦

砦の字をあてることが多いが、本来は、敵と対峙する折、敵の領地に乗り込むために築く拠点である。「取って出る」の意。応急的な空堀と土塁を造った陣所。

築城の選地 地取り

築城の目的に合致した地域の中で、地形や交通など地理的に要害の地を選んで城は築かれていた。城を築くところを選ぶこと、すなわち選地を地取りといった。

＊標高と比高

標高は、東京湾の平均海面を基準（標高0m）として測られたその土地の高さ。比高は、ある範囲の地域内の地表の最高点と最低点との高さの差。標高が100mの地域での標高200mの山と、比高100mの山は同じ高さとなる。城地の高さを表すとき、比高を表記あるいは列記した方が、より高さを実感できる。

＊立地による区分

山城

山地に築かれた城。備中松山城、大和高取城、但

城郭用語集

築城の主体者は、朝廷や幕府などの国家、御家人・守護・地頭・大名・国人などの武士、有力な寺院のほか商人や農民など、様々である。築城する目的も、自分の本拠地として築くのか、領地の境界警備のために築くのか、あるいは、相手を攻撃するための足がかりとするのか。その目的に応じた城を築いていった。ここでは主に城の中でも知っておくべきものと築城に関する用語を中心に紹介したい。

本城

領国内または一定地域の中心となる城。根城ともいった。本拠地として地域支配の拠点であり、領内に形成された城郭ネットワーク（支城網）を統括する。大軍を収容できる規模と高い防御力があった。

詰の城

日常生活を営む居館の背後や近隣の丘や山に設けた戦時の拠点となる城。戦闘面では平地より有利となる、要害堅固な丘上や山上に造られた。

支城

領内のある一定地域の拠点となる城。周辺地域の兵の集結地、自軍の中継基地ともなる城。城主・城代には、領主一族や有力家臣が任じられた。領主直轄の支城で城番の置かれた城は、番城（番手城）という。

端城・枝城・出城

本城や支城以外に領内に築かれた城。その中でも出城は、より重要な地に築かれた。

境目の城

自領と他領の境界にある城。国境を警備する城で、街道や水運を押さえられる場所に築かれた。

支城網（支城ネットワーク）

戦国時代に大名などの領国内に築かれた数々の城は、領国内への侵入者に対して、相互に連携を保って撃退するように配置されていた。

なる場合がほとんどで、平地でこの形式で築かれる例はほとんどみられない。自然地形を最大限利用し、少ない労力で防御力の高い城を築けることから、比較的古い時代に築かれた城に多い。犬山城、彦根城、水戸城、小山城、佐野城、古河城など。

梯郭《ていかく》式縄張

本丸を湖沼や山河、絶壁などの「天然の防御設備」を背にして配置し、本丸の周囲の2方向、あるいは3方向を他の曲輪で囲む縄張である。本丸は中心ではなく偏った位置になるが、輪郭式のように四方すべてを囲まずに防御が可能となる。自然地形を応用することが多いため平山城に多くみられる。会津若松城など。

並郭《へいかく》式縄張

本丸と二の丸が並び、その周辺を別の曲輪が取り囲む形式であり、詰めの丸が本丸と並ぶ場合もある。大垣城、高知城など。

階郭《かいかく》式縄張

曲輪群を階段状に配置する形式であり、戦国時代の山城や江戸時代の初期の平山城にこの構造の城郭がある。山や丘陵の地形を活かして築城される場合によく用いられた。姫路城の城山（東側）、丸亀城、津山城など。

渦巻《かかく》式縄張

縄張の分類では比較的新しく、本丸から二の丸・三の丸と渦を巻くように曲輪が続く城の縄張をいう。江戸城、姫路城、名護屋城。

群郭《ぐんかく》式縄張

シラス台地の浸食谷を空堀として利用し、各曲輪が独立して並ぶ縄張。南九州型城郭の縄張といわれる（1987年村田修三氏が報告した形式型分類による）。知覧城、清色城など。

＊曲輪

本丸

城内において中心となる曲輪で、中世では本城、実城とも称された。戦の際は司令部が置かれ、江戸時代には御殿が建てられ藩政の中枢を担った。江戸時代中期になると、政庁の機能が拡大したため、御殿の二の丸への移転が進んだ。狭隘な本丸は次第に荒廃して城の中心という機能を失っていった。

二の丸

馬竹田城。

平山城

丘陵の頂部から麓まで一体的に築城した城。姫路城、岡山城、和歌山城。

丘城

河岸段丘や舌状台地といった丘陵の上部平坦地を利用した城。佐野城、小山城。

平城

平地に築かれた城。二条城、駿府城、清洲城。

海城・水城

河川・湖沼・海を利用して築かれた城。今治城、高松城、諏訪高島城。

家城

江戸時代にみられる軍事面より領主支配の象徴としての要素の強い城館。または城主や城代の生活面を優先して築かれた城または館。大内氏館。

城の基本設計－縄張

選地でどのような地形に築城するかが決まったら、その地形にどのように曲輪を造り、塁線をどうするか、虎口をどこにするかという城の構成を決める。工事に際して、土地に縄を張り城の区画、構成を決めていたことから、「縄張（縄張り）」という。従来、輪郭式・連郭式・梯郭式の3種に区分されてきたが、研究の広がりとともに、縄張の区分も増えている。

＊縄張の区分

輪郭《りんかく》式縄張

本丸を中心にその周りを「回」の字形にぐるりと二の丸、三の丸と曲輪で取り囲む形式。城地に余裕のある平城にこのタイプが多い。輪郭式の中でも方形の本丸・二の丸にほぼ円形の三の丸と外曲輪を配した田中城（静岡県）は円郭式と呼ばれている。徳川期の大坂城、二条城、駿府城、山形城、篠山城、名古屋城など。

連郭《れんかく》式縄張

本丸・二の丸など主要な曲輪を一直線上に連ねた配置。山の尾根上を利用した山城や平山城に多い。本丸は縄張の一番奥に位置する場合と、中間に位置する場合がある。尾根や岬、舌状台地などの細長い山地、丘陵を堀切で区切ることでこの形式に

馬出虎口《うまだし》

虎口の外側に虎口の防御力強化のために築いた小さな曲輪のこと。馬出には長方形の「角馬出」と半円形の「丸馬出」がある。丸馬出の前面の堀はその形状から「三日月堀」と呼ばれる。

枡形虎口

四角形の空間を造り、2カ所の口を開ける虎口である。城内側を一の門といい櫓門、城外側を二の門といい高麗門とした城が多い。また、城内に向かって右に折れる右折れが多くみられる。

喰違虎口《くいちがい》

虎口の塁線を左右でずらしたり交互に配したりした虎口である。攻撃側の視線と侵入の直進を阻むと同時に、横矢をかけることも可能である。

＊塁線

横矢掛り

塁線を屈曲させ、壁に取り付いた不審者、敵兵を見やすくして、横からの攻撃を可能とした工夫をいう。

屏風折れ

塁線の屈曲、横矢掛りの中で塁線をギザギザに屈曲させたもの。線が屏風を立てたように見えることから名付けられたもの。宇都宮城（栃木県）や西尾城（愛知県）に土塀とともに復元されている。

鬼門除け

陰陽五行説で不吉とされた艮の方角、すなわち北東の隅を斜めに落とす、凹ますことによって難逃れを図ったもの。

普請《ふしん》

築城工事の中で、石垣、土塁、掘割などの土木工事を「普請」といった。本書冒頭「築城の歴史」で触れたように、城は堀と塁が防備の主線であり、その上に載る建物は、単なる装飾であった。築城工事の8～9割までは、この普請の期間であった。

＊堀

堀は防御のために掘った凹地である。堀の中に水の有無、掘り方や形状から、下記のような堀がある。古代から中世（1世紀から16世紀中頃まで）は、上幅4～7m、深さ2.5～3.5m、16世紀中頃以降は、上幅12m、深さ7m余が多い。堀幅

本丸を保護する第二の曲輪である。古くは中城と称された。本丸を取り囲む形、または本丸と並列して築かれていることが多い。二の丸に城主の御殿を営んだ城は多く、江戸時代中期には政庁の機能を二の丸に移す城が増え、二の丸が城の日常で実質的な中枢となっていった。

三の丸

二の丸と同様に城主の館、もしくは重臣（家老格）の屋敷が置かれた。

西の丸

城の西方にある曲輪であるが、江戸城で前将軍隠居後の住居が置かれたことが諸大名にも広がった。

山里曲輪

遊興のための屋敷や庭園を造営した一画。池を掘ったり築山を築いたり、四阿や茶室などを設けてある曲輪。豊臣期大坂城・姫路城・明石城・伏見城・肥前名護屋城などにみられる。江戸時代には大名庭園として城内だけでなく城外にも造られるようになった。

水の手曲輪

井戸や河川の利用が困難な城は、天然の水を貯めておき、これを飲料水に使用した。この貯水池のまわりを土塁で固め塀や櫓で堅固にした曲輪。

腰曲輪

一つの曲輪の側面（下面）に設ける削平地の曲輪。

帯曲輪

帯状に細長く曲輪の側面もしくは城のまわりを囲む曲輪。

＊虎口《こぐち》

＊城の出入り口を「虎口」という。城の内外、曲輪間を結ぶ所である。本来は「小さい出入り口」を開くことをいったので、小口を虎口と記された。虎口は城外、曲輪の外との連絡口なので城の中では弱点となる。そのため、防御のためのいろいろな仕掛けが考えられた。

大手

城の正面（表門）。中世・戦国期では「追手」と記す。来襲した敵を城の前面に追い込むことから付けられた。

搦手《からめて》

城の背面（裏門）。敵を「絡め取る」ことからこの名がある。

く突き固めるが、版築状土塁は、型枠を使わずに版築をしていく土塁である。

芝土居《しばどい》

土塁表面に崩落を防止するため野芝などで覆った土塁。

切岸《きりぎし》

緩斜面を削って角度を得る方法である。削った土は曲輪の造成や土塁の築造に使われた。

鉢巻土塁

土塁の上部に石垣を築いたもの。

腰巻土塁

水堀に接する部分を石垣、上方を土塁としたもの。

＊石垣

石垣は、城郭の塁線に積まれた石積みである。従来の分類、野面積・打ち込みハギ・切り込みハギの3種を基本として石材の加工方法や積み方の検討により、さらに下記のように細分化している。

野面積

自然石や採石した石材をそのまま積み上げた石垣。

打ち込みハギ

石角を平らにして互いに組み合わせて築いた石垣。

切り込みハギ

石の形を整形して、石の平面を平らにして積み、栗石は食わせない。

算木積

石垣の生命線となる隅部強化のため、長方形の石材を縦横交互に積み上げる方法。

栗石

石垣内部に使用する石。大きさが5～15cmの石が使われた。

布積

細長い石を二つの石の下方に均等に荷重がかかるように積む方法。横目地がそろって見える。

亀甲積

石の形を六角形に整形して積む積み方。枡形門の正面など人目につきやすい箇所に使われており、視覚を重視した積み方である。

相方積

12mは、長柄鑓（長さ5.5～6m）での攻防戦が主流となったからである。

水堀

水堀は「濠」とも書き、湧水や河川からの導水で水を張った堀。平時には水運にも利用された。

空堀

堀の中に水のない堀。

横堀

塁線に沿って廻らされた堀。

竪堀

丘陵や山の斜面に垂直方向に掘られた堀。連続竪堀は左右に連続して掘られた竪堀をいう。

堀切

地続きの地形を遮断するために掘られた堀。

箱堀

堀底が平坦で逆台形の形をした堀。

薬研堀

堀底がV字形をした堀。

毛抜堀

堀底が丸みを帯びた堀。

畝堀・堀障子

畝堀は、堀底に畝で連続した区画を造った堀。障子の桟のように十文字に底の部分を掘り残した堀障子がある。堀障子は障子堀と俗称される場合がある。

水戸違い

水堀の中に設けた水位調節のための堰堤である。その多くは土橋を兼ねているので、土橋の左右で堀の水位が異なることで水戸違いであることがわかる。

＊土塁

土塁は、堀を掘った土砂や削平造成した折の土砂を塁線に盛り固め守備、攻撃の台座とした。築造方法や形態の違いから、次のような種類がある。

叩き土塁

異なる種類の土砂を盛るたびに叩いて固めた土塁。

版築土塁・版築状土塁

版築は型枠を当てて、土・小石・砂などを交互に薄

連結式天守

天守に小天守か櫓が廊下塀や多聞櫓で結ばれる形式。

複合式天守

天守に小天守や櫓が付属する形式。

連立式天守

天守と小天守や櫓を多聞櫓で連結させ天守曲輪を形成する形式。

御三階櫓《おさんがい》

天守の喪失後や天守に代わるものとして建てられた三層櫓。水戸城(茨城県)は三層櫓ではあったが、初重が三階に分かれた五階櫓であった。

＊櫓

櫓は矢蔵・矢倉とも記し、弓矢を収納、常備していた塁上の物見・防御・攻撃を目的とした建物である。門上に周囲を搔楯や陣幕で覆った舞台状の形から、戦い方や時代の変化とともに、様々な形態へと進化していった。下に挙げた櫓は、その一例である。

平櫓

単層の櫓。

多聞櫓

塁上に建つ細長い長屋状の櫓。多くは単層であるが、金沢城（石川県）や久留米城（福岡県）など二階建ての多聞櫓も存在した。

着到櫓・着見櫓

虎口脇に建てられた入城者を見張るための櫓で、門と組み合わせになっていた。

富士見櫓

富士山の見える櫓で、関東の城でみられる。天守焼失後の江戸城や川越城（埼玉県）などのように、一城のシンボルであった櫓に富士見櫓の名称がつけられた。

太鼓櫓

時刻や火事など緊急事態を報せるため太鼓を打つ櫓。

水の手櫓・井戸櫓

籠城の生命線となる貯水池や井戸といった飲料水確保のための櫓。

石の自然の形を利用しながら、互いに噛み合うように削りあわせて積む方法。沖縄の城（グスク）でみられる積み方で、グスクの石垣では、最も進んだ積み方といわれる。

牛蒡積

野面積の一種。胴長な石を用いて、短径面を前面に出し、長径面を奥行きにする積み方。粗野に見えるが堅固な石垣となる。

＊塁線の造作

犬走り

城の外周もしくは曲輪の外側に廻らされている石垣や土塁の上に築かれた狭い通路をいう。帯曲輪、土塁斜面、石垣の真下の水堀に接するテラスでも使われた。

武者走り

土塁、石垣上部で塀の内側の通路や城内から石垣、土塁に登る通路をいう。建物内部、天守各階や櫓内部の母屋の四方を廻る通路も武者走りという。

作事《さくじ》

普請工事が終了した所から順次、天守・櫓門・塀・殿舎など建築工事に取りかかる。この建築物一般の工事を作事という。

＊天守

一城の象徴的な建物。天主・殿主・殿守等とも記され、天守閣と俗称される。中世の主殿建築の大棟上に望楼をあげたのが始まりといわれることから、天守は「築く」や「建てる」とはいわず「あげる」という。また、安土城天主はその詳細を記した『信長公記』ではすべて天主と記すことから安土城だけは天主と記している。その構造や構成から次のような種類がある。

望楼《ぼうろう》式天守

下層の二階造りの入母屋屋根の大棟上に望楼を載せた形式。

層塔《そうとう》式天守

各層が一定の比率で小さくなって重なっていく形式。中層の入母屋屋根をはじめ破風飾りの全くない場合が多い。

独立式天守

天守だけが単独で建つ形式。

鉄門・銅門

くろがね門、あかがね門といわれる門は、門扉に筋鉄や銅を張って防火に供したためこの名がある。

赤門

和歌山城（和歌山市）・飯田城（長野県）・鹿島城（佐賀県）に残る。丹塗りは酸化鉛から製造した赤色顔料で塗装。弁柄塗りは酸化鉛の代わりにべんがら（赤色酸化鉄）を用いた赤色顔料で塗装されている。

＊橋

虎口に設置される構築物で、周囲と堀で隔絶されていた城において、城内と城外を結ぶ連絡路であった。用途によって様々な構造の橋が架けられていた。

跳橋

必要により木橋を跳ね上げる（吊り上げる）構造の橋。江戸城の北桔橋門には橋を吊り上げるための金具が現在も残る。

廊下橋

外からの視線を遮るため左右に塀や壁りを取付け屋根で覆った橋。高知城（高知市）に遺構が残り、福井城（福井県）・府内城（大分県）・和歌山城（和歌山県）では復元されている。また高松城（香川県）廊下橋は、大正時代に石造の橋脚となり、橋も石垣工事で長さが伸びていることから、復元建築とされる。

引橋

城内側に引き込む構造の橋。引き込むために車輪を橋の下に付けた姿から「車橋」という橋も存在した。

＊遮蔽物

塁上や城内外の各所には、様々な遮蔽物が造られた。その主なものは次のようなものである。

乱杭《らんぐい》

空堀・水堀を問わず、壁の中段や水際に杭を立て並べて横木を渡して、外部からの侵入を防いだ。

逆茂木《さかもぎ》

逆茂木とは、伐採したままの枝のついた樹木をいくつも並べたバリケードである。枝が絡み合うようにして敵側に向け、倒木自体を地面に固定することで、敵の突入を防ぐ強力な防御施設となった。戦時の一時的な構築物といえる。

付櫓《つけやぐら》

天守に付属する出張りの櫓。

＊門

城と各曲輪の出入口である虎口をいったん遮蔽するための建物が門である。

冠木門《かぶきもん》

２本の柱の上に横材（冠木）を渡しただけの門。

棟門

唐居敷と呼ぶ基礎の上に２本の門柱を立て、上方に冠木を渡し、下部は蹴放を据え、屋根をあげた門。補強のために控え柱と貫材をわたす場合が多い。

薬医門

棟門の発展形で、２本の本柱と控え柱を建て、冠木を渡して、門全体を屋根で覆った形式の門。

高麗門

２本の支柱の上に冠木を渡して切妻屋根をあげ、支柱の後ろに控え柱を建て、この控え柱と開かれた扉を雨から守るために屋根を付けた門。

櫓門

門上に舞台状の台を造り掻楯を並べた姿で登場。次第に周囲を壁で囲い屋根で覆うようになって矢倉門、櫓門へと発達した。櫓門には、塁壁の中間に単独で建つ二階門と、渡櫓の下部を門とした２種類がある。

塀重門

門柱に屋根がなく、両開きの扉に飾りとしてクロスさせた二重の細い桟木を付けた門。

長屋門

長屋状の建物の一部を門としたもの。門の左右は番所や門番・中間部屋などに仕切られていた。城門のほか、江戸屋敷や城内の武家屋敷の表門にも多く利用された。

埋門《うずみもん》

トンネル式の門、または内側が方形に凹み、石垣をくぐって階段を登って曲輪内に入る門。戦時には埋めることを想定したためこの名がある。

不開門《あかずのもん》

通常は締切り門。不浄門として利用される。

・戸袋型・出窓型の3種に大別されるが、天守台・櫓台からの出張りのある櫓や天守では、天守台や櫓台から張り出した床面を石落しとして利用した例も多かった。

破風《はふ》

天守や櫓の屋根上、もしくは軒に付けられる装飾。唐破風(軒の中央部を上方に曲線状にまげる)、千鳥破風(屋根の中央部を三角形にしたもの)、切妻破風(逆V字形で切妻造りの屋根につく)、比翼千鳥破風(千鳥破風が2つ並ぶ)。

華燈窓《かとうまど》

天守・櫓などに付けられた装飾された窓。花頭窓、火灯窓とも記される。

虎落《もがり》

支柱に竹を筋違いに組み合わせ縄で結い固めた柵。

柵

地上の高さが180cmになるように木を50cm間隔に立て、地上40cmの所から上に4本の横木を渡して結びつけたもの。戦国時代には、木を立て並べただけの列木も建てられた。

塀

塀は戦闘を目的に塁上に築かれたものと、曲輪内での仕切りのために設けられた仕切塀に分けられる。城郭では、土塀、板塀が多く用いられた。戦闘用の塀には狭間が切られ(狭間は後述)、仕切塀には狭間はない。

＊城としての特徴的な設え

作事については、建物の細部にわたって解説が必要な用語が多い。そこで、屋根と壁の中で、城として特徴のある設えを解説したい。

鯱

天守や櫓の大棟左右の両端に雌雄一対であげる。鯱は頭部が龍で尾部が魚の形をしている想像上の動物である。水を呼び木造建物である城の建築を火災から守ってもらうという、火除けの目的であげられた。多くは瓦製であるが、木型や銅型の上に金箔を張ったものもある。鋳銅製の鯱も多く、17世紀前半にあげられた天守のうち、落雷により焼失した天守の多くは銅製の鯱であった。

狭間

天守・櫓・塀の壁面・石垣などにある、矢・弾丸・石などを発射するための小窓が狭間である。丸、三角は「鉄砲狭間」、長方形は「弓狭間」である。石垣の上端を細工して狭間を切った「石狭間」は、江戸城や大坂城に残る。板や漆喰壁などに小窓の周囲と同じ外壁として、有事の際に破壊して狭間とする「隠狭間」がある。

石落し(石落)

天守や櫓、櫓門の壁面、塀の出張りに設置された防御用開口部のこと。下方に開口し、真下方向にいる敵を標的にしている。開口部は幅20cmほどで、普段は蓋をして、使用時に蓋を取り除いて開ける。用途としては、石を落とすほかに煮え湯や汚物などを落として敵を迎撃する設備とする一方、間口の狭さからおもに鉄砲、弓矢や槍で迎撃するものともされる。石を落してから、次に何で攻撃したかは諸説ある。石落しは形状から袴腰型

索引

よ

ら

り

る

れ

ろ

わ

【クレジット】

[参考文献]

『日本の城 ―透視＆断面イラスト』（世界文化社）、『日本名城画集成：知られざる城郭画家が描いた美しい復元鳥瞰図』（小学館）、『47都道府県・城郭百科（47都道府県百科シリーズ）』（丸善出版）、『日本の名城 ―鳥瞰イラストでよみがえる―』（世界文化社）、『城郭の見方・調べ方ハンドブック』（東京堂出版）、『一度は訪ねたい 日本の城』（朝日新聞出版）、『戦国の城 上―目で見る築城と戦略の全貌 関東編』（Gakken）、『戦国の城 中 目で見る築城と戦略の全貌 西国編』（Gakken）、『戦国の城 下 中部・東北編―目で見る築城と戦略の全貌』（Gakken）、『国別 守護・戦国大名事典』（東京堂出版）、『定本日本城郭事典』（秋田書店）、『地形で読み解く日本の城』（柑出版社）、『地形から見る日本の城50 城の見方が180度変わる、より深くなる！』（柑出版社）

[イラスト]

大竹正芳、香川元太郎、荻原一青

[写真]

ColBase（https://colbase.nich.go.jp/）、photolibrary、PIXTA、文化遺産オンライン、大阪府文化財課埋蔵文化財調査センター、京田辺市教育委員会、大阪府教育庁文化財保護課、横浜市ふるさと歴史財団埋蔵文化財センター 、西ヶ谷文庫、朝日新聞フォトアーカイブ

ま

み

む

め

も

や

ゆ

監修

西ヶ谷 恭弘

にしがややすひろ

横浜市中区出身。専修大学法学部卒。東京大学大学院文学研究科国史研究生、立正大学文学部講師、月刊『歴史手帖』編集長などを経て1984年より日本城郭資料館長。現在日本城郭史学会代表。『定本日本城郭事典』（秋田書店）、『戦国の城』全4巻（GAKKEN）、『江戸城』（東京堂出版）『一度は訪ねたい日本の城』（朝日新聞出版）『47都道府県・城郭百科』（丸善出版）など著書多数

古代《こだい》から現代《げんだい》まで
城《しろ》の変遷《へんせん》が劇的《げきてき》にわかる

日本《にほん》の城年表《しろねんぴょう》

監修　西ヶ谷 恭弘
発行者　片桐圭子
発行所　朝日新聞出版
〒104-8011 東京都中央区築地5-3-2
（お問い合わせ）infojitsuyo@asahi.com
印刷所 大日本印刷株式会社

STAFF
編集／株式会社blueprint
装丁・デザイン／
渡邊真生子　鈴木雄一朗（ROOST inc.）
カバー写真／朝日新新聞フォトアーカイブ、
PIXTA、フォトライブラリー
DTPオペレーション／狩野 蒼
校正／桑原和雄
（朝日新聞総合サービス出版校閲部）、
木串勝子
編集担当／塩澤 巧
（朝日新聞出版　生活・文化編集部）

ISBN 978-4-02-334139-5

本書は2024年2月末時点での情報を掲載しております。
カバー裏のコンテンツはコピーの上
図書館における館外貸出が可能です。